"滇桂黔石漠化区农村土地流转调查和农

（项目编号：15XMZ018）

制度创新与产业协同视角下滇桂黔石漠化区乡村振兴研究

张海丰◎著

图书在版编目（CIP）数据

制度创新与产业协同视角下滇桂黔石漠化区乡村振兴研究 / 张海丰著 . —北京：企业管理出版社，2022.11
ISBN 978–7–5164–2712–5

Ⅰ.①制… Ⅱ.①张… Ⅲ.①农村–社会主义建设–研究–云南②农村–社会主义建设–研究–广西③农村–社会主义建设–研究–贵州 Ⅳ.① F320.3

中国版本图书馆 CIP 数据核字（2022）第 169929 号

书　　　名：	制度创新与产业协同视角下滇桂黔石漠化区乡村振兴研究
作　　　者：	张海丰
责任编辑：	杨慧芳
书　　　号：	ISBN 978-7-5164-2712-5
出版发行：	企业管理出版社
地　　　址：	北京市海淀区紫竹院南路 17 号　邮编：100048
网　　　址：	http://www.emph.cn
电　　　话：	发行部（010）68701816　编辑部（010）68420309
电子信箱：	314819720@qq.com
印　　　刷：	北京虎彩文化传播有限公司
经　　　销：	新华书店
规　　　格：	710 毫米 ×1000 毫米　16 开本　13.75 印张　198 千字
版　　　次：	2023 年 8 月第 1 版　2023 年 8 月第 1 次印刷
定　　　价：	78.00 元

版权所有　翻印必究　印装有误　负责调换

目 录

第一章 导 论

一、研究目的及意义 …………………………………………………… 002
  （一）研究目的 ……………………………………………………… 002
  （二）研究意义 ……………………………………………………… 003
二、研究思路与方法 …………………………………………………… 005
  （一）研究思路 ……………………………………………………… 005
  （二）研究方法 ……………………………………………………… 006
三、文献综述 …………………………………………………………… 007
  （一）农地流转的合约选择研究 …………………………………… 007
  （二）农地流转促进农民增收的相关研究 ………………………… 010
  （三）关于乡村振兴的产业选择研究 ……………………………… 014
  （四）研究评述 ……………………………………………………… 017

第二章 制度与演化经济学基础理论概述

一、路径依赖理论的源起 ……………………………………………… 019
二、制度变迁中的路径依赖 …………………………………………… 022
三、超越锁定与路径创造 ……………………………………………… 025

四、制度演化理论：North 制度变迁模型的一个扩展 …………… 028
 （一）从单向因果到累积因果的制度变迁理论 ………………… 028
 （二）基于认知科学的制度变迁理论 …………………………… 031
 （三）North 制度理论的演化特征 ……………………………… 033
 （四）North 制度变迁模型的扩展 ……………………………… 036

五、演化发展经济学理论 ……………………………………………… 040

第三章　农地流转制度创新与乡村振兴：促进农民增收的一个理论框架

一、合约选择的权力不对等博弈模型 ………………………………… 043
 （一）农地流转的合约期限选择特征 …………………………… 044
 （二）权力不对等与合约期限选择 ……………………………… 046
 （三）模型构建及收益分析 ……………………………………… 048

二、地方政府的制度供给 ……………………………………………… 051

三、农地流转、农民增收与乡村振兴的协同演化机制 …………… 053

第四章　以农地流转制度创新为促进滇桂黔石漠化区乡村振兴的制度杠杆

一、滇桂黔石漠化区加快制度创新的必要性 ……………………… 056
 （一）制度供给情况 ……………………………………………… 057
 （二）制度互补性、制度创新与制度能力 ……………………… 059

二、滇桂黔石漠化区推动制度创新应遵循的原则 ………………… 063
 （一）制度变迁应遵循适应性效率原则 ………………………… 063

（二）农地制度创新应遵循渐进式原则……………………………066
（三）农地制度创新应遵循制度内生演化规律……………………068

三、地方政府在推动制度创新中的作用………………………………072
（一）抓住国家层面制度供给的机遇期……………………………072
（二）把握农地制度创新的重点领域………………………………073

四、农地制度创新与乡村振兴的作用机理分析………………………075
（一）土地制度与农民动员机制……………………………………076
（二）产权强化与乡村振兴战略实施………………………………077
（三）因地制宜推进农地流转制度创新……………………………078

五、滇桂黔石漠化区农地流转制度创新的可行路径…………………080
（一）加快推行标准化合同…………………………………………080
（二）加强农地流转的制度和组织支撑……………………………083
（三）积极发挥村干部的利益协调作用……………………………085

第五章　滇桂黔石漠化区乡村振兴的禀赋基础

一、滇桂黔石漠化区自然资源禀赋基础………………………………087
（一）滇桂黔石漠化区土地与环境资源禀赋………………………087
（二）滇桂黔石漠化区旅游资源禀赋………………………………091
（三）滇桂黔石漠化区水资源禀赋…………………………………092
（四）滇桂黔石漠化区矿产资源禀赋………………………………093
（五）滇桂黔石漠化区生物与森林资源禀赋………………………096

二、滇桂黔石漠化区物质资源禀赋基础………………………………098
（一）滇桂黔石漠化区经济发展状况………………………………098
（二）滇桂黔石漠化区基础设施建设………………………………102
（三）滇桂黔石漠化区旅游资源禀赋………………………………105

三、滇桂黔石漠化区人力资本禀赋基础……107

四、滇桂黔石漠化区产业禀赋基础范例……111

 （一）以三七为代表的特色农业……112

 （二）以铝矿为代表的矿产工业……113

 （三）旅游产业……114

 （四）少数民族文化产业……115

 （五）现代服务业……117

第六章 滇桂黔石漠化区乡村振兴的长效机制：产业协同的视角

一、工农业协同发展与乡村产业的选择逻辑……119

 （一）通过发展"短周期技术"推进工业化深化……119

 （二）乡村产业选择的内在逻辑……123

二、乡村产业发展的总体思路……125

 （一）以技术创新引领农业现代化……127

 （二）激活协同效应促进农村一二三产业融合发展……128

 （三）城乡融合发展与乡村创新系统构建……129

三、低端农业和农业低端价值链环节无法支撑乡村振兴……130

 （一）高端生产要素匮乏与农业价值链低端锁定……131

 （二）农业企业集聚度低与农业价值链低端锁定……132

 （三）自主创新能力缺失与农业价值链低端锁定……134

四、从农业价值链高端入手选择乡村产业的逻辑分析……137

 （一）乡村自主创新的技术驱动阶段……138

 （二）乡村自主创新的产品驱动阶段……139

 （三）乡村自主创新的系统驱动阶段……141

五、本章小结……144

第七章　滇桂黔石漠化区实施乡村振兴战略的重点突破口

一、破除高端生产要素下乡的体制机制障碍，优化产业发展软环境……… 147
　（一）改变思想观念，加大正面宣传…………………………………… 147
　（二）规范基层政府行为，实现监管高效化…………………………… 148
　（三）发挥基层组织的桥梁作用，实现城乡要素的有机融合………… 149

二、加快乡村基础设施提档升级，夯实乡村产业发展硬环境…………… 150
　（一）注重规划衔接，协同推进城市和乡村基础设施建设…………… 150
　（二）切实推动农村硬件基础设施提档升级…………………………… 152
　（三）协同推进农村传统基础设施和新型基础设施建设……………… 154

三、建立城镇化与乡村振兴的协同发展机制……………………………… 156
　（一）以小城镇建设为突破口，促进乡村振兴与城镇化有机衔接…… 156
　（二）坚持新发展理念，推进包容性城镇化…………………………… 157
　（三）制定和完善土地增值的利益共享机制…………………………… 159

四、利用新一代信息技术改造传统农业…………………………………… 161
　（一）加强新一代信息技术培训，树立互联网意识…………………… 162
　（二）加快新一代信息技术在农业全产业链中的融合应用…………… 164
　（三）切实提高"三农"综合信息服务水平…………………………… 166

五、以"五个聚焦"推动农业高质量发展………………………………… 170
　（一）聚焦多元发展，推动新型市场主体培育………………………… 171
　（二）聚焦提质增效，推动农业企业做大做强………………………… 172
　（三）聚焦绿色高效生态农业，推动可持续发展……………………… 174
　（四）聚焦三产融合，推动产业链延伸………………………………… 175
　（五）聚焦发展后劲，推动农业科技创新……………………………… 176

参考文献………………………………………………………………………… 178

后　记…………………………………………………………………………… 206

v

第一章 导 论

根据刘易斯的"二元经济"模型,经济发展是一个现代工业部门相对于农业部门不断扩张的过程,在这个过程中伴随着劳动力从农业部门向工业部门的转移。根据理论推导,这种劳动力的单向流动将一直持续到城乡一体化劳动力市场出现为止。根据这一理论,我们很容易得出另外一个推论:随着工业化的推进,城乡之间的发展差距最终会收敛,二元经济格局也将随之消失。但在现实世界中,这种收敛趋势不仅没有出现,城乡之间的发展不平衡问题反而日益严重。从比较经济史的角度来看,后发国家在快速推进工业化过程中,都在一定发展阶段不同程度地出现了城乡发展差距扩大、乡村凋敝等非均衡发展问题,这种现象在一些发展中国家持续存在,甚至出现了加剧的趋势。但值得注意的是,东亚的日本和韩国从工业化中期开始,就通过调整经济发展战略和制度创新,最终实现了城乡之间的协调和均衡发展。日本于 20 世纪 60 年代颁布了诸如《农村地区引进工业促进法》等一系列法律,韩国则在 20 世纪 70 年代开展了"新村运动",日本和韩国的制度供给为乡村产业发展注入了活力,实现了农民收入的持续提升。

滇桂黔石漠化区作为我国集中连片经济欠发达地区,农民收入增长缓慢有其环境硬约束,但根本的原因在于该区域工业化进程滞后,工业反哺农业不足,城市辐射农村的力量薄弱。受到区位因素和自然环境禀赋因素的制约,滇桂黔石漠化区支撑乡村经济发展和农民收入增长的乡村产业相对缺乏,而产业薄弱又导致市场规模狭小从而无法吸引投资,进而导致经济发展锁定在"布罗代尔钟罩"之内。著名经济史学家、"后发优势理论"

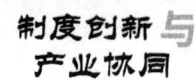

的提出者格申克龙认为，落后地区可以通过制度和组织的创新实现跨越式发展。受其启发，笔者认为，滇桂黔石漠化区只有通过制度创新，不断为乡村产业发展提供制度供给，才能打破"布罗代尔钟罩"，从而开启制度创新、产业发展、市场扩展和农民增收的"斯密动力"型增长[①]。当前我国正在大力实施"乡村振兴战略"，滇桂黔石漠化区只有把握住这一国家战略的窗口期，通过创新农村土地流转制度，撬动乡村产业发展，才能实现农民持续增收和乡村全面振兴。

一、研究目的及意义

（一）研究目的

回顾党的十一届三中全会以来我国农村土地制度的演化历程，不难发现，中国农村改革成功的秘诀在于：在农地两权分离、家庭承包经营的基础制度框架下适时地进行渐进式的制度创新，从而在生产力与生产关系两个维度上将自身蕴含的巨大潜力得以释放，并为中国的快速工业化和城市化提供了基础动力和核心要素。但是，进入二十一世纪以后，以农民收入增长趋缓、农业生产波动、农村社会滞后为特征的"三农"问题日益突出，成为经济高质量发展的短板。笔者认为，我国"三农"问题长期存在的主要原因在于，中国的快速工业化和城市化形成了一种"虹吸效应"，使得资本和人才等高端生产要素长期向城市单向流动，农村发展的基础尚不牢固，而城市和乡村公共服务配置的不平衡又加剧了这一趋势。实际上，我国农村，特别是像滇桂黔石漠化区等欠发达地区的农村出现了不同程度的"锁定"（LOCK IN）效应。突破"路径依赖"，开辟新的发展路径势在必行，"乡

---

① 韦森.斯密动力与布罗代尔钟罩——研究西方世界近代兴起和晚清帝国相对停滞之历史原因的一个可能的新视角[J].社会科学战线，2006（1）：72-85.

村振兴战略"的提出为欠发达地区"拐点"的出现提供了关键的外部推力。滇桂黔石漠化区以乡村振兴为战略支点，坚定推进制度创新，不断积累制度能力，从而运用制度杠杆效应实现路径创造和跨越式发展是可期待的。

土地是农村经济发展、工业化和城市化的核心投入要素。因此，农村的发展、农民收入的提高、农业现代化乃至中国的整体改革都依赖于农地制度这一制度杠杆。如果农地制度滞后或者创新相对迟滞，那么不仅不能撬动其他领域的改革，而且有可能影响中国的整体发展。概言之，农地制度创新，不仅可以为我国未来新型工业化和城市化提供制度红利和溢出效应，更是我国实现乡村振兴和农民持续增收的制度基础。滇桂黔石漠化区作为我国集中连片发展相对滞后区域，如何实现跨越式发展？农地流转机制创新与乡村产业发展之间存在着怎么样的内在逻辑？地方政府在推动制度创新过程中应该扮演什么样的角色？农地流转机制创新之于乡村振兴有着怎样的重要意义？乡村振兴的产业选择应该遵循什么样的原则？笔者以下将尝试回答这些问题。

（二）研究意义

以家庭联产承包责任制为基础的我国现行农村土地产权制度是农村稳定发展的基石，在运行了40多年之后仍然发挥着重要作用，它不仅成功地解决了十几亿人口的温饱问题，有效地提高了人民的生活水平，而且为中国农村经济乃至整个国民经济的增长做出了历史性的贡献。家庭联产承包责任制这一制度创新符合当时历史背景下农业家庭经营内在需求，在相当长的时期内与我国的经济发展阶段是相匹配的。但是，随着我国经济体制改革的不断深入以及乡村振兴战略的实施，现行的农地制度特别是有关农地流转的制度，需要做出相应的调整。

伴随着经济发展和人均收入水平的提升，我国在发展之初面临的资本匮乏局面有了根本性的改变，近些年已经开始出现资本和人才从城市向农村"逆向流动"的趋势。伴随着这种趋势的出现，农村的市场化程度正在不断地提高，市场化程度的提高必然导致土地升值，而土地升值必将进一步强化农民对土地产权的认知。笔者认为，近些年中央出台的一系列有关农村土地确权和延长承包经营期限的政策正是对这种趋势的回应。因此，改革和完善现行的农村土地制度，特别是农地流转机制，不仅是广大农民的强烈意愿，而且也是经济发展和实施乡村振兴战略的必然要求。然而，如何改革和完善现行的农地制度，学术界存在分歧。有人主张，在不改变现行土地集体所有制的前提下，通过完善和变革土地经营方式来实现农地制度的创新；也有人主张，通过变革现行的土地所有制关系来建立适合现代农业发展要求的新型土地制度。在经营方式改革方面，占主导地位的意见是，继续完善和健全家庭承包经营责任制。也有人主张，应把家庭经营提升为集体化经营或合作化经营；在个别经济发展较快的地区，则把股份制、股份合作制等现代企业组织形式引入到土地制度的创新实践中，构建土地股份合作制的全新模式。在政策实践层面，各地都不乏农地制度创新的案例，但基本还停留在试验阶段，并未全面推行。一方面是农地制度创新的强烈需求引致了地方政府的制度供给，另一方面也反映出农地制度变迁的复杂性，牵一发而动全身。因此，继续探索符合我国国情的农村土地流转制度仍然是当前理论工作者和实务工作者面临的一项紧要任务。

在我国大力实施乡村振兴战略的大背景下探讨农地流转制度创新的方向，可以为我们提供一个审视中国整体经济改革的更加全面的视角。农村土地流转机制创新与乡村振兴战略的实施存在着紧密的联系。换句话说，农村土地流转机制的创新方向和效率，直接关乎未来中国乡村振兴战略实施效果，甚至影响整体经济改革的进程。在区域层面，像滇桂黔石漠化区这样的少数民族聚集的欠发达地区，可以创造性地运用国家的少数民族政策，在我国大力实施乡村振兴的机会窗口期大胆先试先行，在新时代积极探索农地流转制度创新和政策实践，走出一条独特的乡村振兴之路，从而实现跨越式发展。总结我国农业和农村发展的经验和教训，从学理上论证农村产业选择与农民增收和乡村振兴之间的内在逻辑，以及农地流转制度创新在其中所起的制度杠杆作用，是理论界无法回避的责任。从这个意义上来说，对农村土地流转制度创新与乡村振兴内在关系的探索具有一定理论意义和政策启示意义。

二、研究思路与方法

（一）研究思路

笔者认为，滇桂黔石漠化区作为我国发展不充分地区，固然有禀赋条件限制的客观因素，但也存在发展理念和政策约束等制约因素。也即，欠发达地区与发达地区之间的差距，不仅是经济层面的，也存在于制度层面。发达地区往往可以通过财富积累效应构建出更有利于发展的制度，从而能够通过制度创新巩固其发展优势[1]，而制度乏力往往是欠发达地区陷入"后发劣势"的主要原因[2]。换言之，发达地区利用"先发优势"，形成了"经济快速发展－制度不断改进－进一步促进经济发展"的良性循环，而欠发达地区则落入了"经济发展落后－思想观念落后－制度创新滞后－阻碍经济发展"的负效循环。如何打破这种负面效应进入经济发展的良性循环，理应是欠发达地区制定经济发展战略的着眼点所在。基于这一逻辑，本文主要内容安排如下。

第一章为导论。第二章介绍本研究的理论基础，包括制度变迁中路径依赖与路径创造理论、制度互补性理论及演化发展经济学理论。第三章基于合约选择的视角构建了一个农地流转与农民增收的理论模型。第四章运用制度变迁理论解释滇桂黔石漠化区发展路径的锁定状态，认为农地流转机制创新是该地区突破既有发展路径，实现路径创新的关键所在，也是实施乡村振兴战略的制度基础。而创造新的发展路径是对各级政府施政能力的考验，地方政府只有在经济发展和政策实践中不断地积累制度能力，才

---

[1] 陈雁，张海丰. 后进地区技术追赶的机会窗口、发展路径与创新体系——基于第六次技术革命浪潮的审视 [J]. 贵州社会科学，2018（6）：59-64.
[2] SACHS J，胡永泰，杨小凯. 经济改革和宪政转轨 [J]. 经济学（季刊），2003，2（4）：961-988.

能突破旧的发展路径，创造新的发展路径。滇桂黔石漠化区可以充分利用国家的少数民族政策，抓住实施乡村振兴的战略机遇期，在一些制度和政策方面大胆先试先行，通过农地流转机制创新，走出一条独具特色的乡村振兴之路。农地流转机制创新作为一种制度杠杆，目的在于撬动资本和高端人才等先进生产要素从城市流向农村，这是乡村产业发展壮大的基础。第五章分析滇桂黔石漠化区资源禀赋条件，为该区域乡村振兴的产业选择提供建议。第六章运用演化发展经济学的基本原理，阐释乡村振兴的产业选择逻辑。第七章研究探索滇桂黔石漠化区实施乡村振兴战略的重点突破口。

（二）研究方法

本研究结合当下我国经济发展战略调整与政策实践，以制度经济学和演化发展经济学为基础理论，探索滇桂黔石漠化区农地流转制度创新、乡村产业发展及乡村振兴之间的内在逻辑。本研究采用以下研究方法。

（1）文献研究法：论文第一章导论和第二章基础理论主要运用文献研究法。导论部分介绍研究的目的及意义，明确研究的主题，厘清核心概念。第二章对农地制度变迁和乡村振兴的基础理论进行概述，进而确定本研究的切入点和理论拓展的方向，为本书写作提供理论依据。

（2）制度经济学：第三章和第四章主要运用制度经济学中的制度变迁理论，分析滇桂黔石漠化区发展路径锁定状态，并运用路径创造理论探索路径突破的方向和可能性。本部分还通过构建一个制度能力模型来解释地方政府推动农地流转机制创新须具备的条件。

（3）演化发展经济学：演化发展经济学强调，只有高质量的经济活动才能持续推动经济发展。第六章主要运用演化发展经济学的基本原理，阐释滇桂黔石漠化区在实施乡村振兴过程中，应该如何选择产业及产业选择的基本原则。

三、文献综述

（一）农地流转的合约选择研究

关于农村土地流转，其中流转合约的签订及其实施过程是合约治理的关键。农地流转合约不同于普通租赁合约，作为农地转出方的农户，会视转入方与自己的远近亲疏和交易情境不同而选择不同类型的合约。现代合约理论认为，"精细"的合约是刚性的，有利于遏制双方的机会主义行为，但会导致后续灵活性的丧失。相反，"粗糙"的合约会导致机会主义行为，从而损害缔约主体的利益。因此，最佳的合约形式是在合约刚性与合约灵活性之间的权衡[①]。换句话说，合约选择本质上是一个缔约双方博弈的过程，最终会选择什么样的合约，不仅受交易情境的影响，还受到缔约双方市场力量对比（权力不对等程度）的影响。比如，在选择长期合约还是短期合约的问题上，主导合约选择的一定是议价能力强的一方。

现阶段，农村经济是中国经济发展的短板，乡村振兴战略是中国经济转向高质量发展和中华民族伟大复兴的重要战略支撑。乡村振兴战略实施过程中，发展乡村产业是重中之重，乡村产业的发展有赖于资本和人才等要素的回流。也正是因为农村发展的相对滞后，导致中国部分乡村的市场化程度相对较低，因此本文试图构建一个低市场化程度情境下，多个农户和单个企业有关农地流转的合约选择模型。正是因为市场化程度较低，农户在与企业进行合约谈判时没有太多的选择，主导合约签订的多是企业。这种由于市场权力（议价能力）不对等导致的利益分配不均等，在我国实施乡村振兴战略过程中可能存在，并可能成为影响农村社会发展的一个重要因素。

---

① Hart O, Moore J.Contracts as Reference Points[J].Quarterly Journal of Economics, 2008, 123（1）: 1–48.

合约理论经历了从完全合约到不完全合约的转变,如果引入不确定性和信息条件,那么真实世界中的合约一定是不完备的。通常认为造成合约不完备的原因有两种:一是责任、义务的不完全或不明确导致的合约不完备;二是由于履约所依赖环境的变化导致无法签订完全状态依赖的合约。或者说,没有一种机制是可以完全控制履约环境的。不完全合约理论关注以下两个方面:一是合约不完备的内在机制;二是剩余控制权的产权配置问题。对于第一个问题,与奥利弗·哈特等人的观点不同,Maskin 和 Tirole 认为,无法事先描述(预见)履约环境造成的交易成本并不必然导致合约的不完备,只要代理人能够概率性地预测未来可能的收益,仍然可以达至最优合约,并且进一步指出,不完全合约主要基于一次性谈判的假设。如果放宽假设,允许重复谈判,只要各方能够规避风险,合约仍然是有效的[1]。而对于剩余控制权的分配问题,在有关不完全合约的较早文献中有这样一种观点:不完全合约中那些没有被界定的权利应该赋予缔约方中更有能力的人,这在多数情形下只能是资产的所有者[2]。但是,"假定能够将剩余控制权界定给缔约中的某一方,不完全合约似乎就变成了完全合约。这无疑是一个悖论。"[3]。因此,通过考察中国的农地流转合约,可以进一步检验不完全合约理论并对其进行拓展。

农村土地流转作为提升土地资源配置效率的重要手段,是实现农业现代化和适度规模化经营的重要途径,也是构建新型农业经营体系的关键所在,更是实施乡村振兴战略的支撑性制度。农地流转作为一种交易关系,其合约选择在具体的操作层面存在着不同的方式,同时合约的完备性也成为农地能否顺利流转的一个重要影响因子[4]。现有关于农地流转合约选择的

---

[1] Maskin E, Tirole J.Unforeseen Contingencies and Incomplete Contracts[J].Review of Economic Studies, 1999, 66(1): 83-114.

[2] Hart O D.Incomplete Contracts and the Theory of the Firm[J].Journal of Law, Economics and Organization, 1988, 4(1): 119-139.

[3] 罗必良.科斯定理:反思与拓展——兼论中国农地流转制度改革与选择[J].经济研究,2017(11): 178-193.

[4] 王岩,石晓平,杨俊孝.农地流转合约方式选择影响因素的实证分析——基于新疆玛纳斯县的调研[J].干旱区资源与环境,2015(11): 19-24.

研究一般基于农地流转市场的特殊性，主要从产权制度、交易费用、差序格局等视角出发，分析农地流转的合约类型及期限选择的形成机制。

从产权和交易费用视角研究农地制度的文献非常丰富。刘凤芹和谢适汀认为，正是因为产权的可分割性和可交易性，才导致了众多可供选择的合约，而交易费用的大小将影响合约选择。[1]我国现有农地制度为合约选择提供了制度空间，而可调整的农地产权制度为我国农业经营效率的提升提供了条件[2]。也即，完善的农地产权可以降低合约的产权风险，扩大承租对象范围，促进正式交易的发展[3]。

近两年，有不少学者开始关注我国乡土社会关系差序化特征对农地流转的影响。在农地流转实践中，存在着口头非正式和书面正式、短期灵活化和长期规范化等不同方式的流转合约，这一合约多重差序格局的形成源于农户与不同缔约对象亲疏远近关系的差序格局[4]。刘瑞峰等也进一步验证了农村社会关系差序格局的存在，并且这一格局对合约形式、流转期限、流转费用及流转规模的选择产生影响[5]。虽然农地流转合约形式多元化已成共识，但对于什么样的合约形式才是有效率的，学者们存在一定的分歧。张溪和黄少安通过构建一个完全信息静态博弈模型来解释农地流转模式与契约选择之间的关系，并指出口头契约的不完备性导致了事后纠纷和农地的细碎化，书面契约则有助于推动农业规模化经营。[6]王岩对江西和辽宁两省1628户农户的实地调研发现，正是因为我国乡村社会关系差序格局的存在，农户针对不同的转入方（亲友、乡邻或企业）会选择不同的合约

---

[1] 刘凤芹，谢适汀.农地制度与合约选择[J].中国农村观察，2004（3）：50-57.
[2] 桂华.土地制度、合约选择与农业经营效率——全国6垦区18个农场经营方式的调查与启示[J].政治经济学评论，2017（4）：63-88.
[3] 付江涛，纪月清，胡浩.产权保护与农户土地流转合约选择——兼评新一轮承包地确权颁证对农地流转的影响[J].江海学刊，2016（3）：74-80.
[4] 邹宝玲，罗必良.农地流转的差序格局及其决定——基于农地转出契约特征的考察[J].财经问题研究，2016（11）：97-105.
[5] 刘瑞峰，梁飞，王文超，等.农村土地流转差序格局形成及政策调整方向——基于合约特征和属性的联合考察[J].农业技术经济，2018（4）：27-43.
[6] 张溪，黄少安.交易费用视角下的农地流转模式与契约选择[J].东岳论丛，2017（7）：118-126.

类型（口头或书面）。基于此，他认为"政府不宜采取行政命令等方式强推以书面正式合约方式流转农地，应鼓励并支持各地积极探索与实际相契合的农地流转合约方式，从而为农地合理有序流转创造良好的制度环境"。[①]

（二）农地流转促进农民增收的相关研究

农地流转是指在不改变土地用途前提下，农村土地承包经营权通过转包、出租、互换、转让等方式进行的交易活动。伴随着我国快速工业化和城镇化进程，大量农村富余劳动力进城务工，这客观上为农村土地承包经营权流转创造了条件。有学者研究表明：农地流转能显著提高农户家庭的收入水平，持续推动农地流转制度创新是完善现有农地制度的重要途径[②]。目前有关农地流转促进农民增收的相关研究主要集中于农地产权制度、农户流转行为和农地流转政策三个方面。

在有关农地产权制度改革的相关研究成果中，学者们主要聚焦于产权界定、劳动力转移和价格机制等问题。罗必良认为，想要降低农地产权流转的实施成本，仅有农地产权界定的制度安排是远远不够的，要达到农业规模化经营的预期政策效果，需要从产权实施层面探索新的经营方式。同时他还强调，农地流转制度改革在重视产权的生产制度结构的同时，有必要深化对产权交易组织和交易制度创新的研究[③]。农地确权的本质是产权界定，农地确权不仅会促进农户流转意愿，还会促进农户采用合约并提高流转租金[④]。朱建军和杨兴龙运用2015年中国农村家庭追踪调查数据的研究发现，农地确权的确可以促进农地流转的市场化，但不能促进流转期限长期化。[⑤] 冯华超和钟涨宝对湖北、山东、滇桂黔石漠化区三省（区）五县

---

① 王岩.差序治理与农地流转合约方式选择——理论框架及基于赣、辽两省调研数据的实证检验[J].西部论坛，2017（1）：30-38.
② 冒佩华，徐骥.农地制度、土地经营权流转与农民收入增长[J].管理世界，2015（5）：63-74.
③ 罗必良.科斯定理：反思与拓展——兼论中国农地流转制度改革与选择[J].经济研究，2017，52（11）：178-193.
④ 胡新艳，罗必良.新一轮农地确权与促进流转：粤赣证据[J].改革，2016（4）：85-94.
⑤ 朱建军，杨兴龙.新一轮农地确权对农地流转数量与质量的影响研究——基于中国农村家庭追踪调查数据[J].农业技术经济，2019（3）：63-74.

744个农户的调查数据分析发现：由于劳动力转移和交易费用的降低，农地确权的确促进了农地转出，但由于意愿交易价格机制的存在，农地确权对农地转出具有负向作用。[①]一方面，农地流转可以促进农村劳动力专业化，农户通过农地流转扩大生产经营规模，从而提高农村劳动力资源利用效率[②]；另一方面，劳动力流动对农地流转产生显著的正向影响[③][④]。

也有学者从价格机制角度，采用实证和案例分析的方法研究农地流转问题。李太平等实证分析了土地流转过程中，农产品价格上涨引起的流转地租金变动及其对土地流转双方收入分配的影响。研究结果表明：随着农产品价格的上涨，土地流转租金呈显著上升趋势。从短期来看，农产品价格上涨在一定程度上能够提高农业生产者的收入，然而从长期来看，农产品价格上涨对农民收入影响较小。[⑤]杨公齐运用广东省和河南省2011年数据，实证分析了在城乡一体化、农业现代化的背景下，农地使用权转让价格和理论价格之间的差异。结果发现，农地使用权转让价格远低于其理论价格。价格机制扭曲降低了农地使用权转让效率，进而阻碍了我国城乡一体化和农业现代化。[⑥]翟研宁通过实地调研得到研究结果：农地流转的实际交易价格比运用收益还原法测算出的农地流转价格要低。通过对比两种价格分析造成实际价格偏低的原因：一是土地承包方经营土地获得了超额利润；二是信息不对称造成交易成本偏高；三是农地使用权不明晰和农地产权不完整；四是农地承包经营权的价

---

① 冯华超，钟涨宝.新一轮农地确权促进了农地转出吗？[J].经济评论，2019（2）：48-59.
② 刘颖，南志标.农地流转对农地与劳动力资源利用效率的影响——基于甘肃省农户调查数据的实证研究[J].自然资源学报，2019，34（5）：957-974.
③ 彭长生，王全忠，钟钰.农地流转率差异的演变及驱动因素研究——基于劳动力流动的视角[J].农业技术经济，2019（3）：49-62.
④ 胡新艳，洪炜杰.劳动力转移与农地流转：孰因孰果？[J].华中农业大学学报（社会科学版），2019（1）：137-145.
⑤ 李太平，聂文静，李庆.基于农产品价格变动的土地流转双方收入分配研究[J].中国人口资源与环境，2015，25（8）：26-33.
⑥ 杨公齐.农地使用权转让价格与农村社会转型[J].经济社会体制比较，2013（2）：55-64.

值性和商品性模糊。[①]常伟结合安徽四县区1010位农民田野调查数据，运用稳健回归方法和农地流转租金模型，考察了社会网络对农地流转租金的影响。结果表明：社会准强关系对农地流转租金有着正向显著影响，而社会强关系、准弱关系和弱关系均对农地流转租金有负向影响。[②]

在农户农地流转行为的影响因素研究方面，大部分国内学者采用了实证研究方法，从不同的角度进行了分析。何欣等基于2013—2015年全国29省代表农户的调查数据发现：随着农地流转市场不断完善，农地趋于集中化。同时，农户家庭的人口、经济、禀赋等特征和农户所处社会环境都会影响农户参与农地流转的行为决策[③]。张建等基于江苏省四县的农户调研数据，分析了村集体组织下的农地流转和农户自发流转这两种流转类型对农业生产长期投资的影响。结果表明，村集体组织在经营规模、投资水平和交易费用等方面都有较大优势[④]。袁航等从农业效率角度出发，基于农户模型与CFPS数据分析得出，农地流转在全国没有明确的趋向性。[⑤]陈振等指出，农户转出意愿与转出行为是理性和现实的关系，两者没有直接的因果关系[⑥]。还有些学者根据调查数据分析得出，关联博弈[⑦]、金融知识[⑧]、政

[①] 翟研宁.农村土地承包经营权流转价格问题研究[J].农业经济问题，2013，34（11）：82-86.

[②] 常伟.社会网络的农地流转租金效应[J].统计与信息论坛，2017，32（2）：122-128.

[③] 何欣，蒋涛，郭良燕，等.中国农地流转市场的发展与农户流转农地行为研究——基于2013-2015年29省的农户调查数据[J].管理世界，2016（6）：79-89.

[④] 张建，诸培新，南光耀.不同类型农地流转对农户农业生产长期投资影响研究——以江苏省四县为例[J].南京农业大学学报，2019，19（3）：96-104.

[⑤] 袁航，段鹏飞，刘景景.关于农业效率对农户农地流转行为影响争议的一个解答——基于农户模型（AHM）与CFPS数据的分析[J].农业技术经济，2018（10）：4-16.

[⑥] 陈振，郭杰，欧名豪.农户农地转出意愿与转出行为的差异分析[J].资源科学，2018，40（10）：2039-2047.

[⑦] 洪炜杰，胡新艳.非正式、短期化农地流转契约与自我执行——基于关联博弈强度的分析[J].农业技术经济，2018（11）：4-19.

[⑧] 苏岚岚，何学松，孔荣.金融知识对农民农地流转行为的影响——基于农地确权颁证调节效应的分析[J].中国农村经济，2018（8）：17-31.

府信任[①]等因素对农户转出意愿有正向影响,而村级产权干预[②]、兼业农户类型[③]等因素对农户转出意愿有负向影响。张桂颖和吕东辉对吉林省936份农户调查数据进行了实证分析,结果表明,政治、认知和文化嵌入对农户流转决策有促进作用,网络密度和网络规模对农户流转意愿有正向影响,而网络异质性有负向影响[④]。

农地流转政策方面,钱忠好和冀县卿基于江苏、滇桂黔石漠化区、湖北和黑龙江4省(区)的调查数据对我国农地流转政策效果进行分析。结果表明,农地流转制度改革取得了快速的发展,农地流转政策也有不错的效果。同时,当前我国农地流转存在流转水平不高,农户流转意愿下降,地方政府行政管理不足等问题。[⑤]政府在农地流转中存在正负效应,一方面,政府通过资金、技术和土地的投入,提高了农户生产经营效率的同时也降低了违约风险;另一方面,政府干预政策使农户经营规模过大,导致生产规模与农户生产经营能力不匹配,从而降低了生产效率[⑥]。尚旭东和朱守银从政府补贴政策角度提出了相似的观点:中国农地流转补贴政策具有正负两面效应。一方面,农地流转补贴政策在土地价值、交易费用、劳动生产率和农民收入等方面有短期正效应;另一方面,农地流转补贴政策也会带来土地溢价、规模过大等负面效应[⑦]。

---

① 蒲实,袁威.政府信任对农地流转意愿影响及其机制研究——以乡村振兴为背景[J].北京行政学院学报,2018(4):28-36.

② 孙小龙,郜亮亮,郭沛.村级产权干预对农户农地转出行为的影响——基于鲁豫湘川四省的调查[J].农业经济问题,2018(4):82-90.

③ 庄晋财,卢文秀,李丹.前景理论视角下兼业农户的土地流转行为决策研究[J].华中农业大学学报,2018(2):136-144.

④ 张桂颖,吕东辉.乡村社会嵌入与农户农地流转行为——基于吉林省936户农户调查数据的实证分析[J].农业技术经济,2017(8):57-66.

⑤ 钱忠好,冀县卿.中国农地流转现状及其政策改进——基于江苏、广西、湖北、黑龙江四省(区)调查数据的分析[J].管理世界,2016(2):71-81.

⑥ 王雪琪,曹铁毅,邹伟.地方政府干预农地流转对生产效率的影响——基于水稻种植户的分析[J].中国人口·资源与环境,2018,28(9):133-141.

⑦ 尚旭东,朱守银.农地流转补贴政策效应分析——基于挤出效应、政府创租和目标偏离视角[J].中国农村观察,2017(6):43-56.

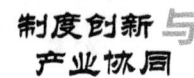

（三）关于乡村振兴的产业选择研究

2015年中央一号文件首次提出促进农村一二三产业融合发展。2018年中央一号文件明确提出，要实施乡村振兴战略，产业兴旺是重点。产业兴旺是乡村振兴的动力源泉，要实现乡村产业兴旺，推动一二三产业融合是关键。大力推进农村产业结构调整，是促进农村经济增长，实现城乡融合的关键。因此，制定有效的调整原则和措施，实现农村产业结构不断高级化和合理化，对推动农村经济发展和加快我国城镇化建设的步伐意义十分重大。

国内学者们主要从产业融合与产业升级、产业政策和新兴产业发展等三个方面对乡村产业结构进行研究。有些学者界定了农村产业融合和产业兴旺的内涵。赵霞等对农村产业融合做出了内涵界定：农村三产融合指的是以农业为依托，以农民及相关生产经营组织为主体，通过高新技术渗透、一二三产业联动与延伸、体制机制创新等方式，将资金、技术、人力及其他资源进行跨产业集约化配置，将农业生产、加工、销售、休闲农业及其他服务业有机整合，形成较为完整的产业链条，带来农业生产方式和组织方式的深刻变革，实现农村三次产业协同发展。[1]高帆对新时代的农村产业兴旺进行了内涵界定：农村产业的要素回报率要与其他产业大致持平；农村产业的创新绩效或全要素生产率持续提高；农村产业能根据居民的消费结构变动改变相应的产品结构；农村产业形成对城乡居民需求的新供给体系[2]。产业融合和城乡融合密不可分，新型城镇化发展带来的劳动力转移和生产要素流动是农村产业兴旺的动力和支撑。程明洋等基于黄淮海平原县域数据，利用地理探测器模型研究分析新型城镇化对乡村发展的影响，分析指出人口城镇化和经济城镇化能有效促进乡村人—业的发展，对实现城乡融合和乡村振兴有重要意义[3]。徐建国和张勋从工农业协同发展角度出

---

[1] 赵霞，韩一军，姜楠.农村三产融合：内涵界定、现实意义及驱动因素分析[J].农业经济问题，2017，38（4）：49-57.

[2] 高帆.乡村振兴战略中的产业兴旺：提出逻辑与政策选择[J].南京社会科学，2019（2）：9-18.

[3] 程明洋，李琳娜，刘彦随，等.黄淮海平原县域城镇化对乡村人—地—业的影响[J].经济地理，2019，39（5）：181-190.

发,指出当前我国农业生产率仍然较低,要把握城镇化带来的生产要素流动,发挥工农业联动效应[1]。通过产业融合与新型城镇化协同发展,依靠城乡融合体制机制和惠农政策,促进现代农业体系发展[2]。一二三产业融合发展是产业兴旺的关键,产业升级和产业融合同样重要,乡村产业升级的重点应是农业质量的提升,实现乡村产业振兴要以产业不断优化升级、三产深度融合为实现路径[3]。陈学云和程长明借鉴日本"第六产业"发展理念,指出加法效应和乘法效应同时存在。一方面,通过产业融合,实现产品创新,发挥加法效应;另一方面,通过产业升级,促进新兴产业发展,发挥乘法效应[4]。还有学者从乡村脱贫角度研究乡村产业融合,如以农村集体产权制度为主体,多元主体共同参与,实现产品供应和销售一体化的三产融合产业脱贫模式[5]。具体可以通过民俗文化产业、乡村旅游业以及生态农业融合发展,充分发挥乡村优势资源的规模集聚效应,促进农村产业升级,增加农村各类产业的综合收益和促进农民增收[6]。

农村产业结构调整离不开市场机制,为克服市场机制配置资源的弊端,就需要政府制定相应的产业政策体系。卢向虎和秦富借鉴日本乡村振兴政策体系,根据乡村振兴战略总要求,提出从经济学、社会学、生态学、文化学和政治学等学科视角建立乡村振兴的目标政策体系和要素保障政策体系,并强调要素保障政策体系应成为乡村振兴政策改革的主要动力[7]。当前中国农村产业处于三产融合发展的新时代,要素保障政策体系的建立更为

---

[1] 徐建国,张勋.农业生产率进步、劳动力转移与工农业联动发展[J].管理世界,2016(7):76-87.

[2] 李国祥.实现乡村产业兴旺必须正确认识和处理的若干重大关系[J].中州学刊,2018(1):32-38.

[3] 刘海洋.乡村产业振兴路径:优化升级与三产融合[J].经济纵横,2018(11):111-116.

[4] 陈学云,程长明.乡村振兴战略的三产融合路径:逻辑必然与实证判定[J].农业经济问题,2018(11):91-100.

[5] 王伟.乡村振兴视角下农村精准扶贫的产业路径创新[J].重庆社会科学,2019(1):27-34.

[6] 文凌云.民俗文化旅游发展模式探析[J].农业经济,2019(4):52-53.

[7] 卢向虎,秦富.中国实施乡村振兴战略的政策体系研究[J].现代经济探讨,2019(4):96-103.

迫切，要素保障政策的关键是农业用地保障政策，亟须通过用地制度创新保障新时期农村产业用地供给，以促进产业兴旺和乡村振兴[①]。当前，我国乡村产业政策存在薄弱环节。在引导政策方面，要明确发展目标，增强引导力度；在支持政策方面，加大基础设施支持力度，增加支持方式；在保障政策方面，完善监管内容，提升组织化程度。[②]刘锐强调欠发达农村地区产业政策应重点考虑农民就业问题，通过调整当地产业结构，促进产业多样性和集聚性，拓宽农民就业渠道，促进农民就业分化，从而有序实现乡村振兴。[③]张晓山提出在农村产业结构调整中，应通过政府主导、政策支持、技术创新等相关措施推进形成价格机制，保障农村粮食产业的平稳发展，促使农业产业创新。[④]

还有学者强调新兴产业的发展，新兴产业包括互联网产业、电子商务产业和一些乡村特色产业。耿言虎通过总结云南芒田村茶产业发展实践，总结了欠发达农村地区村庄内生型发展轨迹，阐释了村庄内生型发展不同层面的含义：一是农村在产业发展中的自主性；二是农民在产业发展中的主动参与性；三是村庄自身汲取产业政策、县镇和城市资源等外部有利因素促进自身产业发展。[⑤]曾世宏等提出通过改善农村特别是中西部地区农村的信息化基础设施条件，提高互联网普及率，可以促进农村服务业发展，振兴乡村[⑥]。现代互联网技术发展迅速，通过应用和创新互联网技术，可以改变社会创业环境，乡镇地区凭借成本优势将吸引更多创业者并有

---

① 陈美球，蒋仁开，朱美英，等.乡村振兴背景下农村产业用地政策选择——基于"乡村振兴与农村产业用地政策创新研讨会"的思考[J].中国土地科学，2018，32（7）：90-96.

② 李玉新，吕群超.乡村旅游产业政策演进与优化路径——基于国家层面政策文本分析[J].现代经济探讨，2018（10）：118-124.

③ 刘锐.农村产业结构与乡村振兴路径研究[J].社会科学战线，2019（2）：189-198.

④ 张晓山.推动乡村产业振兴的供给侧结构性改革研究[J].财经问题研究，2019（1）：114-121.

⑤ 耿言虎.村庄内生型发展与乡村产业振兴实践——以云南省芒田村茶产业发展为例[J].学习与探索，2019（1）：24-30.

⑥ 曾世宏，杨鹏，徐应超.互联网普及与产业结构服务化——兼论乡村振兴战略中的农村服务业发展[J].产经评论，2019，10（1）：36-55.

着更好的创业机会[①]。乡村创业者具有低成本和资源优势，将这些优势与互联网、电子商务相结合，可以有力促进农村产业升级和加快城乡一体化进程[②]。张劲松认为农房流转能够促成农房建设产业链、农房资产产业链、乡村房租业和乡村旅游业的共同融合发展，成为推动乡村产业振兴的新抓手。[③]

（四）研究评述

综上所述，国内外学者从发展模式、制度改革、产业选择和农地流转等方面深入探讨乡村振兴，其研究导向与政策热点紧密相关，跨学科研究也较多，形成了一系列重要的理论研究成果，对推动我国乡村振兴具有重要的理论参考和借鉴意义。

但是，当前研究仍存在一些薄弱环节。在发展模式研究方面，应注重研究发展模式产生的根源，以及对乡村发展失败典型案例进行分析总结。在制度研究方面，缺少从法律层面对产权制度立法和产权制度保障的研究。尤其是对宅基地制度的研究，资源过度集中于宅基地的产权制度和宅基地的流转、退出、确权等领域，有关宅基地的制度变迁研究有待进一步深化。在产业研究方面，我国农村产业融合发展研究已经具备一定的理论基础，未来可以增加定量测量、产业机制等方面的研究。在农地流转研究方面，现有研究没有深入探讨土地流转影响因素分析，也没有提出一套具体完备的政策制度体系，相关研究有待进一步深化。

总体上，以往有关乡村振兴的研究，更多侧重于地方性的案例研究，虽然为其他地区提供了借鉴和参考，但是全国乡村发展现状差异较大，既要考虑其特殊性，又要体现发展共性。虽然国内学者采用了丰富的研究方法，但大部分运用了定性分析，缺少定量分析，同时缺乏更深层面的探讨，研究内容需要拓展和深化。后期研究可以从制度层面和法律层面探寻乡村

[①] 辜胜阻，李睿. 以互联网创业引领新型城镇化[J]. 中国软科学，2016（1）：6-16.

[②] 罗震东，何鹤鸣. 新自下而上进程——电子商务作用下的乡村城镇化[J]. 城市规划，2017，41（3）：31-40.

[③] 张劲松. 农房流转：推进乡村振兴的新业态[J]. 社会科学战线，2019（2）：181-188.

振兴的根源问题，形成系统而全面的理论发展体系。

  本书在乡村振兴发展战略这一大背景下，从演化发展经济学的视角，通过研究制度基础和产业选择，尝试为滇桂黔石漠化区乡村发展提供理论依据和现实指引。

第二章 制度与演化经济学基础理论概述[1]

本章首先介绍了制度与演化经济学中的核心概念——"路径依赖"。新古典增长理论把技术和制度视为外生变量,这实际上剔除了增长的主要动力因子。本章首先梳理了路径依赖理论的脉络,总结了形成路径依赖的原因,指出了这一理论的不足之处,并引入路径创造理论来破解路径依赖及锁定。笔者认为,演化经济学能够较好地解释技术变迁和制度变迁的动力机制问题,也为农地流转和乡村振兴动力机制的阐释提供了理论基础。

一、路径依赖理论的源起

路径依赖(path dependence)最早是从生物学中借鉴过来用于解释技术变迁的过程,其强调初始状态中一些小的随机扰动因素(优势)能够改变历史进程,或锁定(lock-in)在某种路径上[2]。David 以现在已经司空见惯的 QWERTY 键盘为例,来解释路径依赖的形成机制。他认为 QWERTY 键盘在发明之初不是效率最高的,但后来却占据了统治地位,这主要是由于报酬递增和投资的准不可逆性造成的。QWERTY 键盘安装得越多,相

---

[1] 本章内容以阶段性成果形式发表于《社会科学》《学习与实践》和《开发研究》等 CSSCI 核心期刊。
[2] David P A.Clio and the economics of QWERTY[J].American Economic Review, 1985, 75(2):332-337.

匹配的打字员就越多，随着拥有这种技术的打字员的增多，QWERTY键盘的销量就越好，从而实现了规模经济和报酬递增；而这种局面一旦形成，要想重新更换另一种键盘就要重新训练打字员，这种转换成本可想而知是非常高昂的，也就是说在QWERTY键盘上的这种投资具有准不可逆性。因此，David指出历史是重要的（history matters），偶然因素和报酬递增很可能导致技术锁定在一种无效率的状态。

美国桑塔费研究所（SFI）的Arthur在研究技术变迁时，得出了与David相似的结论。他认为，技术采用通常表现出报酬递增的特点，当两个或更多"报酬递增"技术竞争时，市场中的潜在用户和看似无关紧要的偶然事件可能给其中一种技术以初始优势。这种优势的累积和延续最终导致锁定。[1] 与David不同的是，Arthur试图超越常规的静态分析，对报酬递增问题进行了动态考察，他认为在众多可供"选择"的技术之中，一个打破均衡的随机"历史事件"使得报酬递增锁定在并不比备选技术更有效率的当前技术之中，而且不易改变，也无法预期。在这种情况下技术扮演着演化的角色，类似于遗传学中的"创始人效应"（founder effect）机制，"历史"变得重要。他还指出，从动态来看，报酬递增在供给方的学习效应和需求方的正网络外部性作用下得以实现，并使技术锁定在某一范式上。[2] 无独有偶，Cowan通过对核反应堆技术的研究发现，在报酬递增的作用下，可能一个低级技术将主导市场。[3] 在核电领域，轻水（light water）堆被认为不如其他技术，但它却占据了核电技术的主导地位。作者指出，这主要是由于早期的技术采用和研发由美国海军潜艇推进。当这一技术转化为民用，轻水技术早已根深蒂固，其他技术根本无法进入这一市场。

Leibowitz和Margolis在研究技术变迁时将信息因素引入进来，对

---

[1] Arthur W B.Competing Technologies, Increasing Returns, and Lock-In by Historical Events[J].The Economic Journal, 1989, 99（394）：116-131.

[2] Arthur W B.Increasing Returns And Path Dependence In The Economy[M].The University of Michigan Press, 1994.

[3] Cowan R.Nuclear Power Reactors: A Study in Technological Lock-in[J].The Journal of Economic History, 1990, 50（3）：541-567.

David 等的研究进行了扩展。他们提出，技术变迁不仅受到初始条件和报酬递增的影响，还可能由于变迁的成本很高而导致锁定。[1]David 的分析主要是基于静态的，Leibowitz 和 Margolis 引入不完全信息，提出多重均衡的可能性。从动态的角度来看，如果由一种技术转换到另一种技术的转换成本（switching cost）很高的话，那么在原来根据静态标准来看低效率的技术，在动态标准下效率可能是较高的。这比 David 和 Arthur 强调报酬递增作用的路径依赖就更进了一步。Leibowitz 和 Margolis 在其后的一篇论文中还对路径依赖的程度进行了区分，通过引入信息因素，将人们由技术选择形成的路径依赖划分为三种不同的类型。这三种类型的路径依赖程度是逐步增强的。一级路径依赖是一个简单的跨时期关系，没有隐含低效率的意思。二级路径依赖指人们在不完全信息下决策时，没有意识到所选路径的缺陷，而想要改变它代价很高。三级路径依赖可以被理解为是市场失灵，是指在信息通畅条件下错误地选择了无效路径，而这个错误其实是可以避免的。[2]

经济系统中的正反馈（positive feedbacks）机制导致路径依赖的出现，一项技术随着使用者的增加以及他们之间的交互作用下形成网络效应，而多样性在这种网络效应中是低效率的，因此这些交互往往取决于采用的一些常用技术。而技术变迁可以影响固有的网络效应和收益分配，新技术及其使用随着时间的推移而产生新的交互模式和收益分配格局，从而改变人们的预期，使新技术逐渐代替旧技术，实现技术革新。因此，经济系统的路径依赖不仅告诉我们"历史是重要的"，更关键的是它还告诉我们"时间也很重要"。[3] 而 Page 同样以 QWERTY 键盘为例，对各种类型的路径依赖进行了分类，并强调路径依赖是一种均衡的结果。他指出，在研究路径依赖时只关注报酬递增和正外部性是片面的，正外部性夸大了

---

[1] Liebowitz S J.Margolis S E.Path Dependence, Lock-In, and History[J].Journal of Law, Economics and Organization, 1995（4）：205-226.

[2] Liebowitz S J.Margolis S E.Winners, Losers and Microsoft: Competition and antitrust in high technology[J].the Independent Institute, 1999（7）：981-998.

[3] Puffert D J. "Path Dependence, Network Form and Technological Change" in "History Matters: Economic Growth, Technology and Population" [D]. Parodo ciby: Stanford University, 2000.

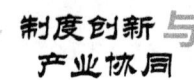

路径依赖的程度，负外部性也是形成路径依赖的原因，但是这一点往往被学者们所忽视。①

二、制度变迁中的路径依赖

诺思（North）和戴维斯（Davis）较早系统地阐述了制度变迁理论，拉坦（Ruttan）和青木昌彦（Aoki）等对制度变迁理论进行了拓展。North 早期在研究美国经济史时就将制度因素纳入分析框架。此后，他进一步将这套历史制度分析方法加以完善，最终形成了较为系统的制度变迁理论。戴维斯和 North 最早区分了强制性变迁和诱致性变迁，他们认为，一种安排如果是以政府形式出现，那么它就包含了政府的强制权力；如果它是一种自发形式，它可能是现有产权结构强制权力的基础。至于制度安排的形式，从纯粹自发的形式到完全由政府强制的形式都有可能，在两个极端之间存在着广泛的半自发半政府结构。②

拉坦（Ruttan）在《诱致性制度变迁理论》一文中对制度变迁作了界定，他认为，"制度创新或制度发展一词将被用指:（1）一种特定组织的行为变化；（2）这一组织与其环境之间的互动关系的变化；（3）在一种组织的环境中影响支配行为与相互关系的规则的变化。"③拉坦显然将组织包括在制度概念里面。在第二届新制度经济学国际协会（ISNIE）的年会上的一篇论文《沿着均衡点演进的制度变迁》中，构建了一个制度演进的模型，制度变迁就

---

① Page S E.Path Dependence[J]. Quarterly Journal of Political Science, 2006（9）: 87–115.
② 科斯，阿尔钦，North，等.财产权利与制度变迁——产权学派与新制度学派译文集[M].上海：上海三联书店、上海人民出版社，2005.
③ 同②.

是制度内生变量（行为主体）博弈的过程（表 2-1）。①

表 2-1 制度演进的机制

旧制度的持续	主观博弈模型的反馈与重新界定	新制度的演进
（S）由现存的活性集合所限制的选择 →	（A）预期与收益之间的差异→在具体的情况下寻找新主观博弈模型→新活性选择集合的重新定义	→ （S）新型的战略选择
↓ ↑	↑	↓ ↑
（C）旧的制度	（C）环境的变化（技术变迁、外在冲击以及在相关领域内的互补制度的变迁）	（E）新制度

North（1981②，1990③）在经济史的研究框架中提出，制度变迁受四种形式的报酬递增制约：（1）制度重新创制成本；（2）与现存的制度结构和网络外部性及其相关的学习效应；（3）通过合约与其他组织和政治团体在交互活动中的协调效应；（4）以制度为基础增加的签约，从而减少了不确定性的适应性预期。他认为，经济史中的路径依赖与发展差距有关：由于并非所有国家都是均衡发展的，因此一般来说，那些欠发达国家很难赶上发达国家，因为历史是路径依赖的。针对转型国家的经济发展，他提出路径依赖就是制度结构使各种选择定型（shaping），并被锁定在某一制度路径的事实。

David 将路径依赖看成是广泛存在于生物进化和社会历史进程中不可逆的动态过程，它是一个非各态历经（non-ergodicity）的随机过程，我们可以将其称为"演化"。他以熊猫无用的大拇指为例指出，制度变迁和生物进化一样，并不总是如亚当·斯密所说的那样有一只"看不见的手"引导制度向经济效率方向演进，制度变迁过程中的路径依赖可能导致有效率

---

① 科斯，North，威廉姆森，等.制度、契约与组织——从新制度经济学角度的透视 [M].北京：经济科学出版社，2005.
② 道格拉斯.C.North.经济史上的结构和变革 [M].北京：商务印书馆，2005.
③ 道格拉斯.C.North.制度、制度变迁与经济绩效 [M].上海：上海三联书店，1994.

的制度，也可能相反。而现代经济学本身也由于知识的沉淀成本、学习能力和网络效应导致锁定在新古典的范式上，与历史无关的主流经济学并不是唯一一种解释现实世界的社会科学手段。进化的可能性并不是唯一的、具有目的性的，而是随机的、具有多种可能性的，进化生物学才是经济学的"麦加"。[1][2]

Ebbinghaus在研究福利国家改革时特别强调了制度自我强化机制（self-reinforcing mechanisms）导致路径依赖的重要性，进而提出了两种路径依赖的模型。他在文章的最后对两种路径依赖的模型进行了总结：路径依赖概念至少对两种制度研究具有重要意义。一是基于网络效应的制度微观扩散过程，二是形成后续政治决策定型的宏观层面的制度安排。第一种模型是基于重复决策，由于沉没成本、协调效果、认知模式和既得利益而相互加强。他以提前退休政策为例表明，某些过程可能会导致意想不到的后果，从而使该项政策成为制度变革的壁垒。第二种模型是指相对限制条件下的扩散过程导致制度的持久性，也就是说，如果没有外部干预，现有制度将是持久的。这可以解释制度的涌现和变革，但却忽视了行为主体的能动性，排除了基于内生动力的制度变迁的可能性。[3]

学界对路径依赖的研究虽有诸多分歧，但至少形成了以下几点共识，Mahoney对这些共识进行了概括。路径依赖有"主动"和"被动"之分：（1）"主动"是指报酬递增导致福利增加，因而制度（技术）被继续采用，随着时间的推移并在自增强机制的作用下变得越来越难转换模式或选择以前可用的选项，即使有些替代选项会更有效率。因此，路径依赖是一个因

---

[1] David P A.Why Are Institutions The'Carriers Of History'？：Path Dependence And The Evolution Of Conventions, Organizations And Institutions[J].Structural Change and Economic Dynamics, 1994, 5（2）：205-220.

[2] David P A, Dependence P. Its Critics And The Quest For Historical Economic[J]. Evolution and Path Dependence in Economic Ideas: Past and Present, eds. Pierre Garrouste and Stavros Ioannides（Cheltenham: Edward Elgar, 2001）, 2001: 15-40.

[3] Ebbinghaus B. Can path dependence explain institutional change? Two approaches applied to welfare state reform[R]. MPIfG Discussion Paper, 2005.

果关系的过程，该过程对于初始事件高度敏感；(2)"被动"是指在一个路径依赖序列中，早期的历史事件是偶发的，因果链条是暂时的，它的发生无法由先前发生的事件来解释；(3)一旦偶发事件发生，路径依赖的次序就会呈现出"固有的顺序性的过程"，一种决定性的因果模式，我们也可以称之为"惯性"。路径依赖的概念往往与报酬递增、自增强机制、沉淀成本、认知模式和利益集团等概念联系在一起。[1]

三、超越锁定与路径创造

路径依赖理论往往强调随机的、无意识的过程，这就忽视了技术变迁和制度变迁中行为主体的能动作用。Garud 和 Karnoe 认为，路径依赖理论以"局外人"的视角看待创新是片面的，"历史是重要的"这一观点无可辩驳，但把"历史重要"仅仅等同于偶发事件影响现在的一个随机过程显然是不恰当的，这不得不说是路径依赖理论的一个缺陷。[2] 为了弥补这个缺陷，Garud 和 Karnoe 提出了替代性的"路径创造"(Path Creation)这一概念。路径创造理论将行为主体"有意识的偏离"作为核心概念，这与路径依赖强调偶发事件对技术变迁与制度变迁的影响有本质区别。"路径创造"强调行为主体策略的、深思熟虑的有意识行动，指出了技术变迁与制度变迁的内在动力问题。Pham[3] 以"Post-It Notes"和"YouTube"为例提出了路径创造的五个原则：(1)技术决定原则；(2)有意识的偏离原则；(3)实时影

---

[1] Mahoney J. Path Dependence in Historical Sociology[J]. Theory and Society, 2000, 29(4): 507-548.

[2] Garud, Karnoe.Path Dependence or Path Creation? [J].Journal of Management Studies, 2010, 47(4): 234-251.

[3] Pham X.Five Principles of Path Creation[J].Oeconomicus, 2006-2007,7: 5-17.

响原则;(4)相互依存共识原则;(5)最小位错原则。他认为,路径创造理论可以追溯到马克思、凡勃仑、熊彼特等经济学家,路径创造提醒我们人类制度对于经济过程的意义,我们应该重视路径创造。

Meyer[1]将路径依赖和路径创造集成到一个通用的理解路径过程框架中,提出了"路径构造"(Path Constitution)的概念。他认为,技术路径随着时间的流逝,与特定的社会和物质存在交互关系。一方面,这些社会/物质安排会涌现、持续和溶解,另一方面,它们也可能会创造、扩展和毁灭。因此,第一,技术路径不是按照一个特定的模式发展的(不同于路径依赖和路径创造),它是协同作用的结果;第二,随着时间的推移,技术路径会呈现不同的发展模式,这可以解释突然进化和有意识的创造。"路径构造"超越了单纯依靠报酬递增和自增强机制来解释路径过程的路径依赖理论,对制度变迁和技术变迁的动力机制提供了一种可能的研究方向。Boschma尝试将路径创造和路径依赖理论运用于城市与区域发展,他对Arthur的路径依赖模型提出了批评,并指出了"进化"在区域发展和路径创造中的重要作用。[2]

Martin(2009)[3]认为,路径依赖理论的核心概念"锁定"本身存在思维定势的问题,它只强调连续性而不是改变。他在回顾了历史社会学和政治学最新发展的基础上,强调"渐进的进化而非连续性"可应用于解释制度变迁中的路径依赖现象。他指出,"锁定"概念更多的是静止的,而不是进化,因而用"锁定"来解释动态的经济过程显然并不合适。我们虽然不必完全抛弃"锁定"的概念,但是这是反思路径依赖理论的一个很好的理由,路径依赖理论应该更多地关注进化而不是惯性或连续性。

---

[1] Meyer U.Integrating path dependency and path creation in a general understanding of path constitution[J].Science, Technology and Innovation Studies, 2007(3):23-44.

[2] Boschma R. Path creation, path dependence and regional development[J]. Path Dependence and the Evolution of City Regional Economies, Working Paper Series, 2007, 197(3): 40-55.

[3] Martin R. Rethinking Regional Path Dependence: Beyond Lock-in to Evolution Papers in Evolutionary Economic Geography[M]. Utrecht University: Utrecht (Netherlands), 2009.

路径依赖理论自诞生之日起一直受到学界的关注,特别受到经济学、政治学和历史社会学领域学者的欢迎。它的核心思想强调历史重要和对初始条件的高度敏感,这也成为运用路径依赖理论分析经济社会变迁的重要准则,这一传统延续至今。阿西莫格鲁和罗宾逊试图回答"人类社会为什么有的繁荣昌盛,有的却停滞衰落,繁荣与贫穷的根源是什么"这样一个宏大的问题。[①] 为了解释国富国穷,作者提出了"包容性制度"(Inclusive Institutions)和"攫取型制度"(Extractive Institutions)的概念,认为包容性制度下经济能进入持续增长的正反馈回路,而攫取型制度下经济增长将停滞并进入恶性循环。阿西莫格鲁和罗宾逊还构建了一个制度变迁的理论,认为社会冲突无处不在,国家与国家之间微小的差异导致了不同的制度漂移(Drift),这些小的差异性在某个关键的转折点(Critical Juncture)导致不同国家的制度分野,这些关键转折点不是历史确定的,而是偶然的(随机的)。这一解释与前文阐述的路径依赖理论一脉相承,但阿西莫格鲁和罗宾逊同样忽视了行为主体的主观能动性。而赖纳特(2010)在回答国富国穷这一宏大命题时指出,穷国之所以穷,不是因为输在了起跑线上,而是因为国家没有及时干预从而缺乏报酬递增产业造成的,这实际上强调了政府打破路径锁定的主观能动性的重要性,涉及了路径创造的内生动力机制问题。[②]

路径依赖理论在阐释技术变迁与制度变迁时突破了主流经济学静态和线性假设的局限性,引入报酬递增、网络效应、自增强机制及沉淀成本等概念,能够较好地解释真实世界的经济变迁过程,但也存在一定的缺陷。经典的路径依赖理论虽然也承认路径改变的可能性,但主要将改变归因于外力的冲击,这就否定了经济系统中行为主体的主观能动性和创造力,而路径创造理论的提出弥补了这一缺陷,但改变路径的内生动力机制问题仍

---

① Acemoglu D, Robinson J A.Why Nations Fail: The Origins of Power, Prosperity and Poverty[M].New York: Crown Publishers, 2012.

② 埃里克.S.赖纳特.富国为什么富 穷国为什么穷 [M]. 杨虎涛,等译. 北京:中国人民大学出版社,2010.

需进一步深入阐释。无论是路径依赖还是路径创造,都是基于经济演化的动态过程视角提出的,运用这种动态的理论来解释农地制度变迁和乡村振兴应该是适宜的。

四、制度演化理论:North 制度变迁模型的一个扩展

(一)从单向因果到累积因果的制度变迁理论

North 早期在《西方世界的兴起》等著述中只强调制度之于经济发展的重要性(见图 2-1),却忽视了经济发展对制度变迁的推动作用,这种基于新古典内核的单向因果的制度理论受到了很多人的批评。就算只聚焦于制度对发展的单向因果解释,这种理论逻辑也太过于简单、线性且是静态的[①]。从逻辑上我们可以推导出,经济发展的财富累积效应会引致对更高质量制度的需求,好制度的建立和运行是需要花费大量成本的,只有通过发展经济累积更多的社会财富才能更好地支撑起这些制度。从这个角度看,经济发展促进制度变迁的因果解释其实更具说服力。比如一个社会的安全稳定,我们不能简单地归因于这个社会警察系统的健全,更深层次的原因应该是社会经济的发展导致人均收入水平提高,人们对社会安全提出了更高的要求。而只有经济的发展才能支撑起警察系统这种昂贵的制度,这种社会安全制度的建立又增进了人们的合作,从而进一步推动经济发展。因此,制度变迁是一个凡勃伦意义上的循环累积因果过程。

[①] Ha-Joon Chang.Institutions and economic development theory, policy and history[J]. Journal of Institutional Economics, 2011(04): 473–498.

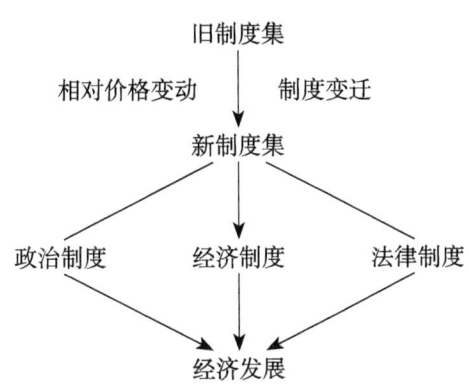

图 2-1　North 早期的制度与经济发展模型

经济史的研究也证实了这一点,比如工业资本家在 18 世纪的兴起有力地支撑了当时银行业的发展并导致了庄园主势力的衰弱;19 世纪晚期和 20 世纪早期工人阶级的壮大同样促成了福利国家的诞生及保护劳工法案的实施。因此,演化发展经济学认为,制度与经济发展的因果关系不是单向和静态的,更多地表现为动态的和累积因果的特点。North 早期的制度变迁理论显然忽视了制度的时空特定性这一本质特征,缺少动态和累积因果分析的制度变迁理论在解释经济发展时陷入了困境。制度的时空特定性和多样性预示着,相同的制度在不同国家运行的经济绩效是不同的,比如高强度的知识产权保护有利于技术领先国,但对技术追赶国却是有害的;甚至,相同的制度在同一个国家不同的时期也有着迥异的经济内涵,例如高关税在一个国家的产业处于幼稚时期是有利的,一旦该产业成功实现了追赶,这时高关税就不利于该产业的技术创新和融入全球竞争。因此,North 早期静态的、线性地解释制度变迁是其理论的主要缺陷之一。如果想要更好地解释经济发展,就有必要构建一套制度动态理论。

North 的追随者在片面强调制度之于经济发展的单向因果解释的同时,还试图用实证的方法对制度进行量化研究,以论证不同的制度质量对经济产出的影响[1]。复杂性和异质性是制度的本质特征,要做到真正量化是极其困难的。就算在一定程度上将一些能够量化的因素作为制度指标,现在的

---

[1] Acemoglu D, Johnson S, James A, et al.The Colonial Origins of Comparative Development: An Empirical Investigation[J].American Economic Review, 2001(05): 1369–1401.

研究也只能做到在部门和国家间进行横截面静态分析，无法对制度进行时间序列研究。这种制度的量化研究不仅无法包容制度的异质性特征，而且也忽略了制度的时间属性，这种剥离了制度时空特定性的研究，实际上是反制度的。此外，这类研究除了一味强调制度对经济发展的重要性之外，基本没有触及对制度本身如何演进的理解。North 一开始只强调了相对价格变动对制度变迁的影响，忽视了制度变迁过程中新制度的建立和运行的成本。概言之，他早期的制度理论对累积因果的、动态的和比较的分析方法不够重视，当然这也是大多数新制度经济学家的通病，而这正是演化经济学所重视和擅长的领域。

　　North 早期的研究只注重制度之于经济绩效的单向因果解释。他指出，有效率的制度（组织）是经济增长的源泉，并认为制度变迁总是循着有效率的方向演进的。这种将制度变迁的促发因素简单地归结于相对价格的变动是十分片面的，结论难免草率，也无法解释经济社会中大量无效率制度以及世界上大量失败国家普遍存在的事实。于是他开始关注制度和信仰系统的路径依赖特征，并指出旧的制度和信仰系统在面对新问题和社会的复杂性时不可避免地遭遇了失败[1]。认识到信仰和制度具有的路径依赖特征，"为什么不发达现象普遍存在"，以及"输入性的规则、法律和宪政为什么往往是失败的"就可以得到较好的解释。真实世界是一个包含不确定性的复杂的演化过程，因而传统的"纯粹形式的理性假设已经成为更好理解人类行为的障碍"[2]。因此，为了更好地理解制度变迁，North 转向了认知科学，他开始重点关注认知过程、信念结构和制度之间复杂的累积因果过程。通过借鉴认知心理学和脑科学的最新研究成果，North 试图探究人类如何运用心智模型（Mental models）来解释真实世界及通过经验反馈学习促使信仰变迁的过程[3]。近年来演化心理学的研究进展使得凡勃伦的"本能－习惯"心理学有希望得以复兴。因此，North 后期的制度研究思路一定程度上呼应了凡勃伦制度主义的循环累积因果原则。

---

[1] North D C.Economic Performance through Time[J].American Economic Review, 1994(3): 359–368.
[2] 道格拉斯.C.North. 理解经济变迁的过程 [M]. 钟正生，等译. 北京：中国人民大学出版社，2013.
[3] North D C.Understanding the Process of Economic Change[M]. Princeton: Princeton University Press, 2005: 77.

（二）基于认知科学的制度变迁理论

根据演化心理学的观点，在漫长的人类演化史中，自然选择塑造了人类大脑的能力，包括其局限性。North 的主要研究对象是制度和组织，制度作为人类交互活动的产物，反过来又起到塑造（约束）人类行为的作用。因此，解释长时段经济变迁的制度变迁理论应该以演化心理学、演化人类学和神经科学（脑科学）为基石，引入更加科学的个体行为动机假设。新古典经济学的"效用最大化个体行为假设"显然不能胜任解释制度生成及其变迁的任务，如果我们理解了动机的不完全性，那么在制度是如何改变信念的认识上将前进一大步，这是对"财富最大化动机影响选择"观点的批判性拓展[1]。从 North 研究成果的方法论取向来看，1990 年后他试图在西蒙有限理性的基础上，借鉴认知科学（认知心理学、脑科学）的最新成果，尝试构建更加科学的制度解释框架。在笔者看来，North 的这一方法论转向与凡勃伦的制度主义是契合的。

继赫尔伯特·西蒙对"有限理性"的开创性研究之后，经济学对人类在决策中"理性不足"的理解已经取得了长足的发展，特别是行为经济学和实验经济学对人的决策行为进行研究时发现，人们的直觉信仰很大程度上会导致"决策偏误"[2]。演化心理学给出的解释是，这些导致人类非理性决策的直觉信仰（本能）是我们祖先在自然选择压力下演化出来的一种适应器，这种心理机制是基因型的，通过遗传机制影响着现代人的决策行为。由于文化演化的速度远快于生物演化的速度，特别是 10000 年前的农业革命和 200 年前的工业革命使得人类文化得以快速发展，而生物演化的影响在这么短的时间量级上对人类行为的影响几乎可以忽略不计。因此，正是这两种演化机制在时间上的不对称性导致了现代人类看似非理性的决策行为。换句话说，我们的大脑神经元机制仍然停留在狩猎-采集社会，在快速变化的现代社会难免会出现适应性滞后问题。制度设计理应将人类

---

[1] North D C. Institutions, Institutional Change and Economic Performance[M]. Cambridge: Cambridge University Press, 1990.

[2] Kahneman D, Tversky A. Prospect Theory: An Analysis of Decision under Risk[J]. Econometrica, 1979(47): 263–291.

大脑认知机制的"禀赋效应"作为约束条件。

人类在自然选择压力下形成的这些基因禀赋多大程度上影响了我们的决策以及是如何影响的？进一步厘清这一点，我们就能更好地理解经济行为。演化心理学的研究焦点集中在自然选择塑造的人类大脑的能力和局限上，这可以部分地解释"损失厌恶"和"框架效应"等理性无法解释的人类决策异常现象[①]。如果我们将经济发展视为不同行为主体选择的结果，那么了解这些行为动机是什么、是从哪里来的以及如何发展的，将对我们理解制度生成和变迁具有重要意义。演化心理学和脑科学的研究表明，人类的认知能力是有限的。演化生物学和行为经济学的研究显示，利他和合作行为在人类群体中普遍存在，从群体选择的视角来看，这些行为有利于种群的生存和繁衍（群体适存度的提高），这些演化分支科学的研究成果对我们理解制度十分重要。North 正是在借鉴演化心理学的基础上，吸收认知科学的最新研究成果，构建了一个引入人类心智和意向性的制度变迁模型（图2-2），从而能够更好地解释经济变迁的过程。North 的这一制度变迁模型和凡勃伦基于"本能–习惯"心理学的制度变迁理论是异曲同工的。

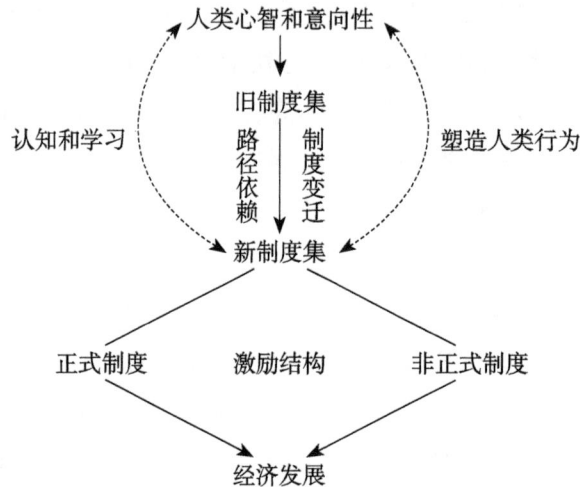

图2-2　引入人类心智和意向性的制度变迁模型

---

① Gigerenzer G, Goldstein D G.Reasoning the Fast and Frugal Way: Models of Bounded Rationality[J]. Psychological Review, 1996(103): 650–669.

为了更好地理解真实世界中的制度，一是要抛弃过时的边沁式"功利主义"心理学，反思新古典经济学的效用最大化假设；二是要积极吸纳演化心理学、演化人类学和脑科学的最新研究成果，以便更透彻地理解人类行为的神经元机制，使制度经济学具备更科学的心理学基础，从而修正个体行为动机假设。我们应该将行为主体视为规则遵循者，而不是效用最大化计算器，也即回到凡勃伦的"本能－习惯"心理学。North 在后期也越来越意识到"理性假设无法提供一个理解人类在各种重要情况下选择的指南"[①]。根据演化经济学家维特（Ulrich Witt）的"连续性假设"（Continuity Hypothesis），先期的生物演化构成了人类社会演化的基础，基于人类行为的经济演化过程将始终受到生物演化结果的影响[②]。这一假设得到了演化心理学的支持，人类的很多非理性行为其实源于早期的自然选择压力。因此，任何试图将人类理性放大的理论我们都应该警惕。人类社会是远比自然界更加复杂的开放系统，由于文化演化和生物演化在时间上的不一致性一直存在。因此，为了更好地理解制度，制度经济学不仅要能够解释行为主体博弈的结果（制度、规则），更要加深对博弈框架（文化、制度环境）自身演进的理解。而要构建这样一个制度解释框架，回归凡勃伦制度主义是适宜的。

（三）North 制度理论的演化特征

"对于经济发展而言，构建一个动态的理论是十分重要的。令人吃惊的是，在'二战'后的 50 年中，这个领域并没有取得多少进展。在分析引致经济发展的政策方面，新古典经济学的贡献乏善可陈，它所研究的是市场的运行，而不是市场的过程（发展）。我们如果不理解经济发展的本质，又如何制定政策呢？正是新古典经济学家的研究方法限制了他们的研究主题，妨碍了他们对经济发展本质的理解。新古典理论一味追求数学般的精确和完美，但它构建的是一个无摩擦的静态世界。新古典理论隐含着'制

---

① 道格拉斯.C.North. 理解经济变迁的过程[M]. 钟正生，等译. 北京：中国人民大学出版社，2013.
② Witt U. Bioecomics as Economics from Darwinian Perspective[J]. Journal of Bioeconomics, 1999(1): 19–34.

度不起作用'和'时间不起作用'这两个错误的假设,这对于理解真实世界的经济运行有百害而无一利"[1]。这段 North 在 1993 年诺贝尔经济学奖颁奖典礼上的发言,无疑成为其背离新古典均衡分析范式,转向演化分析的宣言。这其实与凡勃伦对演化经济学的定义十分接近。凡勃伦认为,"演化经济学必定是被经济利益决定的文化发展(Cultural growth)过程理论,是始于经济制度自我演进的累积序列(Cumulative sequence)理论"[2],二者都强调制度和时间对于经济发展的重要性。演化分析本来就是聚焦于制度变迁过程本身的,就这一点而言,North 后期的制度理论的确带有明显的凡勃伦制度主义演化特质。

自凡勃伦定义"演化经济学"以来,演化思想至少有四个显著的特征:(1)无止境的文化发展理念;(2)经济利益对于文化发展起首要作用;(3)关注经济制度;(4)变迁过程的累积因果特征。North 将个体经济动机之于经济制度的重要性放在首位,在后期研究中,他开始着重从文化、人口学、政治和经济变迁等的交互作用来解释人类社会的演化。他指出,"你不可能用标准经济学理论来理解变迁的过程,你必须另起炉灶(Start all over again)并从社会演化的视角入手。"[3] 从这里可以看出,North 后期的方法论取向的确更接近凡勃伦制度主义传统,即强调制度变迁过程是开放式的和累积因果的。就强调开放式变迁过程这一点来说,这与新古典均衡分析范式是不相容的。也就是说,North 后来实际上抛弃了新古典的效率观,代之以"适应性效率"[4],并开始聚焦于经济行为的环境约束。他坚持开放式的社会演化观点,摒弃了经济最终会趋向稳定均衡的静态观点之后,承认经济社会制度存在非均衡和无效率的可能性。这些观点与欧洲老制度主义

---

[1] 译文源自 North1994 年发表在《美国经济评论》上的诺贝尔经济学奖颁奖典礼上的发言;本文也参考了王列发表于《经济社会体制比较》1995 年第 6 期的译文《时间进程中的经济成效》。

[2] Veblen T.Why is Economics not an Evolutionary Science? [J].Quarterly Journal of Economics. 1898(13): 371–397.

[3] North D C. "Understanding Institutions", in C.Menard (ed.), "Institutions, Contracts and Organizations" [M]. Cheltenham: E.Elgar Press, 2000.

[4] 道格拉斯.C.North. 理解经济变迁的过程 [M]. 钟正生,等译. 北京:中国人民大学出版社, 2013.

传人——霍奇逊所定义的经济社会演化过程很接近，在霍奇逊看来，"经济和社会系统并不是通过搜寻最有效率的手段来达到最优化均衡的过程，而是包含错误甚至是退化的演化过程"[①]。

制度演化和变迁的累积因果特征集中体现在路径依赖这一核心概念上，North 就是用这一概念来解释价值观和习俗等非正式制度在代际之间的传承。他指出，"源于过去经验积累的知识存量，深受我们的学习和路径依赖的影响"[②]，这个过程是自我累加的，因为规范和习俗内嵌于文化并传承给下一代，所以"习得特性是文化传递的……这是一个连续性累积过程，就算是革命或者外部征服这些突发事件也不能完全打断这个过程"[③]。North 后期强调"规范习得"和"文化传递"的有关社会变迁的演化理论与霍奇逊的社会演化过程观不谋而合。霍奇逊就曾指出，"社会演化过程具有拉马克主义和达尔文主义的双重特征"[④]。这与纳尔逊和温特在经典著作《经济变迁的演化理论》中对作为传递技术和信息的企业惯例（routines）的定义也十分接近。从这一点来看，后期的 North 的确持累积性制度变迁的演化观点。

凡勃伦意义上的演化经济学强调变迁过程的累积因果和多因素的共同演化，以及个体和文化的交互影响。North 后期的制度理论一定程度上也具备这些特征，概括起来有：（1）他指出了社会制度是个体间互动的结果，同时又约束和塑造个体行为；（2）强调习惯、惯例和习俗等非正式约束与正式制度在演化速率上的不一致性；（3）将时间因素纳入其制度变迁理论，指出人们的信念体系是在时间历程中不断学习的结果，强调文化在代际间的传递是人类学习的主要形式；（4）注重制度分析的情境嵌入，并

[①] Hodgson G M."Evolution and Institutional Change", in U Maki, B Gustaffson and C Knudsen (eds), "Rationality Institutions and Economic Methodology" [M]. London: Routledge Press, 1993.

[②] North D C. "Prologue", in JN Drobak and JVC Nye (eds), "The Frontiers of the New Institutional Economics"[M]. San Diego: Academic Press, 1997.

[③] North D C.Institutions, Institutional Change and Economic Performance[M].Cambridge: Cambridge University Press, 1990.

[④] Hodgson G M. "Darwinism in Economics: From Analogy to Ontology"[J]. Journal of Evolutionary Economics, 2002(12): 259–281.

发展了经济运行的历史特定性解释;(5)强调真实世界是一个"非各态历经"(Non-ergodic)的世界,制度变迁具有非线性和不可逆性特征,路径依赖普遍存在。正因为 North 后期的制度理论具有这些演化特质,有的学者将其称为"演化制度经济学"①。

(四)North 制度变迁模型的扩展

从上文的分析中我们不难发现,晚期的 North 在制度分析范式上明显具有凡勃伦式制度演化的特质。这种相似性和联系首先体现在,后期的 North 越来越重视对非正式制度的研究,这与凡勃伦对习俗和惯例的强调相契合;其次,North 后期的制度变迁理论借鉴了演化心理学的研究成果,将人类心智和意向性纳入其制度变迁模型,某种程度上呼应了凡勃伦的本能-习惯心理学;最后,North 后期的制度分析范式越来越远离新古典均衡分析传统,他的社会演化思想越来越强调变迁过程的累积性,这与凡勃伦定义的演化经济学十分接近。虽然两者有诸多相似之处,但是差别也是十分明显的。两人的制度理论都是为了解释长时段经济社会的演化,方法论取向上也越来越趋同,但两者的态度却相去甚远。凡勃伦试图提供一个替代新古典体系的学说,坚持不懈地批评讽刺边沁的功利主义心理学,而 North 则相对保守,他后期的制度分析范式虽然与新古典体系存在冲突,但他只是想修复或弥补新古典体系的不足,从来没有想过要彻底批判和替代这个体系。正如孟捷指出的那样,"North 对新古典范式虽常有批判,但这种批判只是为了拓展后者的分析范围,增强这一范式的生存能力,因而只是在新古典内部发动的批判。"②。

在对待资本主义制度上,凡勃伦表现出明显的激进色彩,他深受马克思的影响,对资本主义的金钱经济和掠夺倾向持激烈的批判态度,而 North 始终为资本主义经济制度辩护,并且固执地认为政治制度是决定性的。North 的这种"制度决定论"倾向在早期是比较明显的,但是在 1990

---

① 冯兴元,刘业进.North 的贡献与思想遗产[J].学术界,2016(2):24-37.
② 孟捷.历史唯物论与马克思主义经济学[M].北京:社会科学文献出版社,2016.

年后的两部重要著作——《制度、制度变迁与经济绩效》(1990)和《理解经济变迁的过程》(2005)中一定程度上弱化了。令人遗憾的是，North在与瓦利斯和温格斯特两位作者合著的《暴力与社会秩序》(2009)一书中，这种倾向又死灰复燃了。在这部著作中，North 及其合作者提出了人类社会发展的三种形态："自然国家""权利限制秩序"和"权利开放秩序"。他们将权利限制秩序向权利开放秩序的转型称为"第一个发展问题"，而把权利限制下的社会改善称为"第二个发展问题"。在谈及中国的经济发展成就时，他们承认"中国很好地应对了第二个问题的挑战"，但又称"第二个发展问题能处理好，并不一定意味着在第一个发展问题上也能成功"[1]，进而从他们的分析框架推导出"转型将给中国带来新的和难以解决的问题"这样悲观的结论[2]。

在 North 他们看来，能否过渡到"权利开放秩序"是经济长期发展的前提条件。从对三种不同社会秩序的定义中不难看出，North 所谓的"权利开放秩序"实际上就是指西式民主制度。姑且不论人类社会发展的三种形态划分是否合适，单就先验地认为只有西式民主才能带来长期经济增长这一点就暴露了其"制度决定论"的本质。并且，这种"制度决定经济发展"的单向因果解释显然是违背"循环累积因果"原理的。与 North 他们的结论不同，演化发展经济学家赖纳特和张夏准对欧美工业化历史的研究表明：经济发展是产业活动决定的，一国只有选择了高创新率、高附加值和报酬递增的高质量经济活动，才能带来长期经济增长和实际工资的提高。在赖纳特和张夏准看来，民主是经济发展的结果而不是原因[3][4]。在解释长时段的制度与经济发展的关系上，静态的和单向的因果分析路径存在严重的不

---

[1] 道格拉斯·C.North，约翰·约瑟夫·瓦利斯，巴里·R.温格斯特.暴力与社会秩序：诠释有文字记载的人类历史的一个概念性框架[M].杭行，王亮，译.上海：上海三联书店，2013.

[2] 同[1].

[3] 埃里克·S.赖纳特.富国为什么富 穷国为什么穷[M].杨虎涛，等译.北京：中国人民大学出版社，2010.

[4] 张夏准.富国陷阱——发达国家为何踢开梯子？[M].肖炼，等译.北京：社会科学文献出版社，2009.

足。杨虎涛（2017）^①试图在"政治"和"经济"两个维度的基础上加入"社会"因素，并运用循环累积因果理论论证了社会结构、经济活动和政治秩序三者之间的协同演化关系。他认为，政治、经济和社会三因素之间的累积效应存在正、负两种反馈机制，在不同约束条件下进入正反馈和打破负反馈的政策选择是极其重要的。他进一步指出，高质量的经济活动有利于社会结构的扁平化和政治秩序的多元化，虽然政治秩序和社会结构的人为重构也对经济发展产生影响，但经济对政治和社会的作用仍然是决定性的。这与马克思对经济基础和上层建筑、生产力和生产关系之间辩证关系论证逻辑是一致的，而 North 的"制度决定论"在违背了"循环累积因果"原理之后，其解释力是单薄的。

在凡勃伦的制度演化理论中，"技术"占据着重要的位置，甚至是第一位的。凡勃伦的著作一直关注技术以及技术对文化的影响，正因为这一点，也导致人们指责他是"技术决定论"者。而在霍奇逊看来，"技术本身就涉及人类的知识和社会关系，生产的物质方面和社会方面是相互联系的。社会关系嵌入到技术之中，但这并不排除我们探讨技术对人类思维、行为和社会结构可能产生的影响。"[2] 因此，对制度变迁的研究不可能排除技术元素。在技术对制度变迁的影响这一问题上，凡勃伦与 North 存在重大分歧，North 的制度变迁理论基本不探讨技术因素。在这一点上，North 仍然受到了新古典传统的影响，即将技术视为给定的外生变量，忽视了技术对制度和组织的影响[3]。比如，在引入交易费用分析长时段经济发展时，隐含的假设是技术不变的，在此基础上比较不同制度下的经济绩效。就算考虑了技术因素，通常也认为是制度（产权制度）决定的。也就是说，在 North 那里，技术是外生的，在论证有关制度变迁的推动因素时，无论是早期"相对价格变动论"，还是后期的"认知与信念体系论"，似乎都不涉

---

① 杨虎涛.循环累积：社会结构、经济活动和政治秩序[J].学习与探索，2017（2）：106-114+176+2.
② 杰弗里·M.霍奇逊.制度经济学的演化：美国制度主义中的能动性、结构和达尔文主义[M].杨虎涛，等译.北京：北京大学出版社，2012.
③ 张海丰.新制度经济学的理论缺陷及其演化转向的启发式路径[J].学习与实践，2016（9）:5-15.

及技术因素。然而，演化经济学家对"国家创新系统"的研究表明，技术创新嵌入在国家制度体系之中，而技术进步也会推动"国家创新系统"的转型[①]。更值得一提的是，卡萝塔·佩雷丝的研究进一步论证了新技术革命对制度框架的冲击，旧制度对新技术扩散的抵抗及技术革命带来的制度大调整。[②] 在笔者看来，这一制度与技术的协同演化观点实际上是对凡勃伦制度主义的回归。

综上，虽然North后期的制度变迁理论具备了一定的演化特征，对人类心智和意向性的强调也使得其理论比以往具有更加科学的心理学基础，但其理论体系中的"制度决定论"倾向一直存在。为了消除这种理论紧张，我们将凡勃伦制度主义的累积因果理论和多因素交互作用思想融入North的制度理论之后，得到一个更加完整的制度变迁模型（图2-3）。这一模型不仅考虑了经济发展和制度变迁之间的累积因果效应，实际也借鉴了奥地利学派的企业家理论，也即将行为主体的能动性与结构变迁的关系也纳入进来。这个模型厘清了制度变迁因果链条上各因素之间的交互影响和累积因果机制，是一个比较直观的制度解释框架。

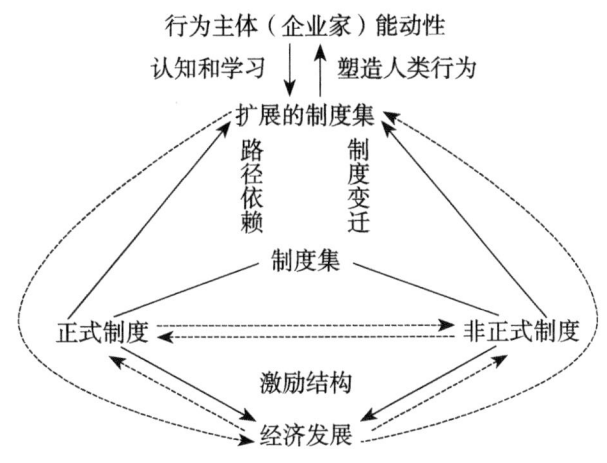

图2-3 基于累积因果的扩展的制度变迁模型

---

① Nelson R R.National Systems of Inovation：A Comparative Study[M].Oxford: Oxford University Press, 1993.

② 卡萝塔·佩雷斯.技术革命与金融资本：泡沫与黄金时代的动力学[M].田方萌，等译.北京：中国人民大学出版社，2007.

五、演化发展经济学理论

演化发展经济学将经济发展视为以技术学习为核心的演化过程。与新古典经济学的静态均衡分析不同，演化发展经济学认为经济发展总是动态与演化的，它以生产为理论体系核心、以创新竞争为政策焦点、以经验研究为基础的研究方法，形成了解释经济发展的全新范式。演化发展经济学的代表人物主要有挪威经济学家赖纳特和韩国经济学家张夏准，国内主要代表人物是贾根良教授。

赖纳特提出不同于主流经济学的"替代性教规"，强调以生产效率为中心。张夏准则注重对经济政策史的研究。赖纳特认为国家在经济发展中最关键的任务，是发现并且引导经济体进入高质量的经济活动。[1] 张夏准则更为明确地将经济发展政策归纳为贸易、产业和创新政策三个相互关联的模块，他对韩国经济成功的解释是，发展型政府通过产业政策集中资源以发展大财阀，由此进入一些韩国并不具备比较优势的高端产业，同时将保护幼稚产业和出口扩张结合起来。张夏准通过研究经济政策史，揭露了发达国家阻碍发展中国家发展的可悲事实并提出了尖锐批评。[2] 演化发展经济学研究经济发展机制和国家之间不均衡发展问题。演化发展经济学认为不完全竞争和报酬递增机制在经济发展中居于核心地位。经济活动存在异质性，演化发展经济学理论强调经济发展的关键在于提高经济活动的质量，高质量的经济活动不仅具有更高的进入壁垒，能够获得由不完全竞争创造的租金，还能够带动其他经济活动的协同发展。在关于报酬递增的研

---

[1] 埃里克·S.赖纳特.富国为什么富 穷国为什么穷[M].杨虎涛，等译.北京：中国人民大学出版社，2010.

[2] 张夏准.富国的伪善[M].严荣，译.北京：社会科学文献出版社，2009.

究中，演化发展经济学理论强调知识的增进，与知识相关的技术成为经济的发展要素。技术进步在有些国家迅速，而在有些国家迟滞，这涉及演化发展经济学理论的核心概念：技术进步租金的创造和分配。关于租金，熊彼特的创新理论认为，经济发展是原材料和力量的新组合造成的结果，新组合的实现造就企业，企业家的职责就是创新。熊彼特指出，创新引发了经济的波动，最终造成经济周期的出现。一旦部分企业家通过创新来创造并获得潜在的社会收益，其余企业家就会通过模仿获取潜在利益，并且潜在利益最终会消失[1]。熊彼特的创新和经济发展理论认为，国家的富裕源自于不断地创新以获得租金。而由于创新的不均衡性，有些国家能持续进行创新，而有些国家很少甚至没有技术创新。演化发展经济学在熊彼特的创新和经济发展理论基础上，提出技术进步收益有两种分配方式：古典形式和共谋形式。古典形式指的是技术进步获得的收益在全世界范围内进行分配，共谋形式只在技术进步国内进行分配。如果技术进步国以共谋方式分配收益，国家之间的差距将会不断拉大，从而形成富国和穷国。演化发展经济学同时研究国家政策问题，代表人物是赖纳特和张夏准。经济政策史是演化发展经济学的重要组成部分，但是演化发展经济学的政策观不仅仅来自经济政策史的归纳，还从经济政策史中寻找为什么有些政策更有效的答案。演化发展经济学强调，经济发展机制中，高质量的经济活动引发整个经济系统的正反馈机制。这个过程不一定是自发的，通常需要国家力量来完成。

演化发展经济学说建立在不完全竞争和经济活动异质性的理论基础之上，这也使得演化发展经济学的政策观点不同于正统的经济发展政策主张。因此，将演化发展经济学理论应用于乡村振兴研究，有利于更好地推进乡村振兴，对乡村振兴的发展策略和政策优化有重要的理论价值。

---

[1] 约瑟夫·熊彼特.经济发展理论[M].何畏，等译.北京：商务印书馆，1990.

第三章　农地流转制度创新与乡村振兴：促进农民增收的一个理论框架

我国作为一个后进工业化国家，在经历改革开放 40 多年的快速工业化和城市化之后，城乡二元经济结构仍然突出。国家统计局发布的《2018 居民收入和消费支出情况》显示，从 2016 年到 2018 年，全国居民的人均可支配收入稳步增长，农村居民收支增速快于城镇，但城乡之间的绝对收入差距仍在扩大。2016 年城镇居民可支配收入比农村居民多出 21252.8 元，2017 年为 22963.8 元，到了 2018 年则扩大至 24634 元。因此，切实增加农民收入仍然是当前农村工作的重要指向，"乡村振兴战略"正是在这一大背景下中国做出的重大战略部署。在党的十九大报告中提出的乡村振兴战略 20 字总体目标中，"产业兴旺"是重点与基础，而土地作为基本的生产要素，是实现产业兴旺的关键性支撑[1]。2019 年的中央一号文件《关于坚持农业农村优先发展 做好"三农"工作的若干意见》中也特别强调了要增加农民的"财产性收入"，而农地流转之于农民增加财产性收入的重要性是不言而喻的。农村土地制度是实施乡村振兴战略的重要制度支撑，在保持我国农地制度基本稳定的前提下，如何促进农地流转，从而实现农业规模化经营、增加农民收入是未来农地制度创新的基本方向。

---

[1] 陈美球，蒋仁开，朱美英，等. 乡村振兴背景下农村产业用地政策选择——基于"乡村振兴与农村产业用地政策创新研讨会"的思考[J]. 中国土地科学，2018，32（07）：90-96.

一、合约选择的权力不对等博弈模型

本文构建的模型主要关注合约期限选择问题,这个领域的现有文献主要可以归类为以下几个方面:(1)资产专用性。农业土地经营所形成的资产专用性特征,内生决定农地流转合约期限选择的性质,而合约期限的长短及其所决定的行为预期会对合约实施产生重要影响[1];邹宝玲等通过从资产专用性维度扩展到威廉姆森交易费用分析范式的进一步研究,发现农户对土地专用性投资及承租者信息的了解程度,以及其具备的租约谈判能力是其选择短期合约的关键因素。[2](2)不完全合约理论。在农地流转合约中,不仅存在着不完全合约与关系合约问题,合约短期化与空合约现象也普遍存在[3]。有学者从合约不完全维度阐述农户在农地流转过程中风险的形成及其影响,发现农地租约的完备程度会对农户期限选择产生重要影响[4]。(3)主体行为。在农地流转过程中,农户契约选择是基于理性思考的结果,交易对象之间关联博弈强度越高,农户选择短期化农地流转契约的可能性越高[5];租约期限的选择与交易双方的谈判能力、承诺能力、行为能力等密切相关,影响租约期限短期化的一个重要因素就是对承租方事中行为的介

---

[1] 钟文晶,罗必良.契约期限是怎样确定的?——基于资产专用性维度的实证分析[J].中国农村观察,2014(4):42-51.

[2] 邹宝玲,罗必良,钟文晶.农地流转的契约期限选择——威廉姆森分析范式及其实证[J].农业经济问题,2016(2):25-32.

[3] 罗必良.合约短期化与空合约假说——基于农地租约的经验证据[J].财经问题研究,2017(1):10-21.

[4] 邹宝玲,钟文晶,张沁岚.风险规避与农地租约期限选择——基于广东省农户问卷的实证分析[J].南方经济,2016(10):12-22.

[5] 洪炜杰,胡新艳.非正式、短期化农地流转契约与自我执行——基于关联博弈强度的分析[J].农业技术经济,2018(11):4-19.

意程度[①]。(4)农业经营效率。农业经营绩效和土地承租合约有关,长期承租合约给予农户相对稳定的预期,为农业产业化、专业化、规模化经营创造稳定的前提条件[②];政策上要建立健全农村社会保障制度,让农民放心转出土地,提高农民对土地规模、有序、长期流转的积极性,从而提高农业规模经营效率与农民收入水平[③]。

上述有关农地流转的研究,无论是基于交易费用、产权,还是差序格局,都将考察的重点放在流转合约上,更准确地说是流转合约的形式和期限的选择问题上。合约选择涉及农地资源的配置效率问题,这是所有经济学研究的一个基本关注点。按照主流经济学的逻辑,合约的自由缔结(选择)是资源有效配置的前提,但上述研究似乎都忽略了一个问题:权力在市场经济中是普遍存在的。鲍尔斯和金迪斯的研究表明,一旦放弃瓦尔拉斯经济学体系的完备合约假设,策略性的交易行为就会产生"权力"——即交易中短边的一方可以通过提供激励(或威胁)来影响长边的另一方[④]。滇桂黔石漠化区农村的市场化程度普遍比较低,而在低市场化程度情境下,农户作为市场的长边方与企业作为市场的短边方之间的权力不对等程度将更加突出。因此,在农地流转合约选择过程中,我们不能忽视短边方对长边方可能施加的压力。本章构建的合约选择的权力不对等模型试图解释这一问题。

(一)农地流转的合约期限选择特征

农户的农地流转行为是经济行为和社会行为的综合体[⑤]。农户在选择农地流转合约期限时不仅受到其与农地转入企业之间复杂的经济利益关系影

---

① 罗必良,邹宝玲,何一鸣.农地租约期限的"逆向选择"——基于9省份农户问卷的实证分析[J].农业技术经济,2017(1):4-17.
② 沈雅琴.长期土地承租合约与农业产业化[J].财经问题研究,2006(1):91-95.
③ 徐珍源,孔祥智.转出土地流转期限影响因素实证分析——基于转出农户收益与风险视角[J].农业技术经济,2010(7):30-40.
④ 董志强.行为和演化范式经济学:来自桑塔费学派的经济思想[M].上海:格致出版社,2019.
⑤ 钟涨宝,汪萍.农地流转过程中的农户行为分析——湖北、浙江等地的农户问卷调查[J].中国农村观察,2003(6):55-64.

响，同时传统的差序格局、风俗习惯等非正式制度、地方政府政策也会起到相应的协调作用。在已有的有关"农地流转合约期限选择"文献中，普遍依然强调长期合约的重要性，选择长期且规范的承租合约能够保障农户相对稳定的预期收益，降低交易成本，为农业规模经营创造稳定的前提条件。但另一方面，农地流转现实中普遍存在合约短期化问题。根据中国17省农村土地流转市场的调查数据显示，在农地转出农户中，54%的农户有约定期限，其中近一半农户选择流转期限为1年以内，仅有6%的农户约定超过10年的流转期限[1]。罗必良等对全国9省份的农户问卷调查也发现，农户的预期收益不确定性、风险预期、土地潜在收益等对租约期限短期化具有显著影响，不仅短期租约是普遍现象，并且后期租约的意愿期限也趋向于短期化。[2]虽然上述研究普遍对合约期限的短期化倾向呈负面评价，却忽视了随着中国经济发展，农村的市场化程度提高，必然会导致农地价格的上涨。农民对农地溢价的预期会表现在合约期限的选择上，因为短期合约显然更加灵活，作为转出方的农户理论上可以通过重复缔约获得全部溢价收益，从而实现利益最大化，因此短期合约是符合农民利益的。

企业作为物质资本和人力资本的重要载体，在农业发展和乡村振兴中起着举足轻重的作用，但在农地流转情境中我们也必须考虑其利润动机和投资逻辑。因为农业生产中的固定资产投资所形成的资产专用性能够对农地经营产生"锁定效应"[3]，当土地经营规模过小时，企业的机械设备投资、生产管理以及市场交易成本都会增加[4]。为降低农业生产成本、最大限度地规避投资风险，提高农业产出率、追求规模效益，农业经营企业需要拥有与规模化农业生产相匹配的土地经营规模。同时，农业投资的资产专

---

[1] 叶剑平，蒋妍，丰雷.中国农村土地流转市场的调查研究——基于2005年17省调查的分析和建议[J].中国农村观察，2006（4）：48-55.

[2] 罗必良，邹宝玲，何一鸣.农地租约期限的"逆向选择"——基于9省份农户问卷的实证分析[J].农业技术经济，2017（1）：4-17.

[3] 钟文晶，罗必良.契约期限是怎样确定的？——基于资产专用性维度的实证分析[J].中国农村观察，2014（4）：42-51.

[4] 陈飞，翟伟娟.农户行为视角下农地流转诱因及其福利效应研究[J].经济研究，2015（10）：163-177.

用性特征与农地流转合约选择也存在紧密联系，企业因此倾向于选择一个期限较长的正式合约来规避风险，这样也能够减少多次订约的谈判成本[①]。

根据上述分析，无论是农户还是企业，基于自身利益考量，在合约期限的选择上是不一致的。双方的利益冲突本质上是剩余索取权的配置问题，这就形成了一个农地流转二维主体间的博弈过程[②]。相当数量的文献对农户签订短期合约的偏好和企业签订长期合约动机之间的冲突进行了多角度的研究，但基本都没有涉及博弈双方之间权力（市场力量）不对等问题。本研究构建的博弈模型，将低市场化程度作为背景，这也符合滇桂黔石漠化区农村的市场经济发展状况。对于博弈双方之间的权力不对等将如何影响合约期限选择，进行严谨的理论探讨是十分必要的。

（二）权力不对等与合约期限选择

同质性假设使得瓦尔拉斯体系中的合约缔结忽视了市场主体间的权力不对等问题。一旦引入异质性假设和信息不对称，那么市场就不可能出清。进而，市场主体之间的交易会因为市场力量的不对称而导致具有权力优势的一方主导合约选择的情况出现。合约本身作为一种制度安排，具有复杂的形式和结构。缔约作为一种复杂的经济行为，不同的合约具有不同的缔约成本，而有效的合约安排是经济社会发展的重要前提。现实世界中的合约通常是不完备的，因此需要不断地进行修改和重新协商。在无法签订完全合约的情况下，可以借助剩余控制权的有效配置来解决合作过程中的冲突问题。剩余控制权是指在合约未注明的情况出现时做出决策的权利；与剩余控制权对应的另一个概念是剩余索取权，是指合约扣除了全部成本之后剩余部分权利的处置权，剩余索取权由所有权决定。在合约不完备的情况下，将剩余控制权分配给拥有剩余索取权的一方是有效的做法[③]。

---

① 洪炜杰，胡新艳.非正式、短期化农地流转契约与自我执行——基于关联博弈强度的分析[J].农业技术经济，2018（11）：4-19.

② 冯玲玲，邱道持，赵亚萍，等.农地流转中二维主体的博弈研究——以重庆市璧山县为例[J].农村经济，2008（11）：18-21.

③ Hart O, Moore J.Property rights and the nature of the firm[J]. Journal of Political Economy, 1990, 98（6）：1119–1158.

"若一个人控制着你所珍视的资源,这个人就能对你形成权力——能令你调整你的行为,以试图获取更多这样的资源,而不是任性而为"[①]。关于利益分配(资源控制)问题,在"社会网络"文献中特别强调主体之间的"依赖"关系,因为依赖是产生权力的前提,如果一方可选择的替代方案非常有限,那么控制产品或资源的一方的权力将得到增强,反之亦然。也就是说,博弈主体所处的社会网络位置预示着他相对于其他主体的权力,而博弈主体的社会网络位置一般由财富水平决定。也即,财富水平决定了交易双方的"权力"不对等程度,这就是霍布斯所谓的"财富即权力"。在本研究的模型中,低市场化情境下,农户和企业之间的财富水平存在很大差距,那么作为权力占优方的企业是可以主导合约选择的。就这一点而言,农户和企业之间的交易不可能是完全自由平等的。

企业作为资本、技术和人才等核心生产要素的拥有者,是整个经济系统运转的核心,其可替代性较弱,而分散的农户在合约谈判过程中存在"集体行动困境"。因此,企业作为交易的短边方,在合约选择问题上具有比较优势。虽然有研究发现,农地租约期限有短期化的倾向,并认为造成这种倾向的原因在于农地转出农户对土地经营权具有"产权身份垄断"特性,因而在租约的选择过程中具有比较优势[②],但这与我们在欠发达地区的观察不符。我们在欠发达地区的田野调查中发现,在市场化程度低的地区,承租企业通过自身的权力优势和地方政府的帮助主导了合约选择,涉及企业和农户的租约以长期租约为主。我们对此的一个解释是:第一,在市场化程度低的地区,农地承租方市场的竞争极其不充分,导致农地承租企业相对于分散农户具有短边方权力;第二,我们的田野调查发现,作为土地承租方的企业为了降低交易成本,一般不与单个农户进行合约谈判,而是与村集体进行谈判,进一步稀释了农户在缔约过程中的谈判能力;第三,地方政府基于招商引资和政绩的考虑,在农地流转中会偏向企业一方。基于上述分析,我们将构建一个交易双方基于权力不对等的博弈模型进行分析。

---

① 马克·格兰诺维特.社会与经济:信任、权力与制度[M].北京:中信出版社,2019.
② 罗必良,邹宝玲,何一鸣.农地租约期限的"逆向选择"——基于9省份农户问卷的实证分析[J].农业技术经济,2017(1):4-17.

（三）模型构建及收益分析

1. 基本假设

本文仅考察农地流转过程中农户与企业之间权力不对等状况下对合约期限选择的影响。

假设1：农地转出方A（农户）与转入方B（农业经营企业）符合"理性经济人"假设，追求自身利益最大化、风险最小化；考虑农地流转市场化程度较低，入驻企业仅有B；农户农地全部流转，不考虑部分流转情况。

假设2：转出方A的行动策略分别为（长期合约，短期合约），转入方B的行动策略为（长期合约，短期合约），均为正式规范化合约。

假设3：流转双方经过协商后签订的农地流转租金为R（$R>0$）。如果农地流转双方选择短期合约，则转出方A通过重复谈判尽可能多的获得土地的溢价收益为P_{A1}（$P_{A1}>0$），同时面临重复缔约、缔约对象不稳定且租金浮动的风险D_{A1}；转入方B面临农业规模效应不足、合约期满农户不愿继续流转土地的风险D_B。如果双方选择长期合约，转出方A面临无法获得土地溢价收益的风险P_{A2}，而转入方B在相对较长时期可以对部分农业生产要素进行调整，同时长期合约具有更稳定的法律效应，其面临的风险值为0。

假设4：农地流转后转出方A的其他收益为P_{A2}（$P_{A2}>0$），转入方B规模化农业经营的收益为P_B（$P_B>0$）。

假设5：如果转出方A选择短期合约，则需要支付此次签约的交易费用E_{A1}（包括双方谈判、信息搜集以及契约执行等方面费用），以及后期由于多次签订合约而花费的机会成本E_{A2}。如果转出方A选择长期合约，则需要支付此次签约的交易费用E_{A3}，以及后期合约到期选择继续签约的机会成本为E_{A4}。

假设6：如果转入方B选择短期合约，则需要支付此次签约的交易费用E_{B1}（包括双方谈判、信息搜集及契约执行等方面费用），以及后期由于多次签订合约而花费的机会成本E_{B2}。如果转入方B选择长期合约，则需要支付此次签约的交易费用E_{B3}，以及后期合约到期选择继续签约的机会成本为E_{B4}。

假设 7：转入方 B 对转入的土地进行整理规划的成本为 E_{B5}（$E_{B5}>0$）；投入农业生产的成本为 E_{B6}（$E_{B6}>0$）。

在上述假设条件中，流转主体双方的收益情况取决于他们对行动策略选择的均衡结果，博弈模型是完全信息的静态博弈。博弈参与人收益矩阵如下表 3-1 所示。

表 3-1　转出方 A 与转入方 B 博弈收益矩阵

		转出方 A	
		短期合约	长期合约
转入方 B	短期合约	$P_B-(R+E_{B1}+E_{B2}+E_{B5}+E_{B6}+D_B)$, $R+P_{A1}+P_{A2}-(E_{A1}+E_{A2}+D_{A1})$	$P_B-(R+E_{B1}+E_{B2}+E_{B5}+E_{B6}+D_B)$, $R+P_{A2}-(E_{A3}+E_{A4}+D_{A2})$
	长期合约	$P_B-(R+E_{B3}+E_{B4}+E_{B5}+E_{B6})$, $R+P_{A1}+P_{A2}-(E_{A1}+E_{A2}+D_{A1})$	$P_B-(R+E_{B3}+E_{B4}+E_{B5}+E_{B6})$, $R+P_{A2}-(E_{A3}+E_{A4}+D_{A2})$

2. 博弈分析

（1）在转出方 A 选择签订短期合约的前提下，若转入方 B 同样选择短期合约，此时双方就合约期限选择问题达成共识。尽管转入方 B 面临生产要素难以调动、契约期满农户不愿继续流转土地的风险 D_B，潜在风险系数增加，但此时双方能够形成短期均衡，均能稳定获得收益。

（2）在转出方 A 选择签订短期合约的前提下，若转入方 B 选择长期合约，此时双方就合约期限选择问题无法达成共识，暂时无法进行流转交易。在无法与转入方 B 达成合约期限选择共识的情况下，转出方 A 在无法快速实现土地流转、收入减少的同时，劳动力无法从事其他经济活动，基本生活需求以及收入无法得到保障。如果转出方 A 还希望获得流转土地收入，由于其处于劣势地位，需要更多的时间和精力增加谈判筹码，增加了额外的交易费用。

（3）在转出方 A 选择签订长期合约的前提下，若转入方 B 选择短期合约，此时双方就合约期限选择问题无法达成共识。转入方 B 进行土地流转的目的是整合农业生产要素，提升各农业要素生产效率，促进农业生产规模化，但短期内企业很难调动农业生产要素，并且没有充分的时间形成适度规模经营，难以实现规模效应；转入方 B 面临此次短期缔约双方谈判、信息搜集及合约执行等方面的交易费用 E_{B1}，以及后期由于多次签订合约而产生的机会成本 E_{B2}。虽然签订长期合约所花费的交易费用 E_{B3} 高于短期缔约交易费用，但长期合约具有相对稳定的未来预期收益，同时在未来一段较长的时间内不需要重新谈判和缔约，而多次签订短期合约就需要多次与多个农户进行谈判，花费更多的人力、物力、财力，企业会承担大量的交易费用和机会成本，降低企业经营的总收益。所以转入方 B 选择长期合约的稳定收益大于选择短期合约的稳定收益，即

$$P_B-(R+E_{B3}+E_{B4}+E_{B5}+E_{B6}) > P_B-(R+E_{B1}+E_{B2}+E_{B5}+E_{B6}+D_B)$$

（4）在转出方 A 选择签订长期合约的前提下，若转入方 B 同样选择长期合约，此时双方就合约期限选择问题达成共识。尽管转出方 A 希望获得全部土地溢价收益以最大化自己的利益，但选择长期合约的形式也同样可以获得租金，劳动力从土地上解放，基本生活需求及收入获得一定程度的保障。作为理性经济人，转入方 B 追求利益最大化与风险最小化，而只有土地流转达到一定规模并进行专业化生产才可以提高农业生产效率，实现农业规模效益的增长。因此双方均选择长期合约形式，形成长期均衡，双方利益均能获得保障。

上述博弈分析显示，在农地流转双方收益博弈中存在两个均衡结果：即交易双方均选择短期合约，或均选择长期合约。无论是农业经营企业还是农户都要在土地流转收益大于 0 的前提下，通过理性计算来进行合约期限选择，从而达到纳什均衡。如果将权力因素纳入分析之中：（1）转入方 B 是拥有着资金、技术、人才及市场议价能力优势的农业经营企业，与农户的日常交往较少，既不会被农村差序格局影响，也不会受到农村村规的限制。转出方 A 不仅需要花费更多的时间成本去搜集企业的相关信息，并且对后期土地的流转问题会更加担心，导致其支付此次签约的交易费用及后期由于多次签订合约而花费的机会成本增加，从而导致流转双方无法实现长期稳定的流转交易。（2）土地对于转出方 A 具有就业、养老等保障功能，由于目前农村社会保障体系未尽完善，转出方 A 对土地的依附程度依旧较高，因此希望可以随时收回用于流转交易的土地，以此确保自身对土地的

使用权；市场化程度的提高会带来农地的溢价预期，转出方 A 希望获得全部土地溢价收益以使自己的利益最大化。但转出方 A 选择短期合约的形式，会增加转入方 B 大量的交易费用和机会成本，同时会降低其规模效益。所以转出方 A 和转入方 B 无法就合约期限选择达成共识，被迫暂停流转交易。尤其是在市场化程度低的情况下，转出方 A 无法与转入方 B 达成合约期限选择共识，在短时间内就难以实现土地流转，且劳动力被束缚在土地上，基本生活需求以及收入无法得到保障。如果转出方 A 还希望获得流转土地收入，由于其处于劣势地位，需要更多的时间和精力增加谈判筹码，增加了额外的交易费用。综上，企业作为资金、技术、人才拥有者，以其在市场上的议价能力优势占据短边权力方，在农地流转合约期限选择中具有谈判地位的比较优势，而农户作为弱势分散群体只能被动接受流转合约条款，最终与企业签订长期正式合约是农户的唯一选择。

二、地方政府的制度供给

通过上文的博弈分析可知：农户选择短期合约是一种占优策略，而企业的占优策略则是长期合约。如果不考虑市场当中的权力因素，那么存在两个均衡结果：即要么交易双方都选择短期合约，要么都选择长期合约。但是，根据我们在欠发达地区的田野调查发现，农户和企业之间的农地流转合约大多都是长期合约。因此，只有将市场权力因素纳入进来才能较好地解释这种现象。另外，一个直观的推断是：权力不对等程度越高，企业主导合约的可能性就越大，也就越有可能损害农户的利益。分散的农户不仅存在"集体行动困境"，而且在信息和专业知识方面亦处于劣势。农户和企业之间的自由缔约实际上是不可能的，地方政府（县级政府）在农地流转合约治理过程中有必要扮演更加积极的角色。

交易过程中权力的存在是一个客观事实，这也意味着市场作为一种协调机制有其局限性。因此，政府参与作为一种协调交易的补充机制就显得尤为重要。在低市场化情境中，地方政府能否站在保护农民利益的角度，对农户和企业之间的权利不对等博弈进行干预从而弥补市场协调的不足，现实中存在诸多约束条件。我们不难理解，企业作为交易中权力占优的一方，在农地流转中显然有着更多的选择：它既可以通过价格机制获得农民土地，亦可以通过影响农地的所有者——村集体，从而获得农地的使用权。选择前者，合约谈判将在企业与各个农户之间逐一展开，这需要承担大量的交易成本，并且存在较大的不确定性。选择后者，因为要说服村集体的决策层，所以难免需要付出一定的代价，但可以节约大量谈判成本，并且降低交易的不确定性。如果我们将地方政府的政绩、税收和招商引资等目标视为约束条件，那么农户在与企业的博弈过程中可能会处于更加不利的地位：因为在不涉及治理安全的前提下，地方政府更倾向于优先满足企业的相关要求[1]。

就我国现有的社会保障力度和覆盖面而言，土地作为农民生产生活的最终一道防线仍然具有举足轻重的地位，特别是在欠发达地区，这种基本保障作用更加突出。农地流转出去之后，农民将直面市场的不确定性，其生存风险将增加。因此，要促进农地流转，必须要解决土地保障功能的替代问题。换句话说，土地流转带来的效益不仅可以满足农民日常需求，它还可以通过创新手段以土地入股的形式进行流转，这样可以在很大程度上解决农民收入的可持续性问题。同时，土地流转效益还需考虑到诸多因素，例如农民子女教育、农民就业、农民社会福利和社会保障等因素。在土地流转过程中，流转合同需满足明确、清晰、完整以及前瞻性等条件。因为明确、清晰而完整的土地流转合同无论是对企业还是对农民都发挥着至关重要的作用，它不仅能够规范企业的生产经营行为，还能够保护农民利益，确保其利益不受侵害。最重要的是，这样能使双方满意，从而达到双赢的效果。那么，如何能达到上述效果呢？这就要求在土地流转过程中，要尽力发挥地方政府职能，以服务和维护农民的利益，尤其是农民中的一些弱

---

[1] 崔宝敏. 组织缺失、不完全市场与农地合约 [J]. 经济与管理研究, 2009 (9): 57-63.

势群体的利益，为农民获取市场交易中的公平权利提供制度保障。也就是说，政府、企业和农民应该在既定的制度和法律框架下，在充分互动的基础上进行正和博弈。

由于中国农村土地所有权的性质，所以地方政府介入农地流转交易也变得非常复杂，如果将地方政府作为利益相关方纳入农地交易博弈，那么将进一步加剧农地流转合约选择的复杂性。不可否认，我国县级政府有着很强的资源配置能力，这也在一定程度上导致一些企业试图通过影响县级政府来谋取自身的利益。在三方博弈中，农户的力量是最为薄弱的，地方政府若仅靠农户现有的自发力量对企业进行有效约束是非常困难的。所以，上级政府（省级和地市级）必须注意到由于制度供给不足、组织失灵和权力失衡等多种因素造成的市场缺陷。综上所述，我国实行乡村振兴战略，需要大力建设、完善各类能为土地流转和乡村振兴提供制度保障的产权交易机构；在我国欠发达地区，其省级（市级）政府更要加快农地流转和农村振兴制度创新的步伐。

三、农地流转、农民增收与乡村振兴的协同演化机制

许多现有的对农地流转合约的研究，忽略了权利不对等的交易双方与合约期限选择之间的内在逻辑。我们有必要从交易双方权利不对等的角度出发，对农地流转合约中的合约期限选择问题进行重新审视。研究表明：农地流转合约的期限选择是交易双方基于自身利益最大化所进行的理性选择，缔约双方之间存在一定的利益冲突。在低市场化程度情境下，企业作为市场短边方和市场长边方——农户之间的权利是不对等的，企业拥有选择合约期限的议价能力优势。加之滇桂黔石漠化区农村土地流转市场尚不完善，缺乏相应的产权交易机构，因此并不充分具备纯粹依靠市场机制使缔约双方达成一个利益分配合理合约的条件。因此，在低市场化程度情境

中，政府作为农地流转博弈中的协调者角色就显得尤为重要。

本章构建的是一个在市场化程度较低情境下，多个农户和单个企业的权利不对等博弈模型，这是一个农地流转博弈的基准模型。在现实情境中，农地流转的博弈主体并不局限于农户和企业，如果我们将地方政府也作为另一个博弈主体，那么农户、企业和地方政府三者之间的利益关系将更加复杂，这将是一个扩展了的三方主体的演化博弈模型。如果再考虑到农地流转中存在的文化和习俗等非正式制度、亲缘和宗族关系等因素，那么除了要考虑合约期限选择问题，还涉及合约类型的选择问题，这是需要进一步拓展的领域。概言之，农地流转作为农村吸引资本和产业及农民增收的重要载体，在滇桂黔石漠化区实施乡村振兴战略过程中的作用将日益凸显。而农地流转的核心问题实际上就是合约治理问题，这一问题在市场化程度较低的滇桂黔石漠化区农村将会更加突出，地方政府作为协调者的作用也更加重要。随着乡村振兴战略的实施和乡村产业的发展，滇桂黔石漠化区的市场化程度将不断提高，市场机制的不断完善在一定程度上会缩小农户和企业之间的权利不对等状况，从而使得合约朝着利益分配更平等的方向迈进，这将形成乡村振兴－农地流转－产业兴旺－农民增收－市场完善－合约治理成本降低这样一个良性循环机制。

滇桂黔石漠化区作为我国典型的集中连片欠发达地区，唯有形成农地流转、农民增收与乡村振兴的正反馈机制，才能实现跨越式发展，而三者协同演化机制构建考验的是地方政府推动制度创新的能力，只有通过不断的制度创新，以农地流转为制度杠杆，才能抓住我国实施乡村振兴战略的机遇期，实现可持续发展。在下一章，笔者将集中探讨滇桂黔石漠化区通过制度创新推动农地流转之于乡村振兴的战略地位，论述农地流转之于乡村产业发展的基础性作用，并尝试性构建一个地方政府的制度能力模型来解释这一过程。

第四章　以农地流转制度创新为促进滇桂黔石漠化区乡村振兴的制度杠杆

我国已经步入中国特色社会主义新时代，在2020年实现全面建成小康社会目标之后，将步入2035年基本实现现代化、21世纪中叶建成社会主义现代化强国的新征程。相对于此前的"三步走"战略部署，两个"十五年"意味着中国的现代化进程将明显提速。源于这种宏观战略，人们需要重新审视新时代下的农业、农村经济，城乡之间融合发展也需进行适应性调整[①]。"乡村振兴战略"的提出正是对上述总体战略部署的回应。乡村振兴战略以"产业兴旺、生态宜居、乡风文明、治理有效、生活富裕"作为总要求，其中产业兴旺既是乡村振兴的核心内容，也是乡村振兴的重要推动力。振兴乡村振兴离不开生产要素的持续投入，人力、土地和资金正是最基础的三要素[②]。

土地作为农村经济活动中的基础要素，在实现农村"产业兴旺"这一目标中起着关键性的支撑作用[③]。换言之，农地制度安排在促进农村产业发展和农业现代化过程中将发挥撬动其他要素投入的杠杆作用。目前农村土地对人才和资本的吸纳效应尚不充分，其中一个重要原因是，当前的制度设计在一定程度上仍然无法充分发挥市场机制在农地资源配置过程中更重要的作用。土地这一最重要生产要素的市场价值存在一定程度的扭曲，从

---

① 高帆. 乡村振兴战略中的产业兴旺：提出逻辑与政策选择[J]. 南京社会科学，2019（2）：9-18.
② 贾晋，李雪峰，申云. 乡村振兴战略的指标体系构建与实证分析[J]. 财经科学，2018（11）：70-82.
③ 陈美球. 乡村振兴背景下农村产业用地政策选择——基于"乡村振兴与农村产业用地政策创新研讨会"的思考[J]. 中国土地科学，2018（7）：90-96.

而限制了其推动乡村产业发展的牵引力,由此影响了资本和高端人才等先进生产要素进入乡村的积极性,使乡村资本供给不足,要素成本反而高于工业和城市,这成为当前乡村发展和农民增收内在动力不足的核心症结[①]。

以农地流转制度创新为突破口,地方政府及时进行有效的制度供给,将成为发展乡村产业和农民增收的重要制度前提,更是欠发达地区实现乡村振兴的重要保障。本章以乡村振兴为着眼点,分析了滇桂黔石漠化区推动制度创新的制度能力问题,以及加快制度创新速率的必要性,并进一步指出了农地制度创新与乡村振兴战略实施过程实现匹配效应的重要性。在此基础上,本文将提出支撑滇桂黔石漠化区乡村振兴农地流转制度创新的实现路径。

一、滇桂黔石漠化区加快制度创新的必要性

滇桂黔石漠化区既有革命老区,也包括边境地区,更是少数民族集聚区,曾经是是我国贫困人口多、范围广、程度深、自我发展能力弱、扶贫攻坚工程艰巨的地区之一。自我国实施精准扶贫政策以来,该地区经济社会发展与农民增收取得重要进展,截至2017年底,该地区农村贫困人口数量由2011年的816万人减少到221万人,贫困发生率下降到8.4%[②]。经过近年的发展,滇桂黔石漠化区基础设施条件有了明显提升,产业结构更趋合理,发展能力有所提高,但与全国平均水平相比仍然存在差距。与此同时,城乡、区域发展差距以及居民收入差距扩大的趋势未得到有效扭转,

---

[①] 陈文胜.乡村振兴的资本、土地与制度逻辑[J].华中师范大学学报(人文社会科学版),2019(1):8-11.

[②] 数据来源:2018年滇桂黔石漠化片区区域发展与扶贫攻坚推进会资料.

使片区发展面临更大挑战,实现脱贫攻坚任重道远[①]。虽然该地区农村绝对贫困问题得到了根本性解决,但发展缺乏产业支撑问题仍是乡村振兴的最大制约因素。因此,滇桂黔石漠化区在我国大力实施乡村振兴战略的大背景下,抓住这一难得的政策窗口期,坚定不移地推进制度创新,从而全面激发乡村发展活力,才能实现跨越式发展。本节在回顾该地区的制度供给情况的基础上,指出其制度能力建设存在的问题,并将论证加快制度创新的必要性。

(一)制度供给情况

一段时期以来,涉及滇桂黔石漠化区发展的国家层面政策文件主要包括:《中国农村扶贫开发纲要(2011–2020年)》《国民经济和社会发展第十二个五年规划纲要》《中共中央国务院关于深入实施西部大开发战略的若干意见》《全国主体功能区规划》等。此外,国务院还曾下发了专门针对集中连片贫困地区的文件《关于下发集中连片特殊困难地区分县名单的通知》(国开发【2011】7号)。特别值得一提的是,国家还专门编制了《滇桂黔石漠化片区区域发展与扶贫攻坚规划》。该规划按照"区域发展带动扶贫开发,扶贫开发促进区域发展"基本思路,从区域发展与扶贫攻坚的总体要求、空间布局、重点任务和政策措施四个层面对滇桂黔石漠化片区的发展路径与措施进行了明确,是指导该地区发展和扶贫攻坚的重要制度政策文件。

《滇桂黔石漠化片区区域发展与扶贫攻坚规划》中指出:"加快滇桂黔石漠化片区区域发展步伐,加大扶贫攻坚力度,有利于保障和改善民生,促进贫困人口脱贫致富,确保全体人民共享改革发展成果;有利于深入推进西部大开发,促进区域协调发展,实现国家区域发展总体战略目标;有利于民族团结进步和边境地区繁荣稳定,促进社会和谐与国家安全;有利于改善生态环境,促进可持续发展,构筑珠江流域重要生态安全屏障;有利于扩大对外开放,推进中国–东盟自由贸易区建设,深化同东南亚的合

---

① 刘东燕.滇桂黔石漠化片区精准扶贫面临的主要难点及对策研究[J].学术论坛,2016(11):117–120.

作与交流，对实现全面建设小康社会奋斗目标具有十分重要的意义"。[1]

围绕《滇桂黔石漠化片区区域发展与扶贫攻坚规划》提出的目标和任务，国家政策支持滇桂黔石漠化区发展力度持续加大。按照"雪中送炭、突出重点"的原则，对区域内特殊困难地区实行差别化扶持政策，并对各类资源进行整合配置，集中力量解决最困难地区、最困难群体、最亟须解决的问题。国家从金融投资、产业规划、土地规划、生态补偿、人才支持、帮扶规划等方面对滇桂黔石漠化片区的发展进行全方位政策支持，例如"三免三减半"的税收优惠政策；根据地方特色实施差别化的产业发展政策以及土地管理政策；在继续实施各项生态保护措施的基础上加大生态补偿力度；继续通过"西部之光""博士服务团"等项目支持人才和引智工作；加大对口城市定点帮扶力度等[2]。

国家对滇桂黔石漠化区的发展高度重视，除了上述一系列国家层面的制度供给之外，针对区域层面的制度供给还包括：《关于进一步促进滇桂黔石漠化区经济社会发展的若干意见》《关于支持云南省加快建设面向西南开放重要桥头堡的意见》，以及《关于进一步促进贵州经济社会又好又快发展的若干意见》等一系列政策文件。除此之外，西部大开发、中国—东盟自由贸易区的建设、北部湾经济区、黔中经济区、滇中经济区、泛珠三角区域合作等一系列区域性的国家发展战略叠加，不仅能够促进该地区特色优势产业的发展，并且为该地区发展提供了良好的周边协调合作环境，为该地区增强自我发展能力创造了条件，提供了机遇。

上文述及的一系列国家层面的制度供给和政策倾斜，力度不可谓不大，但国家层面的制度供给只是发展的外生动力，地方政府只有通过自身的制度创新才能抓住外生的发展机会窗口，从而创造内生的发展动力。滇桂黔石漠化区之所以欠发达，根据主流的发展理论解释，无外乎是因为自然资源禀赋限制，地理和区位偏僻，人才匮乏等。然而，从制度经济学的视角来审视，欠发达地区之所以欠发达，还在于其推动制度创新的制度能力不足。

---

[1] 国家发展改革委.滇桂黔石漠化片区区域发展与扶贫攻坚规划（2011–2020年）.[2012-07-12].13.
[2] 国家发展改革委.滇桂黔石漠化片区区域发展与扶贫攻坚规划（2011–2020年）.[2012-07-12].64–67.

（二）制度互补性、制度创新与制度能力

传统上，经济学家一直致力于分析市场机制的运行及其影响。毋庸置疑，市场可以被认为是人类创造的最引人注目的制度之一。为了理解不同国家迥然不同的经济绩效，认识到"制度是重要的"这一点已变得日益重要[①]。这里所引的制度一词，不单单是指市场。科斯作为新制度经济学派代表之一，将制度界定为被制定出来的一系列的规则、服从程序和道德伦理的行为规范。[②]North 则将"institution"视作为一种"约束规则"——用 North 本人的话来说，"institutions are rules of game"。制度决定了构成人类经济活动和价格理论的激励机制。[③]North 认为，"我的制度理论是建立在一个有关人类行为的理论与一个交易费用的理论相结合的基础上的，当我们将这二者相结合的时候，就能理解制度为何会存在，以及它们在社会运行中发挥了何种作用。[④] 制度在一个社会中的主要作用是通过建立一个人们相互租用的稳定的结构来减少不确定性。"[⑤]

"制度互补性"（Institutional complementarity）这一概念在比较历史制度分析中得到了广泛的应用[⑥⑦⑧⑨⑩]），制度互补性理论试图表达这样一种观点，不同的制度安排共存于一个制度系统时，会相互增强并有助于特定制度结构及其功能的一致性和稳定性。制度的互补性特征揭示了这样一个

[①] 青木昌彦. 比较制度分析 [M]. 周黎安, 译. 上海：远东出版社, 2016.

[②] Coase R H. The Nature of the Firm[J]. Economica, 1937, 4（16）: 386–405.

[③] 安德鲁·肖特, 陆铭. 社会制度的经济理论 [M]. 陈钊, 译. 上海：上海财经大学出版社, 2003.

[④] 科斯, 等. 财产权利与制度变迁：产权学派与新制度学派译文集 [G]. 刘守英, 等, 译. 上海：格致出版社, 上海人民出版社, 2014.

[⑤] 同④.

[⑥] Amable B. Institutional Complementarity and Diversity of Social Systems of Innovation and Production[J]. Review of International Political Economy, 2000, 7（4）: 645–687.

[⑦] Amable B. The diversity of modern capitalism[M]. Oxford: Oxford University Press, 2003.

[⑧] Aoki M. The Contingent Governance of Teams: Analysis of institutional Complementarity[J]. International Economic Review, 1994, 35（3）: 657–676.

[⑨] Aoki M. Historical Sources of Institutional Trajectories in Economic Development: China, Japan and Korea compared[J]. Socio-Economic Review, 2013, 11（2）: 233–263.

[⑩] Boyer R. New Growth Regimes, but Still Institutional Diversity[J]. Socio-Economic Review, 2004, 2（1）: 1–32.

事实：一个经济体或一个组织内部存在着若干相互补充的制度的可行组合，但并不一定存在某一种最优的制度，一个有效率的制度系统有赖于不同制度安排的集合所形成的匹配效应。我们不难想象，制度互补性与制度变迁两者之间存在着紧密的联系。根据定义，制度互补性与制度变迁似乎是相冲突的，因为制度存在互补性导致了某些制度结构的稳定性，因而制度互补性可能会对制度变迁造成某种阻碍。但这种"结构"与"部件"之间的关系往往是双向的，"部件"之间的匹配和磨合有助于"结构"的稳固。然而，某个"部件"的松动也可能导致整个"结构"的瓦解。因此，制度的互补性既可以增强，也可以削弱现有制度结构的稳定性。互补性导致稳定性在大多数文献中都得到了强调，但相反的情况在分析制度变迁时也是值得重视的。也即，一旦一种制度安排开始朝某一方向演化，它可能会削弱现有的"积极的"的自增强机制，以及与其他特定制度安排的互补性[①]。这种制度安排变化一旦越过一定的阈值，以前稳定的互补性将变得不稳定，我们也可以理解为促进制度结构稳定的"正反馈机制"转变为"负反馈机制"。看似一种影响有限的"局部"制度安排，由于互补性的存在，可能会影响其他制度安排，从而触发"消极的"自增强机制，这种连锁反应可能导致某一社会制度发生重大变化。因此，除了能够解释制度的多样性和稳定性，制度互补性理论还可以用来解释某些制度安排的弱化和消失。

North和托马斯指出，"有效率的组织是经济增长的关键，我们列出的原因并不是经济增长的原因，它们就是增长"。[②] 制度引起了经济绩效的改变，的确，在20世纪最后十年所发生的一系列与制度相关的事件和现象已经并将继续对相关国家的经济绩效产生深远的影响[③]。制度的改变带来了技术的发展，而经济绩效也会随着技术的快速变化而有所提高。但是如果没有专利制度等促进技术进步的制度，就不会有技术的迅速进步。制度成

---

① Amable B.Institutional complementarities in the dynamic comparative analysis of capitalism[J].Journal of Institutional Economics, 2016, 12（1）: 79-103.

② 道格拉斯·C.North, 罗伯特·托马斯. 西方世界的兴起[M]. 厉以平, 蔡磊, 译. 北京: 华夏出版社, 1999.

③ 青木昌彦. 比较制度分析[M]. 周黎安, 译. 上海: 远东出版社, 2016.

为主导经济绩效的第一顺位的力量。也就是说,在 North 和托马斯看来,以往所有经济增长理论所提出的经济增长都不是本质原因,而是结果的存在,并且这一结果是由制度创新所引起的。也即,决定经济增长的本质与关键要素是"制度"。

基于熊彼特创新理论,North 等将制度理论与熊彼特的创新理论相结合,提出了制度创新理论。North 等将创新制度的收益来源分为规模经济、外部性、风险和交易费用四类。当潜在利润大于某些障碍带来的成本时,某些个体或组织将率先克服这些障碍以获取潜在利润,于是一项新的制度安排就会出现。如果决策者无法通过制度创新继续获得潜在利润时,则表明当前的制度处于均衡状态。但是,这种均衡并不会一直稳定存在,它有可能被生产技术的变化、制度的变化以及社会环境的变化所打破。制度作为生产端的无形禀赋,对一个地区的发展是极其重要的。欠发达地区与发达地区之间的差距,不仅是经济层面的,更是制度层面的。发达地区往往可以通过财富积累效应构建出更加有利于发展的制度,从而能够通过制度创新巩固其发展优势,而制度落后恰恰是欠发达地区陷入"后发劣势"的主要原因[1]。简言之,在制度创新能力方面,欠发达地区与发达地区之间存在着明显的差距。

理解制度的多样性和经济社会的复杂性需要研究各项制度之间的相互依存性及制度演化的基本逻辑。制度变迁作为一种对于制度动态演化过程的考察,它涉及制度变迁的动力和主体问题[2]。这里强调的不仅是制度变迁的渐进性,更要说明的是,即使制度变迁可以迅速实现,而个体对规则的适应也是一个复杂和漫长的过程,而个体对规则(制度)的反应正是制度变迁理论的关键所在。

诺思(North)和戴维斯(Davis)较早地系统阐述了制度变迁理论,拉坦(Ruttan)和青木昌彦(Aoki)等对制度变迁理论进行了拓展。North

---

[1] SACHS J,胡永泰,杨小凯.经济改革和宪政转轨[J].经济学(季刊),2003,2(4):961-988.
[2] 顾自安.制度演化的逻辑——基于认知进化与主体间性的考察[M].北京:科学出版社,2011.

早期在研究美国经济史时就将制度因素纳入分析框架，此后，他进一步将这套历史制度分析方法加以完善，最终形成了较为系统的制度变迁理论。Davis 和 North 最早区分了强制性变迁和诱致性变迁，他们认为，一种安排如果是政府形式，那么它就包含政府的强制权力；如果是一种自发形式，它可能是现有产权结构强制权力的基础。至于制度安排的形式，从纯粹自发的形式到完全由政府强制的形式都有可能。在两个极端之间存在着广泛的半自发、半政府结构。Ruttan 在《诱致性制度变迁理论》一文中对制度变迁作了界定，他认为："制度创新或制度发展一词将被用于指，（1）一种特定组织的行为变化；（2）这一组织与其环境之间的互动关系的变化；（3）在一种组织的环境中影响支配行为与相互关系规则的变化。"Ruttan 显然是将组织包括在制度概念里面的[①]。

North 在经济史的研究框架中提出，制度变迁受四种形式的报酬递增制约：（1）制度重新创制成本；（2）现存的制度结构和网络的外部性及与其相关的学习效应；（3）通过合约与其他组织和政治团体在交互活动中的协调效应；（4）以制度为基础增加的签约从而减少了不确定性的适应性预期。[②] 在描述制度变迁是如何发生时，North 引入了"路径依赖"（Path dependence）概念，即一些微小的历史事件可能导致某些制度产生并沿着某种路径发展从而长期延续下去。同时，路径依赖也反映了制度变迁的渐进性特征。制度所发生的变迁是以既有制度为前提和基础的，如果将制度变迁的现象视为结果，那么任何导致制度变迁的因素都可以被视为制度变迁的动力。North 认为，经济史中的路径依赖与发展差距有关：由于所有国家不是均衡发展的，一般来说，那些欠发达国家很难赶上发达国家，因而历史是路径依赖的。针对转型国家的经济发展，他提出路径依赖就是制度结构使各种选择定型（Shaping），并被锁定在某一制度路径的事实。[③]

在家庭承包责任制确立初期，农地是不准出租的，但随着经济社会发

---

① 张海丰. 技术变迁与制度变迁中的路径依赖理论及其超越 [J]. 开发研究，2015（4）：71-74.
② 同①.
③ 同①.

展，农地不允许流转的规定就不再适应生产力的发展需要了。因此，从改变"农地不许出租"的规定，到2008年中央政策文件对承包经营权流转予以确立和鼓励，是根据制度实践不断进行调整的过程，是典型的渐进式制度变迁。作为一种主要的制度变迁方式，渐进式制度变迁与强制性制度变迁存在许多不同之处，其中最重要的就是"连续性与非连续性"的区别。渐进式制度变迁充分考虑制度路径依赖的特征，制度变迁嵌入在社会经济发展过程之中，通常是对原有制度的改进。依此而言，家庭承包经营权流转的确立属于典型的渐进式制度变迁。伴随着快速工业化和城市化，大量农民工进入城市就业，这为土地经营权的流转创造了条件，因此地方政府要适时进行制度供给，以促进农地流转和农村增收。

滇桂黔石漠化区在改革初期，由于理论指导不充分，改革实践未有效展开，再加上人们的思想观念被旧思想束缚较深，导致制度改革的成效并不明显。在改革之中，该地区在整体上缺乏片区建设的宏观战略，造成理念、框架、模式、手段、重心、主体等有所欠缺，导致目前片区建设呈现一定的无序状态。由于片区自身制度能力不足，无法进行有效的制度创新。同时，片区吸收和利用国家政策能力不足，导致片区的改革效率不足，生产力发展水平相对缓慢，仍需进一步满足人民群众的需要。制度创新的主要目的是保证政策的导向明确、上下衔接、统一协调，确定战略目标、任务、模式、路径、工具等原则性、长远性、全局性的内容；严格贯彻落实各项社会政策，防止政策被敷衍、附加和变通，在政策的弹性范围内，确保政策目标和原则的刚性落实。

二、滇桂黔石漠化区推动制度创新应遵循的原则[①]

（一）制度变迁应遵循适应性效率原则

中国的改革始于农村，始于农地产权制度的变革。我们也可以这样说，

---

① 本节的部分内容发表于《社会科学战线》2020年第5期。

农地产权制度变迁是中国改革开放伟大进程的一个缩影，因为农地产权制度改革所遵循的渐进性原则成为此后中国各领域改革的基本原则。当年的真理标准问题大讨论为中国的改革提供了思想和理论准备，"实践是检验真理的唯一标准"，恰是评价中国农地产权制度变迁绩效的最好注脚。中国的农地产权制度改革是研究制度变迁的极佳案例，有关制度和产权的理论都将接受中国这场正在进行中的伟大制度实践的进一步检验。

如果采用"华盛顿共识"的标准，这种具有强烈新自由主义特质的改革思路提倡的是一步到位的市场化和私有化，新自由主义经济学认为，私有产权是市场交易和有效配置资源的前提。然而，苏联和部分东欧国家在接受"华盛顿共识"之后，大部分国家经济长期陷入停滞，人均GDP甚至出现了倒退。无独有偶，接受激进市场化改革方案的大部分拉美国家也深陷"中等收入陷阱"，经济增速远低于之前的"进口替代"时期。这些事实表明,激进式的制度变迁有其内在缺陷。因为,制度变迁是一个复杂的、相互关联的过程，我们应该将每一项制度安排都视为一个复杂制度体系的子系统，也即单项制度变迁会牵一发而动全身。① 基于制度的这种"互补性"，政府在推动制度变迁的过程中，一是必须遵循"最小打乱原则"，也即制度变迁一定是渐进的；二是要遵循协同演化原则，也即单项制度变迁与其他制度变革要相匹配。② North后期的制度变迁理论就特别强调渐进性，从长期来看，制度变迁主要受人们的信念（信仰）、意向性和文化（习俗）的影响。③

我们在回顾中国农地制度变迁历程的基础上，总结其渐进式变迁的基本属性，认为这种制度变迁方式极大地保留了制度弹性，为下一步的制度创新保留了足够的空间。农地制度作为农村的基本经济制度，正是通过渐

---

① 范如国，韩民春.基于复杂性理论的和谐社会制度系统构建研究[J].经济体制改革，2008（6）：32-36.

② Amable B.Institutional Complementarity and Diversity of Social Systems of Innovation and Production[J]. Review of International Political Economy, 2000, 7（4）：645-687.

③ North D C.Understanding the Process of Economic Change[M].Princeton: Princeton University Press, 2005.

进式的变革保持了农村的稳定，很好地配合了中国其他领域的改革，是具备整体效率并符合适应性效率原则的。[①] 科斯的经典论文《社会成本问题》颠覆了庇古的"外部性理论"，开创了产权理论的新视野，此后经威廉姆森（Williamson, 1965）、斯蒂格勒（Stigler, 1966）、阿尔钦和德姆塞茨（Alchian, 1965; Demsetz, 1967; 1972），及巴泽尔等人的进一步发展，逐步形成了现代主流产权理论。North 认为，有效率的制度和组织是经济增长的源泉。具体到农地制度上就是，只有当人们拥有土地，通过已经登记的土地确权证来证明对土地的所有权，并且能够对其进行自由定价和转让时，才能充分利用土地的价值并实现土地资源的有效分配。[②] 科斯认为："只要产权界定清晰，初始的合法权利的配置，哪怕是不合理或不公平的，也可以通过产权的自由转让来保证资源配置的有效性"。[③] 在新制度经济学派的这些代表人物中，似乎只有巴泽尔从动态的角度来理解产权："由于资产的多维属性，使得资产的产权不可能完全界定清楚，产权界定是一个动态过程，是逐步演化的"。[④] 我们认可"产权的一个主要功能是引导人们实现外部性较大的内在化激励"[⑤] 的观点，但这种产权的效率观应该是置于整个经济系统中的，而不是局限于单项制度的效率。中国农地产权制度过去 40 多年的变迁，显然并非以新制度经济学"产权界定清晰"为标准，但动态看，农地制度的变迁方向无疑是符合这个标准的。如果再将其置于中国整体改革的大背景下，那么无疑是成功的。

1978 年党的十一届三中全会的召开拉开了中国经济体制改革的大幕，而在农地制度领域的家庭联产承包责任制则是这场伟大变革的第一块基

[①] 为工业化提供廉价的劳动力，为城镇化低价供给土地。

[②] North D C, Robert T.The Rise of the Western World : A New Economic History[M].Cambridge: Cambridge University Press，1973.

[③] R. 科斯，A. 阿尔钦，D. 诺斯. 财产权利与制度变迁：产权学派与新制度学派译文集 [M]. 上海：上海三联书店、上海人民出版社，1994.

[④] 巴泽尔. 产权的经济分析 [M]. 上海：上海三联书店、上海人民出版社，1997.

[⑤] R. 科斯，A. 阿尔钦，D. 诺斯. 财产权利与制度变迁：产权学派与新制度学派译文集 [M]. 上海：上海三联书店、上海人民出版社，1994.

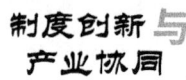

石[①]。但是起着基石作用的家庭联产承包责任制,以及此后围绕着家庭联产承包责任制推进的农地制度变迁,却一直在对新制度产权经济学提出挑战,也就是说所谓的经典理论并不符合中国农地制度的变迁历史,突出表现在对农村土地集体所有而这个集体又是多义的方面。即,中国的农村土地是集体所有,而这个集体是多义的。"农民集体""集体经济组织""村民委员会"都可以成为集体的代名词。并且"集体所有的多义",自改革开放四十多年来,国家在历次关于农地政策的调整中都有所论述,并通过文件、法规、条例等形式进行巩固。仔细梳理改革开放后中央通过或颁布的具体农地政策,会更加证实我们的观点。

(二)农地制度创新应遵循渐进式原则

中国农业发展史也是一部中国农地制度变迁史。回顾中华人民共和国成立70多年尤其是改革开放40多年的农地产权制度改革实践可以发现,中国农地产权制度改革的进程和成果对新制度经济学的产权理论构成了挑战,即主流的现代产权理论无法很好地解释中国农地产权制度变迁历程。科斯的《社会成本问题》是现代产权理论的奠基之作,后经威廉姆森、斯蒂格勒、阿尔钦、德姆塞茨及巴泽尔等人的进一步发展,逐步形成了主流的现代产权理论。按照科斯的观点:"只要产权界定清晰,初始的合法权利配置哪怕是不合理或不公平的,市场主体最终会通过产权的自由转让来实现资源的有效配置。"如果将科斯定理用以解释农地产权制度,不难得出这样一个推论:在农地产权完全界定清晰的条件下,产权主体自然会根据市场机制选择自己拥有还是转让土地,从而实现土地资源的有效配置,土地的价值才能被充分利用。我们认可新制度经济学关于"产权的一个主要功能是引导人们实现外部性较大的内在化激励"的观点,但这种产权的效率观应置于整个制度体系中,而不能局限于单项制度。如果我们孤立、静态地看待中国农地产权制度改革,那么与新制度经济学"产权界定清晰"的标准显然存在差异。但动态地看,中国农地产权制度的变迁无疑是具备

[①] 闫海涛. 关于农村家庭联产承包责任制确立的过程 [J]. 鞍山师范学院学报,2001(4):5-9.

"适应性效率"的,如果再将其置于中国改革的复杂系统中,则是符合整体效率原则的。

中国农村的基本经营制度——家庭联产承包经营责任制将农地的所有权界定为集体所有,按照新制度经济学的产权效率标准,中国农村土地集体所有制的产权边界是不清晰的,进而会推论为缺乏效率的,但从实践效果来看,新制度经济学的产权效率标准反而是一种静态和片面的效率观。这种所谓"多义"的产权,如果从动态的角度看,实际上是农地产权被不断界定和强化的过程,这在中国关于农地制度改革的各种制度表达中都有所体现。比如,1979年中共十一届四中全会通过的《中共中央关于加快农业发展若干问题的决定》提到,"人民公社、生产大队和生产队的所有权和自主权应该受到国家法律的切实保护,任何单位和个人都不得任意剥夺或侵犯它的利益";2002年第九届全国人民代表大会常务委员会第二十九次会议通过的《中华人民共和国农村土地承包法》第二条规定:"本法所称农村土地,是指农民集体所有和国家所有,依法由农民集体使用的耕地、林地、草地,以及其他依法用于农业的土地";2010年中央一号文件提出,"力争用3年时间把农村集体土地所有权证确认到每个具有所有权的农民集体经济组织";2012年中央一号文件提出"加快推进农村地籍调查,2012年基本完成农村集体各类土地的所有权确权登记颁证";2013年中央一号文件提出"建立归属清晰、权能完整、流转顺畅、保护严格的农村集体产权制度";2017年中央一号文件提到"落实农村土地集体所有权、农户承包权、土地经营权'三权分置'办法"。

回顾改革开放40多年的农地产权制度变迁不难发现,从新制度经济学的角度看,中国农地产权制度中产权主体越来越清晰,产权强度不断提升。概言之,中国农地产权制度改革一直朝着产权更加明晰的方向迈进,这种渐进式制度改革的做法充分考虑了制度互补性,与中国经济各领域的改革相匹配,也是对"制度内生演化规律"的遵循[1]。

---

[1] 张海丰.农地产权制度变迁、工业化与城市化协同演化机制研究[J].社会科学战线,2020(5):68–74.

（三）农地制度创新应遵循制度内生演化规律

何·皮特认为"中国农村改革之所以会取得成功，关键在于中央政府经过审慎的考虑之后，决定将本该成纲成条、没有任何歧义的农村土地产权制度隐藏在模棱两可的迷雾之中，我称之为'有意的制度模糊'"。[①]何·皮特所谓的"有意的制度模糊"只是一种对中国政府农地制度改革态度的主观臆断。罗必良对这种主观的臆断提供了一种貌似符合逻辑的推理："政府天然地拥有谈判优势与竞争能力，在权利不均衡的情形下往往具有产权模糊偏好进而模糊产权的倾向"。[②]但"有意的制度模糊"这一概念在农地制度研究领域却颇为流行。有学者提出以"三级所有、队为基础"为核心内容的农村土地集体所有制是基于"有意的制度模糊"这一概念而建立和维持的。通过对中华人民共和国成立后中国农地产权制度的演进分析，发现这种产权制度安排将国家与农民糅合在土地产权制度的主体结构之中，维持了国家在农地产权主体结构中的主导地位，并提出这不仅是一种制度安排，而且是一种政治艺术[③]。

此后，罗必良通过对巴泽尔"公共领域"概念的拓展，提出公共领域中农地产权模糊化可能存在的五种类型，并着重探讨了国家通过法律歧视制造的公共领域Ⅲ型和农民行为能力受约束所形成的公共领域Ⅴ型[④]。指出这两种公共领域型是导致农民土地权利模糊化的关键所在，并明确强调国家才是导致农地产权模糊的行为方。他还认为，农地产权制度的模糊导致了农地被侵蚀的必然性和提供了农地流失的制度供给。陈利根等在此基础上结合德姆塞茨的产权残缺思想，提出了产权不完全界定的六类公共域理论分析框架，并认为国家性公共域和限制性公共域是影响产权清晰界定的

[①] 何·皮特.谁是中国土地的拥有者？——制度变迁、产权和社会冲突[M].林韵然，译.北京：社会科学文献出版社，2008.

[②] 罗必良.公共领域、模糊产权与政府的产权模糊化倾向[J].改革，2005（7）：105-113.

[③] 王金红.告别"有意的制度模糊"——中国农地产权制度的核心问题与改革目标[J].华南师范大学学报（社会科学版），2011（2）：5-13+159.

[④] 罗必良.农地产权模糊化：一个概念性框架及其解释[J].学术研究，2011（12）：48-56+160.

最主要因素。[①] 略有不同的是，李宁等不赞同经典产权理论关于产权只存在完全界定和没有界定两种极端状态的理论假设，他们基于模糊产权假定，构建了一个转型期由于农地产权模糊导致的租值耗散对农地产权变迁影响的分析框架，提出由于租金分享的激励机制的存在，多种利益诉求倾向于使得农地产权模糊化并且侵蚀农民土地权益，并认为只有赋予农民与农村集体在内的产权主体在法治下的充分自由与权利才是农地制度得以自发构建的关键。[②] 概言之，有相当一部分学者都认为，中国的农地产权制度形态是政府有意为之，或者是不同利益诉求为分享土地租金进行博弈的结果，总之是一种"有意的制度模糊"。

大多数研究农地制度的学者都认为"有意的制度模糊"会有损资源配置的效率，侵害农民利益。黄砺和谭荣虽然也承认中国存在这种所谓"有意的制度模糊"，但对这种制度形态的价值取向却与其他学者不同。他们把农地产权定义为农地控制权，认为"有意模糊的农地产权制度安排"是政府和农民两个农地产权主体在基础性制度的约束条件下有意设计的结果，而这种有意模糊的农地产权在这一约束条件下是一种具备相对优势的制度安排。[③] 本文认为，无论是中央政府还是农民，不管是合谋还是单方面，都不可能对农地产权制度安排进行绝对的主观设计。也就是说，农地产权制度变迁不仅与中央政府的意志有关，也深受中国农民集体意向性的影响[④]。中国的农地产权制度作为农村的一项基本经济制度，确有外在设计的成分，但更是内生演化的结果[⑤]。

在初步回答了中国农地产权制度究竟是"有意的制度模糊"，还是"顺应制度内生演化规律"这一问题之后，我们将对中国农地产权制度变迁进

[①] 陈利根，李宁，龙开胜. 产权不完全界定研究：一个公共域的分析框架 [J]. 云南财经大学学报，2013（4）：12-20.

[②] 李宁，陈利根，孙佑海. 转型期农地产权变迁的绩效与多样性研究：来自模糊产权下租值耗散的思考 [J]. 江西财经大学学报，2014（6）：77-90.

[③] 黄砺，谭荣. 中国农地产权是有意的制度模糊吗？[J]. 中国农村观察，2014（6）：2-13+36+94.

[④] 钱龙，洪名勇. 农地产权是"有意的制度模糊"吗——兼论土地确权的路径选择 [J]. 经济学家，2015（8）：24-29.

[⑤] 洪名勇. 中国农地产权制度变迁：一个马克思的分析模型 [J]. 经济学家，2012（7）：71-77.

行简要回顾，以证实自己的判断。中国农地产权制度从承包期限上看，经历了一个承包期由短到长的渐进过程，从政策涵盖的土地类型上来看，历经了从农地、林地、宅基地到牧区草原、承包地、建设用地，从种植业、林业到畜牧业、渔业，范围逐步扩大的渐进过程。改革开放之初，由于安徽小岗村包产到户的开创性做法，使该村的农业绩效有了明显提升，最终使家庭联产承包责任制作为我国农村的一项基本经济制度。但一开始这只是一种探索，到了1982年的《全国农村工作纪要》中也只是强调了农地的集体所有制性质，并没有明确规定农户对土地的承包期限。在经历了最初几年的试验之后，由于家庭联产承包责任制极大地激发了广大农户的生产积极性，明显提升了农业绩效，从保护农民积极性和农村稳定的大局出发，国家在1984年的中央一号文件《关于一九八四年农村工作的通知》中将农地承包期限明确为15年。同时，将农地的试验经验拓展到了林业、畜牧业、渔业等其他方面①。1993年，为了稳定土地承包关系，鼓励农民增加投入，又进一步决定在原承包期到期后再延长至30年②，并写进了1998年修订的《中华人民共和国土地管理法》。同时考虑到森林、草原、荒地等的具体情况，经过全国人大常委会讨论，在2002年出台的《农村土地承包法》中对草地、林地、特殊林木的承包期进行规定，并提出这些特殊资源的承包期可以根据情况适时申请延长期限。

2008年，在中共中央十七届三中全会上通过的《关于推进农村改革发展若干重大问题的决定》中提到，"赋予农民更加充分而有保障的土地承包经营权，现有土地承包关系要保持稳定并长久不变"，并首次提出"搞好农村土地确权、登记、颁证工作"③。此后，中央政府对林权（2009）、宅基地（2012）、牧区草原（2013）、承包地（2014，2015，2018）、建设用地和宅基地（2016，2017）等各类土地的确权、登记、颁证工作进行了详细的部署和推进，中国农地产权朝着越来越明晰化的方向迈进。习近平总

---

① 中共中央关于一九八四年农村工作的通知. 中国网. www.china.com.cn.
② 关于当前农业和农村经济发展的若干政策措施. 中国网. www.china.com.cn.
③ 中共中央关于推进农村改革发展若干重大问题的决定. 中国政府网. http：//www.gov.cn/jrzg.

书记在党的十九大报告中进一步强调,"保持土地承包关系稳定并长久不变,第二轮土地承包到期后再延长三十年。"① 2018 年的中央一号文件进一步指出,"落实农村土地承包关系稳定并长久不变政策,衔接落实好第二轮土地承包到期后再延长 30 年的政策,让农民吃上长效'定心丸'"。②

通过对中国农地产权制度改革的简要回顾不难发现,中央政府一直在根据经济社会发展的变化,在总结农地制度改革实践过程中的经验的基础上,不断延长土地承包期,不断拓展政策覆盖面,不断明晰各类土地的承包经营权,最终以颁发产权证的形式加以巩固。这些做法有力地回击了中国农地产权制度是"有意的制度模糊"的论断。历史地看,中国农地产权的渐进式改革,显然更符合制度内生演化规律,这种制度变迁方式不仅考虑了单项制度作为制度复杂系统组成部分的特点,也考虑了制度的互补性,兼顾了制度变迁的整体效率原则和适应性效率原则,最大限度地保留了农地制度的弹性,为下一步制度演化和制度试验保留了充足的空间。

为什么说中国的农地产权制度变迁是对制度内生演化规律的遵循?因为"复杂的制度变迁很大程度上是无意的、渐进的,是嵌入在国家和社会相互作用的进程中的"③。正如 North 指出的那样,"在动态变迁的环境中建立和维持社会秩序曾是古老的社会两难问题,也仍是现代社会的一个中心问题"④。North 进一步通过对苏联兴衰历史的分析来阐释制度演化规律,并认为"适应性效率需要一种制度结构,这种制度结构在面对非个态历经的世界中普遍存在的不确定性时,将会灵活地尝试各种选择,以处理随着时间的推移不断出现的新问题。这种制度结构也需要一种信念结构,来鼓励和允许进行实验,同样也消除失灵"⑤。也就是说,正是中国农地产权制度的这

---

① 习近平. 决胜全面建成小康社会 夺取新时代中国特色社会主义伟大胜利 [N]. 人民日报,2017-10-28(001).
② 中共中央国务院关于实施乡村振兴战略的意见 [N]. 人民日报,2018-02-05(001).
③ Hayek F A.Notes on the Evolution of Systems of Rules of Conduct.In:Studies in philosophy, Politics and Economics[M]. Chicago: University of Chicago Press, 1967.
④ 道格拉斯·C.North. 理解经济变迁过程 [M]. 钟正生,等译. 北京:中国人民大学出版社,2008.
⑤ 同④.

种弹性,为"探寻何为良好的农地产权制度提供了多种可能性"[①]。因此,中国的农地制度改革是顺应了制度内生演化规律的。

三、地方政府在推动制度创新中的作用

滇桂黔石漠化区地域横跨三个省份,因此在发展战略制定上难免受到地域性局限,加之该区域经济发展相对滞后,思想观念比较保守,使得制度创新缺乏活力。要想从根本上解决发展问题,必须高度重视制度创新,大胆吸收和借鉴其他地区的成功经验,为经济主体创业创新提供良好的制度土壤,推动地区经济增长[②]。而大规模区域开发战略的实施,离不开国家与地方政府的政策支持。地方政府要在推动制度创新中扮演重要角色,并与国家层面的制度供给形成协同效应。本节结合国家战略及片区发展现状,从地方政府层面出发,提出加快制度创新的相关政策建议。

(一)抓住国家层面制度供给的机遇期

区域发展不平衡是当今世界各国,特别是发展中国家普遍存在的发展难题。对于后发地区而言,抓住重大的制度和政策窗口是实现快速发展的重要机会。滇桂黔石漠化区正面临我国大力实施乡村振兴战略的重要机遇期,在这个阶段,国家层面有关三农问题的制度供给加速,地方政府抓住这一机遇期并结合本地情况适时推进制度创新,那么跨越式发展是可期的。

对于社会政策的建设和完善,有学者提出三维视角的分析方法。所谓"三维"是指纵向、横向和过程三个方面。我国对滇桂黔石漠化区加大制度供给也可以从这三个方面入手。其中,"纵向"是指政策系统的从上至

---

① 李宁,陈利根,孙佑海.转型期农地产权变迁的绩效与多样性研究:来自模糊产权下租值耗散的思考[J].江西财经大学学报,2014(6):77-90.
② 沈伯平,陈怡.政府转型、制度创新与制度性交易成本[J].经济问题探索,2019(3):173-180.

下的等级。在纵向结构上,我们应该在整体上制定推动这一地区制度创新建设的宏观战略,并且对制度的供给和改革中的定位进行精心谋划;"横向"是指政策系统内部由不同的具体项目或者子系统组成,在横向结构上健全体系,维护政策的持续性;"过程"是指政策的执行与目标群体的接受与反馈等,要在政策执行方法上求创新,提高运作效率[①]。后发地区的制度变迁:一是要在国家层面的制度框架内进行;二是要符合本地区经济社会发展的实际情况。也即,制度创新不能与国家层面制度政策相违背,同时也须嵌入本地制度大环境(正式的和非正式的制度安排)。

滇桂黔石漠化区作为我国扶贫攻坚的主战场,关乎我国全面建成小康社会这一重大战略目标的完成质量。因此,有必要将滇桂黔石漠化区设为农地制度创新的试验区,对该地区实施制度倾斜,有些制度应当被赋予先行先试的机会,这样才能在跨越式发展中占得先机。需要强调的是,因为滇桂黔石漠化区范围较广,区域内的经济、文化和产业结构等存在明显的异质性。所以,在该地区推行制度实验不能一概而论,要充分考虑区域内的不同情况。滇桂黔石漠化区的农地制度创新必须遵循制度内生演化规律,充分利用实验区的制度红利,进行渐进式的探索。

(二)把握农地制度创新的重点领域

土地制度是国家的基础性制度之一。自改革开放以来,我国充分发挥了土地制度的独特优势。在这一制度的推动下,我国工业化、城镇化进程得到了快速发展。党的十九大报告中明确提出的实施乡村振兴战略的"二十字"目标,同样离不开土地制度这一基础性制度的支撑保障[②]。推进农村土地制度改革,特别是因地制宜地推动农地流转制度创新,将成为实施乡村振兴战略的重要制度杠杆。推动农村土地制度创新,不仅将有助于促进农村土地资源的有效配置,推动传统农业向现代农业的转型,也有利于促进城乡要素的双向流动,提升农民的经济收入,推进乡村治理体系和治理能

---

① 李迎生,张朝雄.农村社会政策的改革与创新[J].教学与研究,2008(1):18-23.
② 赵龙.为乡村振兴战略做好土地制度政策支撑[J].行政管理改革,2018(4):11-14.

力现代化,为实施乡村振兴战略、实现农民共同富裕奠定产权制度基础[①]。从地方政府的视角出发,滇桂黔石漠化区在推进制度创新过程中可以从以下四个重点领域展开。

第一,明晰集体产权,提升土地产权的稳定性。土地产权的稳定性(土地承包期限的长短)将直接影响农民对土地的投资强度。因此,在对集体资源进行全面确权的基础上,适当延长土地的承包期限,将有效提高农民对土地的投资强度,土地的收益率也将显著提高。同时,政府应逐步放松对农村土地转让的限制,让农民享有充分的土地流转权,这是实现土地产权流转市场化的基础。在尊重土地使用权市场属性的基础上,在确保不侵犯所有权和承包权的前提下,遵循流转市场的规律,建立健全以土地产权为基础的市场化流转机制[②]。

第二,尊重农户意愿,维护农户主体地位。政府在农地确权和农地流转过程中,要做到引导和监督有度,不能过度干预。要依照"依法、自愿、有偿"的原则,明确划分、处理集体经济组织和农户的权利及义务,合理分配流出与流入双方的经济利益。规范合同契约,用法律形式保障土地流转双方的权益。值得注意的是,农民在农地流转中的主体地位应得到政府的保护,农民的合法权益和意愿选择也应得到政府的尊重。政府不能用行政命令的强制手段推行农地流转,而要本着农村生产要素合理流动与资源优化配置的目的,因地制宜地制定并实施推动农地流转的可操作性制度安排。

第三,提升农地确权颁证工作效率。农村土地承包经营权确权颁证的工作离不开农民的积极参与和支持。通过资料宣传、现场宣传、召开动员会、深入村组解读政策、现场传授方法等各种形式,加大对确权颁证工作的舆论宣传和引导力度。与此同时,还应当多层次、大力度地开展培训工作,建立具有专业素质的组织领导队伍、政策指导队伍、技术操作队伍,满足确权颁证工作的需要。直面矛盾,妥善调处,提升农地确权颁证的满意度,要充分尊重农民意愿,制定多样性的纠纷协调机制,加强经费支持,合理

[①] 张红宇. 中国农村改革的未来方向 [J]. 农业经济问题, 2020 (2): 107–114.
[②] 张海丰. 新中国农地制度变迁:一个路径依赖分析范式 [J]. 农村经济, 2008 (1): 95–98.

化解矛盾，适时解决纠纷，完善技术保障，提升确权颁证工作的效率。

第四，优化农地流转环境，强化地方政府土地管理与服务职能。有条件的农村应加快建立县、乡（镇）两级承包地流转信息收集、发布平台，克服因农地流转供需双方信息不对称制约农地流转的问题，如提供农地流转信息、开展法律政策咨询服务、指导合同签订等，以保证农地流转的顺利进行。要建立相关咨询及调解机构，发挥农地流转中政府的服务和引导作用。为切实保障农民的权益，地方政府要完善以实施流转合同制与备案制为重点的流转管理工作制度和规程，以及承包地流转市场定价机制，并积极引导双方对土地承包经营权进行合理定价。此外，要积极培育农地流转市场、管理机构及中介组织，为提高农地流转效率提供制度和组织保障。

四、农地制度创新与乡村振兴的作用机理分析

土地是乡村的主要资源。土地制度是国家的基础性制度，农村土地制度是实施乡村振兴战略的重要制度支撑。在保持我国农地制度基本稳定的前提下，如何促进农地流转，从而实现农业规模化经营、增加农民收入，是未来农地制度创新的基本方向。实现乡村振兴，要加强制度供给。党的十九大报告提出实施乡村振战略之后，引起了学术界的热烈回应。有学者认为，实施乡村振兴战略面临理论瓶颈，制度供给可能成为制约因素[1]。

实施乡村振兴战略，必须以巩固和完善农村基本经营制度为前提，这样才能实现共同富裕[2]。在目前土地制度框架下，地方政府在乡村振兴战略实施及农地流转制度创新过程中，必须扮演更加主动积极的角色。农地制度创新必须在现有的农村基本经济制度框架内进行，这样才能形成有利于

---

[1] 刘守英，熊雪锋. 我国乡村振兴战略的实施与制度供给 [J]. 政治经济学评论，2018（4）：80-96.
[2] 张红宇. 乡村振兴与制度创新 [J]. 农村经济，2018（3）：1-4.

解决土地利益分布不均问题的制度安排。土地制度改革带来的地权固化，弱化了村集体的动员能力，使得土地整合难以实现，影响乡村振兴战略目标的实现。同时，就我国现有的社会保障力度和覆盖面而言，土地作为农民生产生活的最后一道防线仍然具有举足轻重的地位，特别是欠发达地区，这种基本保障作用更加突出。本节旨在通过分析土地制度与农民动员机制、地权与乡村振兴战略实施机制的关联，讨论支撑乡村振兴的制度供给及制度创新的实施路径。

（一）土地制度与农民动员机制

土地制度是农村一切经济制度的基础，土地约占农村财产总额的85%[1]，处理好农民和土地的关系是实施乡村振兴战略过程中需要解决的基本问题。土地流转能够释放中国乡村的发展潜能，为广大农民提供安身立命之本，它所体现的经济价值，更是强化了农民对土地的依附性[2]。在中国快速工业化和城市化的过程中，有关土地利益的分配问题出现了一定的分歧，农地制度问题在实施乡村振兴战略过程中可能会日益凸显[3]。

农村土地制度的变迁实际上是在农地集体所有制这一基础框架下，农地经营使用权不断扩展的过程。农村土地制度属于具体制度，土地制度变迁存在制度变迁的成本收益问题，农民福利的增进使制度变迁获得收益。North 认为制度变迁和技术进步相似，合理的制度安排能够有效促进经济发展[4]。同样地，良好的土地制度安排有利于农地规模经营，增进农民福利，促进农村繁荣发展。改革开放以来的农村土地制度研究，大都是围绕家庭联产承包责任制开展的。不少学者将改革开放以来的土地制度变迁分为四个阶段：家庭联产承包责任制的确立、延包 15 年规定、延包 30 年规定、

---

[1] 温铁军，朱守银.中国农村基本经营制度试验研究 [J].中国农村经济，1996（1）：26-32.

[2] 钟文晶，罗必良.契约期限是怎样确定的？——基于资产专用性维度的实证分析 [J].中国农村观察，2014（4）：42-51.

[3] 陈文胜.乡村振兴的资本、土地与制度逻辑 [J].华中师范大学学报（人文社会科学版），2019（1）：8-11.

[4] 包琪.土地与农民福利：制度变迁的视角 [M].北京：社会科学文献出版社，2016：12-14.

允许土地承包经营权流转。通常来说，前三个阶段都还属于家庭联产承包责任制的确立和巩固阶段，允许承包经营权流转是在家庭联产承包责任制基础上的一次具有深远影响的变革。允许承包经营权流转意味着土地作为一种基础生产要素，向市场化配置迈出了重要一步，这有利于提升土地资源的利用效率，也起到了促进其他要素流向农村的作用。

当前我国农村土地制度的基本出发点在于保护农民的地权，为农民提供基础保障，农地制度创新必须将保护农民利益置于首位。虽然目前细碎化的农地分配现状在一定程度上限制了农业规模经营，但如果农民的利益得不到保障，无论什么样的规模经营都不可能创造社会福利。因此，我国当前的农地制度改革必须守住保障农民利益这条底线。换言之，农地细碎化和农业规模化经营必须通过制度创新找到一个均衡点，既保障农民利益，又提升农地利用效率，协调好农村土地的利益分配机制是动员广大农民参与乡村振兴的根本前提。在现有农地制度框架下，土地虽然属于集体所有，但农民的承包经营权已经通过颁证的形式得到进一步强化。由于土地具有不可移动的自然属性，如果占有和使用特定位置土地的农民不愿意参与集体行动，那么将会不可避免的影响到乡村振兴战略的实施。因此，任何一户农民的决策和行动，均会影响整体的农民动员效果。只有农民的利益受到保障，动员农民参与乡村振兴的组织成本才会降低，从而促成农民的集体行动[①]。

（二）产权强化与乡村振兴战略实施

从产权经济学的视角来看，现实经济生活中不存在绝对完整的产权，具体到农村土地产权。我们同样会发现，农地产权可以衍生出一组"权力束"。土地出租、转包等流转合约是土地经营权的主要形式，当合约到期后，土地经营权就会恢复为完整状态的土地承包经营权。期间，土地经营权从土地承包经营权中分离出来后有偿转让给其他人，土地承包经营权本身并没有消失。明确土地所有权、土地承包经营权和土地经营权三者之间的产

[①] 王海娟，胡守庚. 土地制度改革与乡村振兴的关联机制研究 [J]. 思想战线，2019（2）：114–120.

权关系和各项权能，才能保证参与土地流转的各主体权益不受侵犯。

回顾我国农地确权工作的开展历程，大致可以分为明确产权主体、土地登记发证制度的初步建立、土地登记制度的完善、落实确权登记颁证、农地产权进一步强化等五个阶段。农地确权是农地产权领域的重要改革，政策意图在于稳定农民的土地承包经营权。新一轮的农地确权包括以下特点：一是权利束更丰富，二是权利更稳定，三是权利界定更明确。新一轮农地确权在家庭联产承包责任制这一制度框架下，更清晰地界定了农村土地的权利束，加上十九大报告中明确提出土地承包期限到期自动延长的规定，农地产权得到了实质性的强化。农地确权颁证和农地承包期限自动延长，实际上是将更多的土地权能由集体让渡给个人[①]。

产权自主交易是土地流转制度优先保障的功能。要促进土地流转效率，首先是农地产权明晰且受到法律保护，新一轮的土地确权和承包期限到期自动延长使农地流转得到了相应的制度保障。我们需要了解，农村土地流转的主体并不是村集体或地方政府，而是一般农户。乡村振兴战略只有得到广大农民的支持和参与才能顺利实现，因此，农地产权的强化为乡村振兴提供了制度基础。在农地流转过程中只有充分保护农民的利益，乡村社会才能稳定，乡村社会稳定是一切发展的基石，也是实施乡村振兴战略的根本保障。

（三）因地制宜推进农地流转制度创新

根据我国各地农地制度创新的实践来看，制度创新表现出明显的异质性和多元化趋势。这种多元化和异质性可能来自两方面：第一，我国农村土地制度的核心，即地权本身具有多面性；第二，我国幅员辽阔，各地区在经济、社会和自然条件等方面存在较大差异，因此所实施的制度创新模式不可能是单一的[②]。

农地制度创新的张力主要源于集体与农户之间的产权关系，这种张力

[①] 付江涛，纪月清，胡浩. 新一轮承包地确权登记颁证是否促进了农户的土地流转——来自江苏省3县（市、区）的经验证据[J]. 南京农业大学学报：社会科学版，2016（1）：105-113.

[②] 姚洋. 土地、制度和农业发展[M]. 北京：北京大学出版社，2004.

也体现在中央政府对待农地制度创新的基本态度上。也即，制度创新既不能动摇农村土地集体所有制这一基本制度框架，又不能以强化集体所有制之名，损害农户家庭联产承包责任制前提下"耕者有其田"的基本权利。农地制度创新的这两条底线，实际上是要求制度创新要保持农村基本经济制度的稳定，即坚持土地集体所有和农户承包经营权的稳定。制度创新不能动摇农地集体所有制，是因为农村土地集体所有制在中华人民共和国成立以来，从不断摸索中建立的一套适合我国农村经济社会发展现状的基本制度框架，保持这一农村基本经济制度的稳定是我国改革开放以来经济高速发展且社会稳定的基本原因。同时，制度创新也不能损害农户承包经营权，因为农地承包经营权涉及农民的基本生存权利，是农民的社会保障最后一道防线，是社会公平的基础，决不能突破。

2014年我国确立农村土地"三权"分置制度，这是继家庭联产承包责任制之后，农村改革领域具有里程碑意义的重大制度创新。"三权分置"的土地产权结构符合我国小农经济居多的基本国情，特别是对放活农地经营权、加速农地流转具有直接作用。"三权分置"是立足于中国国情的重要基础制度，满足了现代农业的发展要求[1]。在"三权分置"背景下，农地流转效率将进一步提高，极有可能释放第二波农村剩余劳动力并实质性增加农民的财产性收入，为乡村振兴战略的实施提供制度支撑。

在"三权分置"背景下，农村土地流转是指在保留承包权的前提下，转让经营权给其他农户或经济组织的行为。农村土地流转现象本身就是农村土地产权制度不断创新的产物，也是诱制性制度变迁与强制性制度变迁相结合的体现。我国农村土地制度经历了农村土地改革、农业生产合作社、人民公社、家庭联产承包责任制和"三权分置"的变迁历程，每一次农村土地制度改革实际上都是制度内生演化规律使然，当现行的农地制度不适应经济社会发展时，就应该对其进行制度创新，从而使制度与发展阶段相匹配。

---

[1] 丁玲. 地权的确立与流转：农地确权对农户土地流转影响的实证研究[M]. 武汉：武汉大学出版社，2017.

农村土地流转旨在推进土地要素的市场化配置，从而提升农地利用效率，进而转移农业剩余劳动力，为农业经营的规模化、高效化和集约化提供足够的空间[1]。

土地的自由流转在理想的新古典框架中，能够提升资源的配置效率，继而又可以提升农业生产效率。限制土地交易权会减少农户长期投入和降低要素配置效率,继而降低土地产出率[2]。农地流转的基本目标是实现农业规模化经营，但在实践中，农地流转也存在"市场失灵"：农地流转市场无力解决高度细碎化条件下农地集中成片、形成农地规模经营的问题[3]。因此，农地流转制度创新必须着重解决农地流转市场失灵问题，而解决这一问题的关键在于建立和完善产权交易市场和各类中介组织，各级地方政府在这个过程中需要扮演更为积极的角色。

五、滇桂黔石漠化区农地流转制度创新的可行路径

滇桂黔石漠化区经济社会发展相对落后，亟须通过制度创新将潜在的后发优势转变为现实的竞争优势。在我国大力实施乡村振兴战略的大背景下，滇桂黔石漠化区将开启跨越式发展的新征程。如何发挥农地流转制度创新的制度杠杆效应，撬动产业资本和先进要素下乡，推动乡村产业发展，是实施乡村振兴战略的重中之重。因此，我们尝试性地提出该地区农地流转制度创新的几条可能路径。

（一）加快推行标准化合同

2018年修订通过的《农村土地承包法》规定，"土地经营权流转，当

---

[1] 罗必良. 农村土地流转须有严格而规范的制度匹配 [J]. 农村工作通讯，2008（21）：25-26.
[2] 姚洋. 土地、制度和农业发展 [M]. 北京：北京大学出版社，2004.
[3] 夏柱智. 虚拟确权：农地流转制度创新 [J]. 南京农业大学学报（社会科学版），2014（6）：89-96.

事人双方应当签订书面流转合同",这是中央政府对推行标准化合同的政策指引。地方政府要加快标准化合同的推行,确保中央政策落实到位。为此地方政府要把推行标准化合同纳入重要的议事日程。

一是要做好标准化合同的起草工作。标准化合同的内容方面要兼顾法律法规和地方文化,法律法规相关规定是标准化合同的必备内容,即农地流转中的一般性规定,不能更改,地方性文化方面的内容可以在法律规定的范围内进行充实完善。在标准化合同的拟定方面,要由地方政府牵头,在村委会的配合和充分吸收当地村民意见的基础上进行拟定。标准化合同的必备内容必须是与当前法律规定相一致和充分考虑了公共利益的内容。在法律规定相一致方面,依据《宪法》《农村土地承包法》等法规规定双方权利义务内容;在公共利益方面,应包括土地用途管制、环境控制、耕地撂荒、国家安全等内容。在必备内容的基础上,乡镇政府可以在框架性内容基础上,结合地方性文化知识,在充分吸收农民意见的基础上进行完善和补充。也就是说,在法律规定范围内,结合地方实际,把那些法律没有规定但是当地人民群众认可的措施和方案纳入合同,在标准化合同"一刀切"的基础上融入地方特色,以拟定出更加符合地方实际和民众需求的合同。

二是把推行标准化合同作为在农地流转中的默认选择。把标准化合同的签订作为在农地流转中的默认选择,即要求任何流转农地的双方都必须签订合同,这是法律上"法定权利不得事先放弃原则"[1]在农地流转上的体现,也就是说我们不能事先忽略缔约双方签订合同的权利,其事后放弃则是另外一种情形。分析表明,农户不愿意签订正式契约,侧面反映了对农地契约化的预期不足,所以在推进标准化合同过程中,要注意正式形式合同的签订,也要兼顾乡村特殊人情世故和农户心理,以使合同内容和合同精神真正深入人心。可以在标准化合同的基础上,适时添加双方各自约束的内容。通过标准化合同的推行,培育农民的法治思维习惯。当前,在农地流转市场中的人情问题,可能是阻碍正式契约没有大范围使用的一个重

---

[1] 尹田. 法国民法中合同解除的法律适用 [J]. 法商研究,1995(6):80–86.

要原因。通过标准化合同的推行,所有农户一视同仁,虽不是必选项,但是通过默认的普及,自然会提高正式合同选择的普及率。也就是说,把标准化合同的推行作为农地流转市场中任何一个农户无差别的选择形式,如此形成农村农地流转市场中有关契约的无差别对待。合同的拟定并不是一劳永逸的,要随着时代的发展和现实情况的改变进行适时调整,以符合新的时代要求。基于此,在推行过程中,地方政府要通过在实施过程中的观察,及时把农户的需求和想法融入标准化合同的修订中。

三是通过参与式治理,推进合同修订。为了尽可能在合同推行和修订中吸收农户的意见,可以在合同拟定之前,通过召开座谈会、基层调研等形式,征求民意,并使民意得到最大程度的尊重,以激发群众的参与热情。在实施过程中,可以采取引入一定人群参与和实验,类似政府在某项政策实施前选取的试点等形式进行民众意见的征求和反馈。在不断体验和实验的过程中改进设计,并通过在体验和实验过程的观察来发现新的诉求。通过这样的形式,构建起公众需求与建议的发现机制,并将这些发现应用到改进完善中,使制度设计更符合公众需求。还可以通过座谈或者其他形式吸收当地村民的意见和建议,社会公众如果认为合同的拟定中汇聚有自己的智慧、体现自己思想,以及具备自己认可的内容,就会提高履约的积极性。这样做无疑可以提高广大社会公众参与的积极性,切实激发基层治理活力。要充分发挥法律监督在合同执行过程中的作用,约束违约行为的产生。在出现违约的情况下,要及时给予法律援助,最大程度保护农民利益。

四是以体制机制的形式,确认农户在契约治理中的参与权利。制度因为给行为客体以稳定预期而得到信赖,从在参与治理中吸收民意、推进治理的角度来看,主要是通过参与式治理培育公民信任,而有了公民信任,具体到农地流转市场中,将显著降低农户对农地的禀赋效应。良好的社会治理是制度能够给予人们以稳定预期的基础保障。在加强公众在社会治理的参与方面,政府要着力在体制机制的完善上发力,不断构建起更为丰富和完整的公众参与平台,切实完善包括民主协商在内的各项配套性政策,不断为公众参与提供便利和保障。在政府制度和搭建平台的基础上,要做好公众利益诉求和表达的保障工作，通过积极回应民众诉求来提供正向激励，在不断解决公众实际困难中塑造政府权威。同时，着力将政府对公众的利益诉求保障实践以体制机制的形式确认下来，在更大程度上实现政府与公众的协同治理和社会自我调节、自动更新的有机互动。着力推动政府引导下的组织化参与，实现有序、有效、规范的全社会参与，注重发挥广大人民群众自觉维护秩序、化解矛盾、调解纠纷等方面的积极作用。要对社会组织进行制度化管理，鼓励社会组织积极参与社会治理，不断激发社会组织的参与活力。在推进过程中，不断培育信任，着力通过塑造组织参与标杆，形成示范和带动作用。具体到农地流转中的契约治理，国家可通过规范农地流转契约治理场域中的契约形式、内容、流程等，稳定农户预期、保障农户收益。

（二）加强农地流转的制度和组织支撑

农户因为土地的人格化财产属性而普遍对农地享有较高的禀赋效应，较高的禀赋效应影响着实际生活中农户对农地的控制意愿，并付诸不同的控制权强弱。基于此，通过农地交易服务中心来进行农地流转，会更有利于农地流转的推进。农户对外来承包主体和对集体组织在流转的态度上是不同的，所以为了实现将农地流转给更会种粮和更能够发挥农地作用的主体的目的，农户可以把农地反包给农地交易服务中心，由企业与农地交易服务中心进行沟通协商，那么就比企业直接与农户沟通成本更低。而在这个过程中至少要满足两个条件：一是建立健全县、乡一级的农地交易服务中心；二是鼓励各种农地流转中介组织的设立和运行。农地交易服务中心方面，关键是看管理人员是否存在腐败，能不能站在村民的立场上考虑问题，一旦农地交易服务中心管理人员存在腐败或错误的利益倾向，那么农户很可能对农地交易服务中心失去信任，那么在具体的交易中也就没有农户再去找农地交易服务中心，农地交易服务中心就没有存在的必要了。

检验分析农地的经营权绝对权力认知会强化农户在缔约对象中把亲戚邻居作为最优流转选择的现象，这是因为经营权绝对权力认知会使得农户更有意愿采取措施保障和加强对农地的控制。而在这个过程中，流转给亲戚、邻居要比流转给种粮大户更容易保持对农地的控制。基于这一分析，通过强化标准合同，可以保障农户的个人利益，使控制权得到足够的保障。农地的安全感知不足显著提高了农户对农地的禀赋效应，使其更意愿选择非正式、短期限和把农地流转给亲戚邻居的方式来实施对农地的控制。虽然农户在与农地不断打交道的过程中形成了特殊的人地情感，但是这种情感并不足以真正产生价值，而只是一种虚幻认知。政府不可能通过加大农地调整力度来提高农户对农地的安全认知，也不能主观地认为农户对农地的安全认知是错误的，但是我们可以通过加强教育、发展非农就业等方式，引导农户回归到正确的认知轨道。

现实中有这样的情况，农户在农地流转市场中无法找到一个可以充分信任的中介，农户宁愿选择非正式、短契约和把农地流转给亲戚邻居的农地控制方式。我们在调研中发现，个别地虽然建立了村农地交易服务中心，但是没有发挥实实在在的作用，农地交易服务中心既没有积极地去寻求资源、谋求村民最大福利，也没有站在村民角度去思考致富门路。这就对农地交易服务中心和农地流转中介提出了要求，它不仅仅是保护村民利益的屏障，更重要的是要主动作为而非被动等待。比如，村农地交易服务中心可以在乡镇农地交易服务中心、县级农业农村局的带领下，开展新型职业农民的配套教育和培训，切实培育高素质农户，把那些吸收知识快、接收能力强的农户或者返乡青年，培养成成高素质的新生代农户，通过农地交易服务中心相关服务，减弱农户的禀赋效应。通过农地交易服务中心培养起来的村级新生代农民代表的榜样激励作用，又会进一步减轻农户对农地的禀赋效应，在这个过程中最主要的是实现农户收益的提高。提高农户的非农就业能力，提高非农收入，使其从单一追求农地利益的狭隘视野中放眼追求更广泛的非农收益，是减轻农户禀赋效应的重要举措。培育拥有"企业家精神"的农户，使其通过对农地资源的优化配置，实现价值增值，鼓励这些农户扩大农地规模，实现规模效益。通过农地交易服务中心，诱导和培育农业生产性服务市场，在推动农业规模经营的同时，以规模化的服务助力现代农业发展。

在亲戚邻居与非亲戚邻居之间的选择，证明农户产权交易的能力明显不足，需要提高农户的产权交易能力，而通过村农地交易服务，可以解决农户产权交易能力不足的问题。农地流转本身存在的对象选择歧视问题，不仅抑制了市场的规范和发育，降低了农地的资源利用效率，也影响农村规模化种植乃至乡村的全面振兴。通过农地交易服务中心，促进形成农地流转开放式格局，可以显著降低农地流转市场中的对象依赖性，从而避开亲缘和"人情"对农地流转的影响。准确和可预期是法制和契约精神的体现，纯粹基于人情的机制并不是长久之计。随着农村的全面发展和农户收入水平的提高，亲缘和"人情"在市场交易过程中将被慢慢淡化，取而代之的将是契约化。

（三）积极发挥村干部的利益协调作用

基于禀赋效应的存在，农户在契约签订中可能会出现不符合市场要求的价格索取或者利益索取。鉴于此，村干部作为村级自治组织的重要成员，就要担负起调解农户认知的责任，保证农户和其他市场主体的合理收益，实现两者双赢。在这个过程中，村干部要避免对自己利益的过度关注，避免谋利型参与、逼助型参与和借用型参与。同时，村干部也应该站在一个更为中立的立场上去思考和解决问题，通过发挥村干部在利益权衡中的调节作用，增强农户对于土地有效流转的信心。

第五章　滇桂黔石漠化区乡村振兴的禀赋基础

一个地区的地理环境、气候条件、自然资源等禀赋结构决定了该地区的产业结构，而产业结构和产业规模又进一步决定该地区要素市场的广度和深度。也就是说，土地作为最基本的生产要素，其流转规模和流转频率受限于一个地区的产业发展程度。换言之，农地流转的基础动力从根本上来说是由一个地区的禀赋结构所决定的。资源优势是一个地区产业发展的首要条件，滇桂黔石漠化区无论是技术、人才还是资本都相对稀缺，因此在后发之初要充分发挥该地区的比较优势，根据已有的资源禀赋结构发展相应的产业，从而实现实际收入增长和资本积累。

区域比较优势是指一个区域内由区位条件、自然资源禀赋、劳动力和资金等因素共同形成的有利发展条件[①]，如图 5-1 所示。按照各地的自然资源禀赋进行专业化的生产可以带来明显的经济效应。地区专业化是指各地区专门生产某产品，可以是某一类产品，也可以是产品的某一部分。专业化可以通过充分发挥机械化效力、提高劳动素质和技能、加强经营管理等途径，来提高劳动生产效率[②]。滇桂黔石漠化区只有通过发挥禀赋优势形成支柱型产业，才有机会实现跨越式发展。

---

① 魏后凯.比较优势、竞争优势与区域发展战略[J].福建论坛（人文社会科学版），2004（9）：10-13.

② 魏后凯.区域经济发展新格局[M].昆明：云南人民出版社，1995.

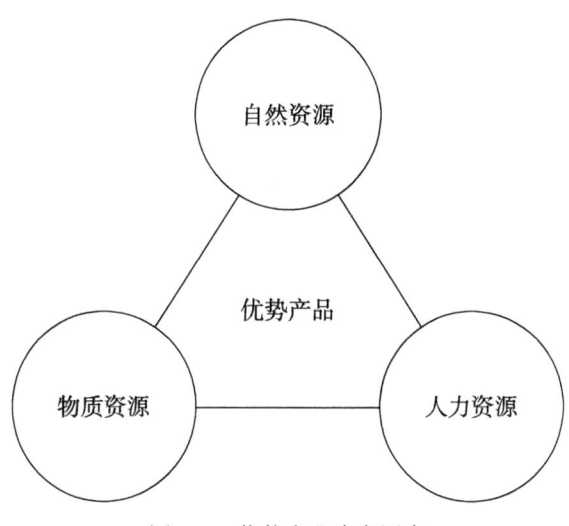

图 5-1 优势产业决定因素

一、滇桂黔石漠化区自然资源禀赋基础

恩格斯曾经指出:"政治经济学家说,劳动是一切财富的源泉。其实劳动和自然界一起才是一切财富的源泉,自然界为劳动提供材料,劳动把材料变为财富"[1]。自然资源是新古典经济学生产函数中一个关键的生产要素。一般认为,自然资源丰裕的地区具有发展的优势。地区自然资源禀赋结构包括该地区的土地资源、水资源、矿产资源、生物与森林资源,这些条件决定了滇桂黔石漠化区在发展特定产业上更具优势。

(一)滇桂黔石漠化区土地与环境资源禀赋

1. 禀赋优势

土地资源是区域农业发展的重要因素,也是农产品生产的物质基础。杜能的农业区位论认为:土地的利用类型和经营集约化程度,取决于土地

---

[1] 恩格斯. 劳动在从猿到人转变过程中的作用 [M]. 上海:华东人民出版社,1953.

到农产品市场的距离和它的天然属性[①]。农业区位论对一个地区的产业选择有两点启示：第一，土地的天然特性决定农产品的类型，这决定了一个地区农村产业选择的基准；第二，一个地区的经济发展水平决定农产品的市场容量，经济状况决定农村产业发展的潜力。从自然环境来看，滇黔桂石漠化区总面积为22.8万平方千米，位于亚热带季风性湿润气候区和亚热带常绿阔叶林带，气候温暖湿润、日照充足、雨量充沛，具有高原山地构造地形特征，石漠化面积巨大，是世界上最典型的喀斯特地貌地区之一。以土地特性而言，从滇桂黔土地基本情况来看，因喀斯特地貌的存在，形成山多地少的典型特征，耕地、人口之间有着突出的矛盾。

由于地质演变历史和构造活动不同，滇桂黔石漠化区的地形地貌也有明显的差别。以贵州片区为例，该片区的西段与东段地貌特征迥异。贵州片区西段包括黔南州、安顺市、黔西南州和六盘水市的六枝特区及水城县，碳酸盐岩地层在该段发育广泛，形成山高地少的高原型亚热带典型喀斯特地貌。相较于西段，东段主要为黔东南州，该地区喀斯特地貌特征不显著、分布面积少，其中镇远至凯里一线之西北属于岩溶地貌区，镇远至凯里一线之东南属于剥蚀、侵蚀的非喀斯特地貌区，这种地貌特点使该地区土层较厚，森林资源丰富。

滇桂黔石漠化区独特的自然禀赋孕育独具特色的农业产业。贵州片区主要的特色农产品包括特色中药材、薏仁米、烤烟、茶叶、油茶、蔬菜、水果、核桃、食用菌与花椒。云南地区以文山州为例，大力发展高原山地农业，农作物品种高达1727个。文山除产有玉米、豆类和稻谷等粮食作物外，还产有草果、辣椒、茶叶、八角、烟叶等经济作物和特色农产品。特别是名贵药材三七，在李时珍的《本草纲目》中被称为"金不换"，也被誉为"人参之王"。

此外，独特的土壤、气候和喀斯特地貌为药材种植提供了优良的环境，如金银花、天麻、玄参等名贵中药材，也为火龙果等特色果品提供了优良种植条件；丰富的森林资源以及清新的空气，为特色养殖业的发展提供基

[①] 杜能.孤立国同农业和国民经济的关系[M].吴衡康，译.北京：商务印书馆，1986.

础；同时，喀斯特山地适宜种植核桃、板栗、油桐、刺梨、杨梅等林木，可以形成一个完整的产业链条，有效支撑当地农民的收入增长。

独特的土地与环境资源禀赋如何促进当地经济发展？我们认为存在以下作用机制：首先，地理环境的独特性带来农业产业差异化。根据迈克尔·波特的"竞争优势"理论，可将竞争优势分为低成本竞争优势与产品差异型竞争优势。[1] 产品差异化是建立在特殊的资源优势上，通过设备、技术、管理等创造更能满足不同客户需求的差异化产品。滇桂黔特殊的地理环境使某些产品具有市场独占性，这些农业产品要么是滇桂黔石漠化区特有的，要么是因为独特的气候、环境，导致特色农产品品质上乘。这种独特性，导致与其他地区同类产品产生差异性，能迅速打开国内外的市场。其次，特色农业发展可以形成区域产业集聚效应，形成农业集聚经济。Henderson提到，集聚经济是指在地理上比较接近的企业之间产生正溢出效应，企业生产率即使在生产技术规模报酬不变时，也会因为集聚带来的外部性而得到提高[2]。农业产业准入门槛低，可以迅速形成产业规模，使当地贫困人口快速脱贫。再次，滇桂黔石漠化区相对落后的根源在于生态环境脆弱。基于滇桂黔石漠化区特殊的生态环境发展的生态特色农业，可以与石漠化地区生态治理相结合，不仅能够提高农民的经济收入，还可以改善生态环境。

从实践层面来看，基于独特土地与环境资源发展起来的特色农业已经成为滇桂黔石漠化农业经济增长的重要引擎。例如百色右江河谷盆地是与海南岛、西双版纳齐名的中国三大优势亚热带区域，是全国最大杧果产区和"南菜北运"基地，拥有"中国杧果之乡""中国八渡笋之乡"等美誉，国家地理标志保护产品数量、有机农产品种植面积均居滇桂黔石漠化区首位。云南文山壮族苗族自治州广南县的八宝米，粒大米白闻名遐迩，曾为"贡米"。富宁的八角质量绝佳，远销国内外。文山的名贵药材三七名扬海内外，境内还有樟、红椿、华盖木等珍稀树种。

---

[1] 迈克尔·波特. 竞争优势 [M]. 北京：华夏出版社，1997.

[2] Henderson J V. Urban Development: Theory, Fact and Illusion [M]. Oxford: Oxford University Press, 1988.

2. 禀赋劣势

滇桂黔石漠化区独特的土地与环境资源禀赋既有优势一面，也有劣势一面。石漠化治理历来是环境治理的难题，这在一定程度上导致了滇桂黔石漠化区的生态与经济的双重压力。正如 Ahmed 指出的那样："发达国家的环境问题是生产和消费过度纵容和浪费的模式没有考虑环境的负担；而发展中国家的环境问题则是贫穷和欠发达造成的。"[①] 因此，滇桂黔石漠化区要极力避免陷入恶性循环陷阱[②]。滇桂黔石漠化区由于生态环境的脆弱性，造成了以下几个方面的禀赋劣势。

第一，滇桂黔石漠化区喀斯特山地石漠化严重，这是制约该片区经济发展的根本因素。喀斯特生态环境以碳酸盐岩特殊成分形成的岩浆岩、熔岩为主要特征，表现为岩石裸露率较高，可耕地面积较少，可用耕地碎片化，且水分和养分难以在土壤中保留。这些特征使喀斯特地区土地资源匮乏，成土过程缓慢，土层浅薄、保水性差。截止 2012 年，该地区有 11.1 万平方千米的熔岩面积，占该地区总面积的 48.7%，其中有 4.9 万平方千米的石漠化面积，是全国问题最严重的石漠化地区。此外，该地区可利用的耕地细碎化严重，人均可耕地面积仅为 0.99 亩，农业机械化普及非常困难。

第二，农业环境复杂，自然灾害频发。该片区常见的有洪涝、干旱、山体滑坡、农业病虫灾害等。据统计，1986 年以来滇桂黔石漠化区基本每年都有严重自然灾害。如 2010 年，黔西南州发生的严重级旱灾，此次旱灾造成 240 多万人受灾，176.99 多万人饮水困难，农作物受灾面积达到 198.27 万亩，仅兴义市就有 12 条河流干涸，3 万公顷农作物受灾，约 1.7 万公顷绝收，农林牧渔和工业经济损失达到 35 亿元。2011 年，黔东南州发生严重旱情，61.422 万人和 18.83 万头牲畜出现饮水困难。2012 年文山州出现严重旱情。2013 年，低温雨雪冰冻使贵州 17 个县（市、区）遭受灾害，其中受灾人数高达 37.9 万人，20864 公顷农作物受灾，毁坏房屋

[①] 蔡运龙. 自然资源学原理[M]. 北京：科学出版社，2000.
[②] 蔡运龙. 中国西南岩溶石山贫困地区的生态重建[J]. 地球科学进展，1996，11（6）：602-606.

160余间，大牲畜死亡222头。据统计，农业经济损失为5696万元，直接经济损失高达6795万元[①]。2019年6月，滇桂黔石漠化区出现严重洪涝灾害，本次灾害过程造成36.63万人受灾，22940.43公顷的农作物受灾；毁坏房屋232户814间；紧急安置和救助2.82万人；直接经济损失高达6.28亿元[②]。这些自然灾害威胁着滇桂黔石漠化片区农业的发展，成为制约扶贫开发的一个重要因素。

第三，喀斯特地区山高坡陡、土质疏松、峡谷众多，这种特殊的地貌环境使基础设施建设难度较大、投入成本较高，对修建铁路、高速公路、水利设施、城镇设施带来更高的要求和更长的建设周期。此外，石漠化地区大部分位于流域位置，石漠化地区严重的水土流失，造成水域主干流大量泥沙淤积，严重阻碍水电工程的实施，泄洪能力降低，直接影响到开发和利用本地的水电资源，下游城市的生态安全也受到严重威胁。加之该地区政府财政能力有限，经一步制约着该地区的发展。

（二）滇桂黔石漠化区旅游资源禀赋

独特的自然环境孕育独特的旅游资源，为旅游业的发展奠定基础。石漠化形成的喀斯特地貌环境与众多河流形成独特的自然风光，蕴含的丰富旅游资源，具有极强的发展潜力。喀斯特地表形态以溶沟、石芽、峰丛、峰林、溶斗、溶蚀洼地、落水洞、干谷与盲谷等形态出现，这些独特的景观错落有致，构成了一幅幅绝美的喀斯特风景，喀斯特地貌风景的典型代表就有桂林山水。此外，喀斯特地貌拥有壮观的低下钟乳石景观，其中以巴马瑶族自治县的水晶宫、安顺夜郎洞为代表的喀斯特熔岩景观，洞中钟乳石形态万千，岩溶洞穴雄伟壮观，洞内遍布各色形态的钟乳石。这些喀斯特独特的地貌形态互相映衬，碧水绿林相辉映，形成了山清水秀、洞奇石美的绮丽景色，俊美的山峰、优美的河段组成千姿百态的山水景观。喀斯特地区的山地错落复杂、落差较大、地势陡峭，形成以瀑布景观为主的风景，

---

① 韦茂才.滇桂黔石漠化片区扶贫模式创新研究[M].南宁：广西人民出版社，2014.
② 北青网.滇桂黔石漠化区多地出现暴雨洪涝灾害致35万人受灾[EB/OL]. https：//baijiahao.baidu.com/s?id=1634866335502343206&wfr=spider&for=pc.

最著名的当属安顺的黄果树大瀑布以及崇左的德天大瀑布群。由于喀斯特地区缺乏大片的平原耕地，人们世代为了生存而形成独特的农耕文化，从而造就独特梯田景观，其中龙胜龙脊梯田是梯田文化代表之一。

这些独特的景观带来丰富的旅游资源，例如桂林山水的独特风光。其中，滇桂黔石漠化区境内就有龙胜龙脊梯田、巴马盘阳河流域、凤山国家地质公园、乐业大石围天坑、大新德天大瀑布等。贵州片区包括黄果树风景名胜区、安顺龙宫、荔波喀斯特森林。云南片区的喀斯特风景区包括邱北普者黑风景区、老君山自然保护区。截至目前，滇桂黔石漠化区4A级景区已达50多处。

滇桂黔石漠化区丰富的旅游资源是开展旅游扶贫的基础禀赋。发展旅游业有几大好处：首先旅游业的发展可以扩大就业面，吸收当地的剩余劳动力；其次，旅游业的发展有利于促进贫困地区发展新兴产业，带动当地经济快速发展；再次，旅游业的发展给滇桂黔石漠化片区的人民带来外面的世界，能够促进地区群众转变观念、开阔眼界；最后，旅游业的发展是一种可持续的发展方式，可以以合理的方式利用自身的优势自然、人文资源。

（三）滇桂黔石漠化区水资源禀赋

水资源是自然资源的重要组成部分。一方面，水资源是生态系统重要的组成部分；另一方面，水资源是人类活动必不可少的基础资源之一，从人类的发展史来看，河流一直扮演着重要的角色。历史学家芒福德认为：人口的流动会使各种发明、货物及制度沿着天然公路蔓延到四处[1]。滇桂黔石漠化片区雨水丰富，年均降水量880~1991毫米，河流众多，河流密度大，地形落差大，地跨长江、珠江两大流域以及红河流域，区内河流纵横，水资源丰富。

其中，滇桂黔石漠化区是全国水能资源较为丰富的地区，其地处珠江和湘江上游，并且境内有左江、右江、红水河等主要河流。红水河水能资

---

[1] 王有强，司毅铭，张道军.流域水资源保护与可持续利用[M].郑州：黄河水利出版社，2005.

源占滇桂黔石漠化区总量的68%，河流开发规划总长1050千米，总落差760米，可以用来修建高库大坝，目前已修建天生桥一级和二级电站。天峨县境内已修建完成的龙滩电站，设计蓄水位400米，坝高216.5米，坝顶长度836米，库容273亿立方米，装机容量630万千瓦，年发电量187亿千瓦·时，是红水河梯级规划中最大的"龙头"电站。

贵州省地处长江水系乌江流域和珠江水系北盘江流域的分水岭地带，分水线为乌蒙山脉东支岭脊和苗岭山脉西端岭脊，分水线以北的长江水系以乌江、三岔河、清水江、舞阳河为干流，分水线以南的珠江水系以北盘江、南盘江、红水河、都柳江为干流。片区大小河流千余条，地表和地下河网都很发达，主要由大气降水补给，属于雨源型山区河流，年降水丰富、径流量大、落差高、水能资源丰富。

（四）滇桂黔石漠化区矿产资源禀赋

滇桂黔石漠化片区拥有丰富的矿产资源，主要包括猛、锑、煤炭、铝土、重晶石等，是我国矿产资源富足区之一。其中，广西片区的河池、百色、崇左是滇桂黔石漠化区资源富集区，具有丰富的矿藏资源，因其矿种丰富、分布广、储量大、质量好，特别是有色金属资源丰富等特点而闻名。铝土矿和锰矿储量巨大，有色金属、稀土等资源储藏量居全片区前列，有"有色金属之乡"之称。

位于贵州片区的毕水兴能源资源富集区是贵州省化工原料加工、能源资源开发以及黄金产地。当前，此片区已探明储量的矿种达50余种，其中重晶石和磷矿储量为全国第一，黄金产量（主要集中在黔西南州境内，以此黔西南州被中国黄金协会命名为"中国金州"）为全国第一，煤和锑的储量为全省第一，石英砂储量位居全省前三位。

位于云南片区的文山壮族苗族自治州，因其矿产多、品位高、储量大、有色金属资源丰富，被誉为"有色金属王国中的王国"。目前已经发现和探明的金属和非金属矿产已达670个矿点，其中锑储量位居全国第二，锡储量位居全国第三，锰储量位居全国第八，铝土储量位居云南榜首。

丰富的矿产资源是滇桂黔石漠化区重要的经济发展资源，可为滇桂黔石漠化区带来可观的经济收益。伴随着经济发展进程，劳动力必然会从农业再到工业再到服务业[①]。产业结构的优化必然是从农业逐渐向工业转移开始，第一产业在国民经济结构中会逐渐降低，工业的比重会逐渐增加[②]。自给自足的区域经济经过乡村工业与农业生产结合阶段逐步向工业化阶段转变[③]。因此，区域政府要使产业结构升级，调整方向也必然是首先加大第二产业力度，从实现区域工业化开始。滇桂黔石漠化区矿产资源的存在是该地区工业化的基本保障。因此，矿产产业的发展可以为此地区打下坚实的工业化基础。广西石漠化区片区因属于桂西资源富集区，所以工业发展较快。2015年末，规模以上工业共有831家，规模以上工业增加值为2291.4亿元，第二产业占GDP的比重37.5%。贵州片区的35.0%，云南片区第二产业比重为10.4%，都低于全国40.5%平均水平，第二产业还需要加快发展。

矿产产业利润高、收益快，可以迅速脱贫，政府也能得到更高的财政收入。有了财政收入，政府才能改善农村基础设施，加大科技投入，带动更多产业发展，形成良性循环。矿产资源另一大优势在于与其他产业关联性更强。赫希曼认为在支柱产业的选择上，多为基础资源产业，其中一个重要的原因就是这种产业与其他产业关联性更强[④]。矿产产业产业链长，可以发展多种模式，就铝矿而言，可以发展铝合金建筑型材，附加值高的深加工产品如铝板带、铝箔、铝合金压铸件、泡沫铝合金装饰材料，与其他同类产业产生差异，不易受到同类产品的冲击。

值得注意的是，丰富的矿产资源在带来经济效益的同时，也可能形成"资源诅咒"。所谓"资源诅咒"是指丰裕的自然资源有时候对一个国家或地区长期的经济增长并非有利，有时反而会限制或妨碍国家或地区经济增

---

① Clark C. The Conditions of Economic Progress[M]. London: Macmillan, 1957.
② 西蒙·库兹涅茨.各国的经济增长[M].北京：商务印书馆，2011.
③ Hoover E M, Fisher J L. Research in regional economic growth[M/OL]//Problems in the study of economic growth. Massachusetts: National Bureau of Economic Research, 1949[2023-08-02].
④ 赫希曼.经济发展战略[M].北京：经济科学出版社，1992.

长[①]。自 20 世纪 90 年代以来，以 Sachs 和 Warner、Gylfason 为代表的一些学者通过实证考察发现，相当多的资源丰裕国家和地区均陷入资源优势陷阱而导致经济增长放缓甚至停滞不前，可能的解释是：农业和原材料的生产迟早会进入报酬递减阶段，从而无法支撑长期增长和实际工资提高[②]。以滇桂黔石漠化区的河池市为例，河池拥有丰富的矿产资源，凭借资源优势，河池的人均 GDP 与广西壮族自治区的人均 GDP 水平差距在不断缩小（图 5-2），然而河池与广西壮族自治区的农村居民纯收入差距却没有出现收敛的趋势（图 5-3）。这表明，河池市的矿产资源开发并未起到预期的作用，河池市的"资源诅咒"在一定程度上是存在的。

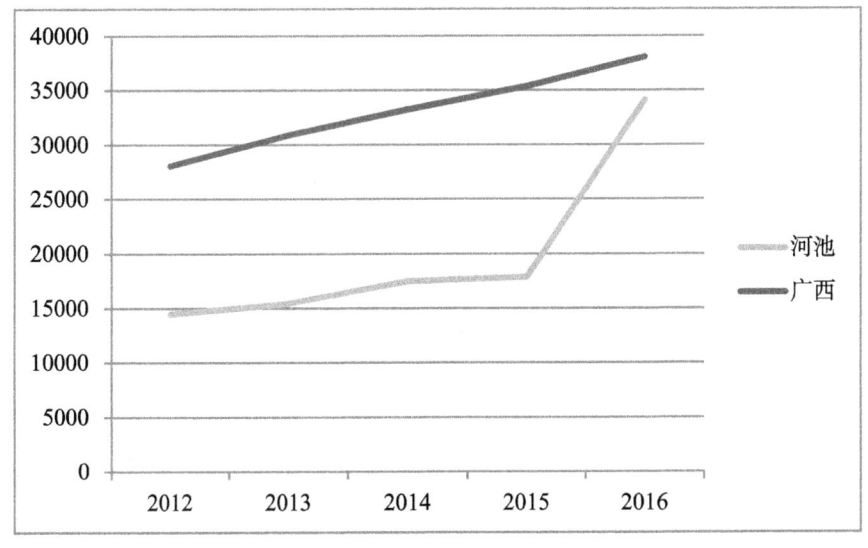

图 5-2　河池与广西壮族自治区人均 GDP 对比（单位：元）

资料来源：根据《广西统计年鉴 2017》《云南统计年鉴 2017》和《贵州统计年鉴 2017》计算而得。

---

① Auty R M. Resource Abundance and Economic Development[M].Oxford：Oxford University Press, 2001.
② 埃里克·S. 赖纳特. 富国为什么富 穷国为什么穷 [M]. 杨虎涛，等译. 北京：中国人民大学出版社，2013.

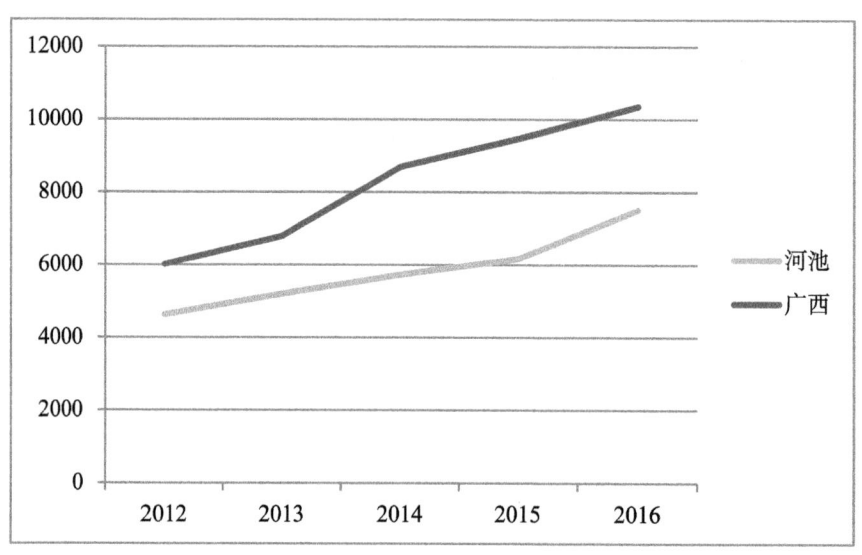

图 5-3　河池与广西壮族自治区居民纯收入对比（单位：元）

资料来源：根据《广西统计年鉴 2017》《云南统计年鉴 2017》和《贵州统计年鉴 2017》计算而得。

此外，滇桂黔石漠化区除了农业价值链处于低端环节之外，工业生产能力较弱，以至于无法将矿产、旅游、能源资源等优势转为产业优势。区域内产业的相似性与单一性导致行业进入门槛较低、产业利润空间小，大部分产业处于价值链低端，一定程度上已经陷入"底部竞争"的困境[①]。滇桂黔石漠化片区 91 个县、区自然环境相似性很大。因此，该地区禀赋结构重复性较高，农业产业相似度较高，禀赋优势在底部竞争格局中可能转变为禀赋劣势，进一步恶化滇桂黔石漠化区的经济环境。一个地区的优势产业和支柱产业如果没有发展起来，那么整个地区的产业体系就无法形成，就无法支撑人均收入的持续提高。

（五）滇桂黔石漠化区生物与森林资源禀赋

滇桂黔石漠化区是长江、珠江流域重要的生态功能区，森林覆盖率

[①] 杨虎涛，杨威. 另类教规：如何另类？能否另类？——演化发展经济学的全球化理论及其可行性 [J]. 经济社会体制比较，2008（5）：54-59.

高达47.7%。生物多样性具有十分重要的作用，主要表现在几个方面：（1）生态多样可以为生产发展提供原材料；（2）多样性的生态系统有助于环境功能的发挥，如土壤肥力的保持；（3）我们可以从多样性的生态系统中获得舒适性服务；（4）生态多样性是农业发展的良性环境条件。生态多样性是地域环境免遭破坏的最强保障。①

滇桂黔石漠化区片区以百色市为例，百色市森林资源丰富，山清水秀、空气清新、风光秀丽，森林覆盖率达68.5%，面积居滇桂黔石漠化区第1位，是国家森林城市。2016年全域完成植树造林总面积4.31万公顷，增长9.2%，完成人工造林面积2.18万公顷，下降12.4%。全市森林面积244.35万公顷，建有林业自然保护区18个，森林覆盖率67.4%。活立木蓄积量12300.19万立方米，自然保护区面积38.14万公顷，其中国家级自然保护区4个。

以贵州片区为例，2011年末，片区森林覆盖率为51.57%。其中，黔东南州的森林覆盖率最高，为62.78%，是全国28个重点林区之一，素有"森林之州"的美誉，拥有8个省级林业重点县，占全省林业重点县个数的80%，锦屏县和黎平县被列为国家级林业百强县。片区内包括1处世界文化自然遗产，2个国家级自然保护区，6个国家地质公园，11个国家级风景名胜区，11个国家森林公园。片区内野生植物种类繁多，国家一、二、三级保护树种中，黔东南州37种，黔西南州20余种，黔南州25种，六盘水市19种；药用植物中，仅安顺市就有2000多种，其中重点中药材406种，覆盖全国统一普查的重点中药材品种的89%，而黔东南州的中药材总蕴藏量达1080万吨，占贵州省中药材总量的60%。片区内野生动物近千种，国家一、二、三级保护动物中，六盘水市20种，黔东南州10余种，黔南州31种。

---

① 罗杰·珀曼.自然资源与环境经济学[M].侯元兆，等译.中国经济出版社，2002.

二、滇桂黔石漠化区物质资源禀赋基础

物质资本是经济发展的基础，一个地区的自然资源只是意味着该地区有发展某种产业的潜力，要把潜力转化为现实从而实现经济效益，还需要有相应的物质基础作为支撑。物质资源禀赋决定了能否把相应的自然资源禀赋转化为产业禀赋。也即，物质资源禀赋结构决定了自然资源转化为相应产品的能力。

（一）滇桂黔石漠化区经济发展状况

一个地区的物质资源禀赋，主要决定于该地区的经济发展状况。资本之所以称为经济发展的核心问题，是因为资本积累是经济发展的核心事实[1]。无论是胡佛–希尔的区域经济增长阶段理论，还是罗斯托的起飞阶段论，无一例外的是，都把资本的积累看作经济发展的先决条件。

就广西而言，石漠化片区地区生产总值由 2010 年的 1460.76 亿元增长到 2015 年的 2333.53 亿元，占全省 GDP14%；石漠化片区财政保障能力大幅增强，2015 年财政收入达到 254.23 亿元；2015 年全社会固定资产投资为 2146.7 亿元；城乡居民生活水平显著提高，2015 年城镇居民可支配收入 20020.17 元，农民人均纯收入 6224.72 元，城乡居民收入差距较大，其中农村居民纯收入最高的是融安县 9245 元，最低的是那坡县 4962 元，远低于全国农村居民人均收入 10772 元。2015 年，广西石漠化片区人均地区生产总值 20433 元，为全省人均 GDP 的 58%，全社会固定资产投资达 2233.2 亿元。三次产业结构由 2010 年的 24.6：47.9：27.5 调整为 2015

---

[1] Lewis W A.Economic Development With Unlimited Supplies Of Labour[J]. Manchester School, 1954, 22: 139–191.

年的 27.2 ∶ 37.5 ∶ 35.3，二产比例下降，一产、三产比例上升。

以贵州地区来看，2015 年，贵州省石漠化片区地区生产总值 3731.57 亿元，占全省 GDP 的 35.5%；人均地区生产总值 27721 元，为全省人均 GDP 的 93%。规模以上工业增加值 1091.68 亿元，一、二、三产结构比例为 17.7 ∶ 35.0 ∶ 47.3。一般公共预算收入 6354.11 亿元，一般公共预算支出 1116.37 亿元，农村常住居民每年人均可支配收入 7245 元。

以云南片区为例，2015 年，石漠化区总面积 40793 平方千米，地区生产总值 1004.338 亿元，占整个云南省的 7.3%，贫困人口由 115 万减少至 54 万人，农民人均纯收入从 3109 元增加到 8548 元。在产业发展方面，第一产业增加值 245.6 亿元，第二产业增加值 104.3 亿元，三次产业比例分别为 24.5 ∶ 10.4 ∶ 65.1。2015 年，共实现公共财政收入 81.8 亿元，各项税收为 48.6 亿元。工业方面，规模以上工业企业共 277 个，实现总产值 666.3 亿元。农业方面，2015 年农业机械总动力为 355 万千瓦，仅占全省农业机械总动力的 10.7%。

滇桂黔石漠化区的经济发展状况表明，虽然经过多年的扶贫攻坚，资本积累瓶颈仍然没有从根本上得到缓解。美国学者纳克斯认为，资本的匮乏阻碍着贫困地区的发展。这种阻碍主要从两个方面产生：从供给侧来看，低收入意味着低储蓄能力，储蓄能力的不足引起资本形成能力不足，资本形成不足就无法提高生产率，从而进一步影响收入；从需求侧来看，居民的低收入水平对应低购买力，低购买力引起资本引诱不足，资本引诱不足使生产率难以提高[1]，如图 5-4 所示。

较低的经济发展水平也会制约区域支柱产业的发展。一个区域的发展，必须要形成支柱产业，赫希曼认为"发展是一种平衡的连锁演变过程[2]。"1950 年，佩鲁首次提出增长极的概念[3]，之后布德维尔认为，增长极分两种，一种是支柱产业，另一种是条件优越区域[4]。支柱产业的发展要

---

[1] 纳克斯. 不发达国家的资本形成问题 [M]. 北京：商务印书馆，1966.
[2] 赫希曼. 经济发展战略 [M]. 北京：经济科学出版社，1992.
[3] 佩鲁. 略论增长极概念 [J]. 经济学译丛，1988（9）：23-30.
[4] Boundeville J R.problem of regional development[M].Edinburgh：Edinburgh University Press, 1996.

根据现有的自然资源禀赋发挥优势。然而仅有自然资源禀赋还不能有效地发展支柱产业。地区支柱产业的发展的前提之一是克服资本约束，政府在对支柱产业加以扶持时，最重要的是资金上的支持[①]。

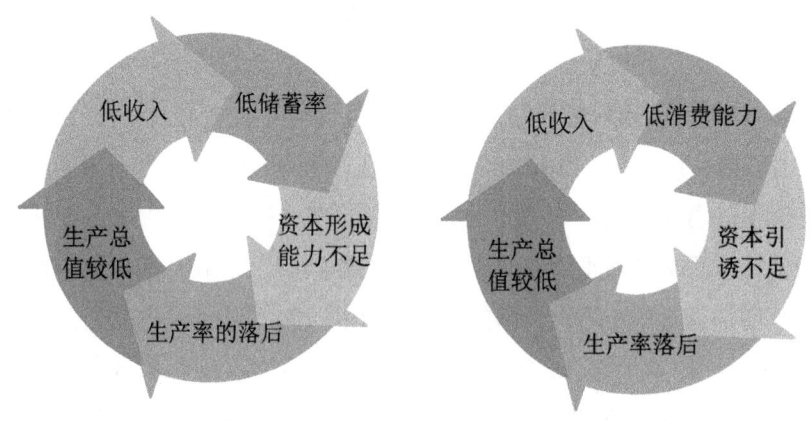

图 5-4　贫困循环的"供给因素"与"需求因素"

经济发展不足也会使政府财政处于紧张状态。如图 5-5 所示，2016 年广西 14 个地级市中，河池、来宾、百色、崇左这 4 个地处滇桂黔石漠化区的市级财政收入在全省落后。财政收入的硬约束，使得地方政府难以对经济社会发展的各个方面都进行大力支持，必然会有所取舍。以河池市为例（图 5-6），从河池市 2016 年的财政支出结构来看，该市的教育投入占大头，而科学技术财政支出则很少。环境库兹涅茨曲线表明，环境质量随着经济增长的积累呈先恶化后改善的趋势[②]。这意味着污染在低收入水平上随人均国内生产总值增加而上升，在高收入水平上随国内生产总值增长而下降。河池属于资源富集区，拥有丰富的矿产资源。然而，在矿产生产中，由于技术的缺乏，在整个产业链中处于低端，产业利润得不到保障。利润不足造成没有足够的财政收入支持生态环境保护，从而容易产生生态环境恶性循环。

---

① 王辰. 主导产业的选择理论及其实际运用 [J]. 经济学动态，1994（11）：39–42.
② Grossman G M, Krueger A B. Environmental Impacts of a North American Free Trade Agreement[J]. Social Science Electronic Publishing, 1991, 8（2）：223–250.

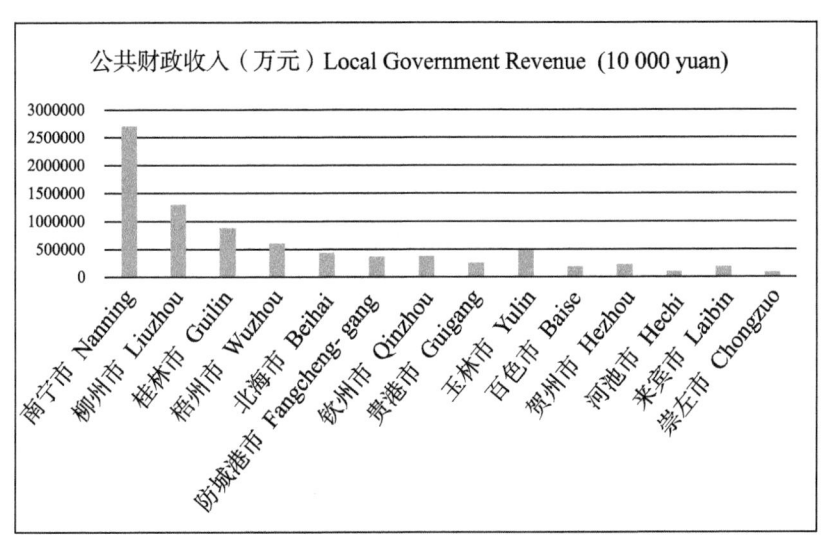

图 5-5　2016 年广西各市财政收入（单位：万元）

资料来源：《2017 广西统计年鉴》

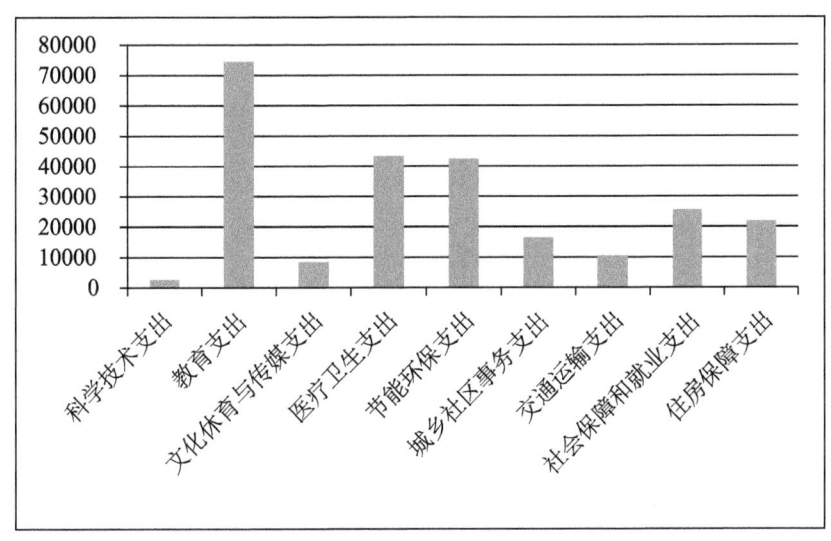

图 5-6　2016 年河池市财政支出分配（单位：万元）

资料来源：《2017 广西统计年鉴》

2019 年广西壮族自治区人民政府《广西壮族自治区人民政府关于同意龙胜各族自治县等 14 个贫困县脱贫摘帽的批复》（桂政函〔2019〕52 号）同意，广西的龙胜各族自治县、资源县、田阳县、田东县、西林县、宁明县、大新县、平果县、河池市金城江区、天峨县 10 个贫困县区脱贫摘帽。贵州省人民政府正式批准滇桂黔石漠化片区的六枝特区、普定县、丹寨县、麻江县、施秉县、镇远县、三穗县、雷山县、贵定县、惠水县和安龙县 11 个县（区、市）退出贫困县序列。据云南省 2018 年贫困县退出新闻发布会消息，通过第三方评估机构实地评估检查以及省委、省政府研究，同意曲靖市的师宗县，文山州的砚山县、西畴县，红河州的泸西县退出贫困县。

以石漠化比较严重的河池市为例，如表 5-1 所示，河池市 2012 年到 2016 年期间，人均 GDP 分别为 14472、15440、17467、17841、34077 元。其中 2012—2014 年，河池市的人均 GDP 在全省落后，无论人均生产总值还是发展速度都低于全省的平均水平。

表 5-1　河池、广西 2012—2016 年人均 GDP 和农民人均纯收入（单位：元）

	2012 人均 GDP	2012 农民人均纯收入	2013 人均 GDP	2013 农民人均纯收入	2014 人均 GDP	2014 农民人均纯收入	2015 人均 GDP	2015 农民人均纯收入	2016 人均 GDP	2016 农民人均纯收入
广西	28069	6008	30873	6791	33237	683	35330	9467	38027	10359
河池	14472	4620	15440	5198	17467	5723	17841	6164	34077	7509
差距	1359	1388	15433	1593	15770	2960	17489	3303	3950	2850

资料来源：根据《2013、1014、2015、2016、2017 年广西统计年鉴》计算而得

（二）滇桂黔石漠化区基础设施建设

滇桂黔石漠化区经过多年的发展，物质资源已得到极大改善。其中基础设施建设是物质资源的重要组成部分，滇桂黔石漠化区在基础设施建设上取得了长足的进步。基础设施的发展水平，对生产部门的生产效率，以及整个地区的经济发展具有根本性影响。罗斯托的"经济增长阶段论"认为，基础设施投资对于经济发展由传统社会进入起飞阶段和此后工业化的展开是至关重要的，政府要为生产力发展提供社会基础设施保障[①]。以巴罗、卢

---

① 罗斯托.经济增长的阶段[M].北京：商务印书馆，1962.

卡斯为代表的新增长理论认为：政府公共品的支出也是企业的一种资本品，生产率的提高直接依赖于劳动力教育、研发投入、高速公路总量及基础设施资本[①]。之后 Aschauer 在研究美国总生产率和政府支出的关系后发现，政府公共部门的基础设施投资对经济总产出有着巨大的贡献，估计的公共资本的产出弹性为 0.39，而该国 1971—1985 年全要素生产率下降的主要原因是公共资本增速降低所致[②]。这些研究都表明，基础设施作为物质资本的重要组成部分，对经济的发展有着极其重要的影响。

在基础设施建设上，以滇桂黔石漠化区的广西片区为例，2015 年广西片区常住人口城镇化率达到 30.3%，城区道路网络建设加快，配套设施建设逐步完善，新建和改建的市政道路全部配套实施了给排水、绿化、亮化等工程，城区污水收集率明显提升，污水处理率达 60%，垃圾定点存放清运率达到 100%，无害化处理率达到 70%。同时，广西区公路已通达建制村由 2010 年的 4765 个增长到 2015 年的 4813 个，已通畅建制村由 2010 年的 2282 个增长到 2015 年的 4611 个。通电的自然村占全部自然村的比重 98%。2015 年底，片区垃圾及污水处理场由 2010 年的 745 处增加到 2015 年的 2513 处。与此同时，贵州片区、云南片区基础设施建设也相应取得较大进步。

基础设施的发展对滇桂黔石漠化区发展影响重大。这种影响主要体现在以下几个方面。

第一，基础设施的发展对部门发展产生影响。基础设施如水、电等可以直接投入生产过程，并且消费者在使用基础设施时会支付一定费用，因此随着滇桂黔石漠化区基础设施的改善，生产水平会相应提高。此外，由于公共资本和私人资本的互补性，良好的基础设施可以降低投入品的成本，提高产品品质与服务，增加区域的产出和需求，通过需求增长带动区域发展。随着滇桂黔石漠化区基础设施的发展，可以降低企业成本，提高投资回报率，为企业提供一个良好的投资环境。

---

① 杨军.基础设施对经济增长作用的理论演进[J].经济评论，2000（6）：7-10.

② Aschauer D A.Is Public Expenditure Productive? [J].Journal of Monetary Economics, 1989, 23: 177-200.

第二，基础设施的发展会对社会发展产生影响。首先，滇桂黔石漠化区主要表现为人均收入水平较低，良好的基础设施会提高生产效率，从而提高工资水平，一方面可以改善当地居民收入，另一方面可以吸引劳动力进入，尤其是高级人力资本进入，提高区域收入。基础设施建设的工资支出可以刺激地方需求，进一步提高区域收入。与此同时，良好的基础设施建设可以提高滇桂黔石漠化区的通达性，可以更方便进入各种消费品市场，这样，企业可以通过适当的投入相对提高产出价格，工业也提供多种就业机会，企业和工人都有望获得收入增长。最后，基础设施是一项重要的消费项目，加强滇桂黔石漠化区的基础设施建设可以提高该地区人民福利，提高他们的幸福感。

第三，交通基础设施对于要素流动的重要性。交通运输是最基本的区位影响因素，美国学者艾萨德指出：经济生活中，运输工具普遍影响着经济活动的进步及工业布局的改变[①]。以广西为例，2015年，广西片区公路总里程已达42184千米，片区实现了市市通高速公路。其中，国道2217千米、省道3481千米、县道10810千米、乡道7731千米、村道17800千米、专用公路145千米。贵州片区普通国道二级以上公路比例达到50.3%，建制村通沥青（水泥）路率达到72.4%，实施了一批农村公路安保工程、危桥改造工程和隐患治理工程，交通基本公共服务主要指标与全省及全国的差距大幅缩小。公路交通的修建极大地提高滇桂黔地区资源流通的速度，加快了该片区的旅游业、工业的发展，极大地改善城市和区域的通达性[②]，促进了经济活动并且改变该地区产业的布局。

滇桂黔石漠化区既是经济欠发达地区，也是生态环境脆弱地区，生态环境的脆弱性为滇桂黔石漠化区经济发展带来诸多不确定性。因此，滇桂黔石漠化区的物质资本积累应当重点考虑区域经济的可持续发展。可持续发展是一种新的发展观，它的基础是自然持续发展，任务是经济持续发展，

---

① Lsard W. Location and Space-economy[M]. Cambridge: MIT Press, 1968.
② 注："通达性"是经济学、社会学、地理学广泛使用的概念，用以衡量某个区域的交通运输条件，包括移动距离、时间和所涉及的费用。它是衡量区域交通运输发达程度和通达性能的重要指标（魏后凯，2016）。

目的是社会持续发展[①]。因此,有学者提出把自然资源的合理利用与环境保护纳入主导产业选择的社会指标体系[②]。良好的生态环境可以为发展生产力提供良好的生产环境,只有保护和改善自然生态环境才能够促进少数民族地区经济持续、稳定和协调发展,因为良好的自然生态环境是经济发展的条件和物质基础[③]。

以滇桂黔石漠化区广西片区为例,截至"十二五"末,广西片区累计治理石漠化面积2830平方千米,治理水土流失面积1056平方千米,片区森林覆盖率达到66.93%,比"十一五"末提高4.13个百分点。片区人工造林和封山育林总投资2.27亿元,新增石漠化治理面积18296.9公顷。2011—2014年广西农村环境综合整治项目在滇桂黔石漠化片区共投入资金3.3968亿元,在28个县(市、区)实施了162个村庄环境整治,有效改善了村庄环境面貌[④]。"十二五"期间,贵州片区内生态环境得到更好的修复和保护、石漠化得到有效治理,森林覆盖率从2010年的51.57%提高到2015年56.24%,区域生态环境逐年好转。云南片区在生态环境治理上,"十二五"期间,片区累计投入项目资金1632亿元,实施岩溶治理面积430平方千米,新增节水灌溉面积188万亩,森林覆盖率由31%提高到42.5%。

(三)滇桂黔石漠化区旅游资源禀赋

美国人类学家史密斯把旅游分为五种:民族旅游、文化旅游、历史旅游、环境旅游和娱乐性旅游。[⑤]其中文化旅游主要是以风土人情来吸引游客。滇桂黔是少数民族聚集地,区域内有民族自治地方县(市、区)83个,有壮、苗、布依、瑶、侗等14个世居少数民族,民族文化底蕴深厚,民俗风情浓郁,民间工艺丰富,侗族大歌和壮锦、苗族古歌、布依族八音坐唱等非物质文

[①] 魏后凯. 现代区域经济学[M]. 北京:经济管理出版社,2016.
[②] 戴宾,秦薇. 区域主导产业选择的社会标准及其应用[J]. 社会科学研究,2001(3):37-40.
[③] 李竹青. 民族地区的生态环境与经济发展[J]. 贵州民族研究,1996(1):30-39.
[④] 区发展改革委地区经济处. 滇桂黔石漠化片区区域发展与脱贫攻坚广西实施规划(2016-2020)[EB/OL].(2018-03-15)[2023-08-02].
[⑤] 瓦伦·L. 史密斯. 东道主与游客:旅游人类学研究[M]. 张晓萍,等译. 昆明:云南大学出版社,2001.

化遗产色彩斑斓。其中滇桂黔石漠化区片区有壮、汉、瑶、苗、侗、仫佬、毛南、回、彝、水、仡佬11个世居民族，少数民族人口占片区人口总数的81.62%。有9个少数民族自治县，占滇桂黔民族县总数75%。红土地文化、红水河文化、铜鼓文化等文化资源丰富。

贵州片区区内居住着苗族、侗族、布依族、水族、土家族、仡佬族、白族、回族、彝族、瑶族等少数民族，有4个少数民族自治县，常住少数民族人口673.74万人，占片区内常住总人口的50.5%。其中，黔东南州雷山县千户苗寨最为著名，是一个保存苗族"原始生态"文化最完整的地方，由10多个自然村寨连接而成，是中国最大的苗族聚居村寨，是最好的领略和认识中国苗族漫长历史与发展之地。西江每年的苗年节、吃新节、十三年一次的牯藏节等均名扬四海；西江有远近闻名的银匠村，苗族银饰全为手工制作，具有极高工艺水平。

云南片区以文山州为例，文山州居住着汉、壮、苗、彝、瑶、回、傣、布依、蒙古、白等20多个民族，总人口数为370万人，人口密度为每平方千米115人。其中少数民族人口194.3万人，占总人口的56.6%。文山州有11个世居民族，在长期历史发展中，各民族形成了独特的节日文化和风俗。其少数民族节日主要有壮族的春节、苗族的花山节、彝族的火把节、瑶族的花山节。民族文化的多样性形成了滇桂黔石漠化区独特的民族文化旅游资源。民族文化旅游资源价值体现为三部分：第一部分是民族文化手工艺品的销售；第二部分是大力发展文化旅游；第三部分是对民族文化传承与保护。

滇桂黔石漠化区少数民族众多、分布较广、文化多样，带来巨大文化旅游潜力，意义重大。第一，民族文化产业带来经济效益的同时，也有效保护了少数民族文化。在过去，少数民族手工艺品鲜为人知，无法给当地人民带来收益，因此产生了传承危机。民族文化产业的发展给当地少数民族居民带来可观收益的同时，使当地青年了解到其中的价值，会主动寻求传承发展。第二，发展民族文化产业符合当代精神。文化是一个国家、一个民族的灵魂。国运兴文化兴，文化强民族强。没有高度的文化自信，没有文化的繁荣兴盛，就没有中华民族伟大复兴。要坚持中国特色社会主义文化发展道路,激发全民族文化创新创造活力,建设社会主义文化强国。第三,马克思曾经讨论过民族文化,他认为各民族的文化在相互影响的过程中传播范围会越来越大,并且会随着逐渐完善的生产方式和适宜的分工而越来越深入,历史也会在更大程度上成为全世界的历史[1]。这意味着,少数民族发展的趋势必然是融入世界,少数民族文化产业的发展符合这一趋势。

格林伍德认为:"一味地谈论传统是不可取的,因为所有的文化都是在不断地变化。我们所看到的某些解构或许正是建构。"[2] 民族文化需要开放,民族文化产业的发展在一定程度上可以对少数民族文化传承形成保护,可以提高少数民族文化的知名度,可以寻求到外界力量的帮助,例如借助电影、综艺等形式来保护和传承少数民族文化。少数民族文化产业是一种可持续的健康产业,如果保护得当,可以持续为当地带来经济收入。目前,少数民族文化产业得到良好发展,如滇桂黔石漠化区的三江侗族自治县以侗族文化形成的旅游路线,包括 4A 级景区程阳侗族八寨、三江县大侗寨;贵州的千户苗寨景区等。

三、滇桂黔石漠化区人力资本禀赋基础

人力资本是社会总资本的一部分,它凝结在劳动者身上,是用体力和脑力劳动者的质量和数量表示的资本[3]。人力资本是一项重要的生产要素,诺贝尔经济学奖获得者罗默在《基于专业化的收益递增式增长》一文中首次将人力资本纳入生产要素进行分析。与物质资本和自然资源生产要素不

---

[1] 马克思,恩格斯. 马克思恩格斯选集:第一卷 [M]. 北京:人民出版社.1995

[2] Greenwood D J. Culture by the pound: An anthropological perspective on tourism as cultural commoditization[J]. Culture by the pound: an anthropological perspective on tourism as cultural commoditization, 1989 (Ed. 2): 171–185.

[3] 舒尔茨. 人力资本投资——教育和研究的作用 [M]. 北京:商务印书馆,1990.

同，人力资本是一种积累性的资本，是一种经济发展的能动因素①。

人力资本的主要来源之一是教育。赫克曼认为教育是区域人力资本形成的过程（赫克曼，2003）。教育既是一项消费活动，也是一项生产性活动，它为受教育的人提供满足，而且在教育的过程中，人们的能力随之增强，人们在未来的发展中也可获得更高的收入，所以也可将其看作是一项投资活动②。舒尔茨在《改造传统农业》一书中首次从人力资本－教育投资的角度，指出了提高农村劳动者素质的重要性③。萨缪尔森认为在教育和在职培训等方面的投资能加快人力资本增长④。

纵观滇桂黔石漠化区，与全国九年义务教育巩固率的平均水平相比低了9.8%，人均受教育年限较平均水平少了1年。2011年末，片区九年义务教育巩固率只有73%，高中阶段毛入学率只有56%，表现为高中以上文化人口比例偏低。经过多年的扶贫攻坚发展，滇桂黔石漠化区教育事业已取得巨大进步。从各个教育阶段来看，学前教育、义务教育及高中教育水平都有显著提高。从滇桂黔石漠化区贵州片区来看，2015年，贵州片区小学学龄人口入学率99%，九年义务教育巩固率84%，高中阶段毛入学率82%；以滇桂黔石漠化区广西片区为例，截至2016年普通中学在校学生数495505人，中等职业教育学校在校学生数41704人，小学在校学生数823325人。2015年，滇桂黔石漠化区云南片区普通中学在校人数293607人，中等职业教育学校在校人数36273人。这些指标虽然已取得了长足进步，但整体而言仍低于全国平均发展水平。因此，可以说文化教育依然是制约滇桂黔石漠化区发展的主要因素。

文化教育的影响是多方面的。一方面，土地资源是影响农业可持续发展的关键因素，土地流转是农业振兴的一项重要选择。农业发展需充分发挥区域比较优势，而农业规模化经营是实现区域比较优势的重要手段。实

---

① Harbison F H.Human resource as the wealth of nationp[M]. Oxford：Oxford University Press, 1973.
② 西奥多·舒尔茨.人力资本投资——教育和研究的作用[M].北京：商务印书馆，1990.
③ 西奥多·舒尔茨.改造传统农业[M].北京：商务印书馆，2006.
④ 萨缪尔森.萨缪尔森辞典[M].陈迅，白远良，译.北京：京华出版社，2001.

现区域农业生产规模化经营,建立有效的土地流转制度尤为重要[1]。有效的土地流转可以促进资源的有效配置,提高农业生产率,文化教育水平提高可以促使群众逐渐摆脱恋土情结、小农意识,方便土地流转,促进现代产业发展。另一方面,社会的发展差异在很多情况下不是外因作用,而是由于内因。美国学者阿基里斯提出的不成熟-成熟理论认为:一个健康的人是从不成熟到成熟的,这是一个自然发展的过程,但是不一定每个人都能达到完全成熟,这是因为周围环境限制了人的发展[2]。文化教育的不足使当地农民缺乏内生发展动力。

此外,滇桂黔石漠化区是矿产资源富集区,可以围绕矿产资源形成工业体系。但是,由于文化教育所限,当地农民的知识储备无法达到工业作业的基本技能要求,因此工业产业的发展无法完全吸纳当地农村剩余劳动力,企业产生的利润被其他地方的人获取,当地农民并没有因为工业的发展而完整受益。人力资本不仅仅是在教育方面,其中健康也是人力资本的一项重要内容。健康要素主要指的是一种物质基础,使人的知识、精神能够依附其中[3]。舒尔茨认为相较于物质、劳动力数量的增加,提高人力资本更能推动经济增长,而人力资本包含了人的知识、能力、健康等要素[4]。由此可见,健康是人力资本质量因素之一[5]。

以前,卫生与社会保障事业发展能力不足,也是滇桂黔石漠化区人力资本不足的制约因素。经过多年发展,通过狠抓开发扶贫保障支撑工程,推动农村地区文化、卫生等社会事业快速发展,逐步实现保障公共服务的基本需求,卫生计生、民政、社会保障等各项社会事业取得新成效。以滇桂黔石漠化区云南片区为例,2015年城乡居民养老保险参保人数达489.50万人;

---

[1] 马晓河,崔红志.建立土地流转制度,促进区域农业生产规模化经营[J].管理世界,2002(11):63-77.

[2] Argyris C .The Individual and Organization:Some Problems of Mutual Adjustment[J]. Administrative Science Quarterly, 1957, 2(01):1-24.

[3] 魏后凯.现代区域经济学[M].北京:经济管理出版社,2016.

[4] 西奥多·舒尔茨.人力资本投资——教育和研究的作用[M].北京:商务印书馆,1990.

[5] 李建民.人力资本通论[M].上海:上海三联书店,1999.

新型农村合作医疗保险参合人数达435.7万人；完成农村危房改造36513户；行政村有合格卫生室的覆盖率达93.1%。同时，滇桂黔石漠化区云南片区普通中学在校人293607人，中等职业教育学校在校人数36273。在社会医疗方面，医疗卫生机构床位数增加至17545床，各种社会福利收养性单位数52个[①]。贵州片区医疗事业也取得较大进步，其中每千人有医护人员2.5人、病床2.4张；所有乡设立了卫生院，所有行政村建立了卫生室，所有卫生室安排了合格村医，新型农村医疗合作参合率达到95%以上。

除了教育和健康，劳动力数量则是人力资本的第三种表现形式。2016年，滇桂黔石漠化区第二产业从业人员总数为1923189人，其中广西片区为849173人，占广西壮族自治区第二产业从业人数的32.8%；贵州片区为924349人，占贵州省第二产业从业人数的27.2%；云南片区149667人，占云南省第二产业从业人数的4.3%。由此可见，滇桂黔石漠化区第二产业劳动力缺乏。对于这种劳动力缺乏的原因，刘易斯认为：发展中国家存在二元经济结构，一个是传统农业部门，一个是现代城市工业部门，受高工资水平的吸引，劳动力的流动是从传统部门到现代城市工业部门，导致传统部门劳动力缺失[②]。对此，新古典经济学家给予了解释，认为劳动力缺乏是因为区域之间的迁移造成的，强调城市之间经济收益预期的差异是决定劳动力迁移的主要原因[③]。许多实证研究表明，中国劳动力的迁移是对经济刺激的理性考虑，大城市高工资、高生活质量吸引着其他区域劳动力迁移[④]。滇桂黔石漠化区第二产业劳动力缺失的重要原因之一是因为靠近广东、湖南等地，尤其是广东，经济收益的差距导致滇桂黔石漠化区劳动力迁移。青壮年劳动力大多外出务工，留守居民基本都是老人和小孩，农村

[①] 国家统计局. 2016年国家县域统计年鉴[M]. 北京：中国统计出版社. 2018，06.

[②] Lewis W A. Economic Development With Unlimited Supplies Of Labour[J]. Manchester School, 1954（22）: 139–191.

[③] Todaro M P. A model of labor migration and urban unemployment in less developed countries[J]. American Economic Review, 1969, 59（01）: 138–148.

[④] Li W L, Li Y. Special Characteristics of China's Interprovincial Migration[J]. Geographical Analysis, 1995, 27（02）: 137–151.

居民文化程度整体较低,农村劳动力缺乏、劳动者素质不高,无法提供产业发展所需的高素质劳动力。

四、滇桂黔石漠化区产业禀赋基础范例

滇桂黔石漠化区经过多年发展,产业已初具规模。其中三次产业比例如表5-2所示。从表中看出,其中广西片区因处于桂西资源富集区,产业以矿产工业为主,因此第二产业的比例最高。广西第三产业在地区GDP的贡献率上远低于全国水平。适应石漠化地区气候、环境的特色农业产业已成为广西石漠化片区发展经济的主要路径。

表5-2 滇桂黔石漠化区三次产业比例与省(区)整体数据对比(单位:%)

	广西片区	广　西	贵州片区	贵　州	云南片区	云　南	全　国
第一产业	27.2	15.3	17.7	15.6	24.5	15.0	9.0
第二产业	37.5	45.8	35.0	39.5	10.4	40.0	40.5
第三产业	35.3	38.9	47.3	44.9	65.1	45.0	50.5

资料来源:《2016年国家统计年鉴》《2016年广西统计年鉴》《2016年云南统计年鉴》《2016年国家县域统计年鉴》《滇桂黔石漠化片区(贵州省)区域发展与扶贫攻坚"十三五"实施规划》《滇桂黔石漠化片区区域发展与脱贫攻坚广西实施规划(2016-2020年)》

按照国务院关于滇桂黔石漠化区的规划,构建滇桂黔地区具有地方特色的现代产业体系,要深度挖掘区域特色资源,调整产业结构,发展集约型产业,向产业链上游延伸拓展,主要涉及农、工、旅游、少数民族文化、现代服务业五个方面。具体来说,农业方面依托滇桂黔石漠化片区喀斯特独特气候、地形环境发展特色农业产业,完善特色农业产业体系;依托现有生物资源、矿产资源,推动初级农产品加工产业、矿产资源加工利用、生物医药产业的发展;围绕喀斯特独特地势打造滇桂黔石漠化片区特色风

景旅游走廊，立足少数民族文化多元性开展具有当地少数民族文化特色的旅游项目，大力发展有区域特色的核心文化产业，努力实现地区文化产业集聚发展；发挥区位优势，以中心城市、重点城镇和边境口岸、产业园区为核心，加快区域性物流中心建设，完善与物流相配套的运输场站、仓储、配送、信息平台等设施建设。从规划中可以看出，政府期待依托滇桂黔喀斯特地貌区独特的气候、地势、环境，充分发挥该地区的比较优势，推动该地区的经济社会全面发展。经过多年的发展，该片区一些地方充分发挥比较优势，发展一批优势产业，带动了当地经济发展。

（一）以三七为代表的特色农业

以三七为代表的中药材是滇桂黔石漠化区云南片区文山州特色优势生物资源。三七属喜阴植物，适宜的环境气温在 18～25℃，喜冬暖夏凉环境，畏严寒酷热，喜潮湿但怕积水。三七产业成为带动该片区经济发展的主要农业产业。其中特色三七产业最具代表性的是文山州三七生物医药健康产业，到 2017 年，文山州三七产业主营业务收入相较于 2016 年增加 140 亿元，达到 260 亿元，企业实力不断增强，工业平台初步形成。

文山州三七产业在发展的过程中，形成了以企业带动产业规模发展的模式，一批三七骨干企业群发展壮大。到 2017 年，全州加工企业共有 14 户，其中，半数以上三七加工企业获得了地区龙头企业、国家高新技术企业及省级著名商标认证等；在专业认证方面，13 家三七加工企业获得 GMP 认证，5 家三七流通企业获得 GSP 认证。这些方面都说明地区的产业发展在向高质量迈进。在三七产业发展的过程中，也在不断进行技术升级以提升产业竞争力。在技术投入方面，三七产业依托企业及有利的政策条件，投资建设了文山三七科技示范园和文山三七资源保护与利用国家地方联合工程研究中心，攻坚产业发展的核心技术，努力实现技术成果向商业成果的转化。同时，在现代科技示范过程中，实现了展示与观光一体化发展。此外，当地相关科研机构也在三七连作障碍研究上取得了初步成果，有利于推动产业高质量发展。目前，文山州已新开发三七花、茎叶特色食品 24 种。

同时，文山三七产业逐步形成市场体系，线下建立交易中心、线上利用电商渠道扩大市场份额,在激烈的市场竞争中站稳脚跟。同时,三七产业发展过程中先后建成三七国际交易中心、三七综合交易市场、鲜三七交易市场,并获得了认可。在发展的过程中逐步形成了文山三七电子商务交易平台,市场交易量与交易额快速增长,拓展了产品销售渠道,构建了促进三七产业健康发展的市场体系。作为国内首屈一指的三七原料交易、集散中心,通过文山市场上市交易的当地三七原料份额高达90%,显著影响到全国的三七行情。国内主流电商平台上,注册销售文山三七的网店约4000家,市场规模较大,三七市场发展进入了一个新阶段。2017年,文山州三七流通业实现销售收入66亿元[①]。

除特色产业外,滇桂黔石漠化区其他片区也依托相应的地理环境、温度、气候等条件,发展具有比较优势的特色农业产业,并形成一定的规模。例如,自2011年以来,贵州西南地区依托资源优势大力发展核桃产业,并建立了核桃产业基地,同时政府的扶植项目也给予了有力支持。贞丰县发展花椒产业;安龙县喀斯特地区发展金银花产业。这些极具喀斯特环境特色的农业产业为滇桂黔石漠化区带来新的希望,既可以有效治理石漠化,也可以使农民增收致富。

(二)以铝矿为代表的矿产工业

滇桂黔石漠化片区拥有丰富的矿产资源,它们成为该地区工业化的主要推力。以百色市平果县为例,平果县矿产资源丰富,其中铝矿藏储量多,属岩溶堆积型铝土矿种,矿体大、品位高、埋藏浅、易开采,被誉为"南国铝都"。平果县已探明矿产资源储量包括铝、铁、锰等21种,其中铝土矿储量达2.9亿吨,占全国的17%,居全国首位。平果县初步形成了以有色金属产业为主导、地方特色农业齐头并进的产业格局,服务业如旅游、商贸等产业规模不断壮大,培育形成了以中铝广西分公司为代表的一批资源加工型龙头企业,以工业强县,铝产业当先,工业经济对GDP增长贡

---

① 文山州生物三七局.乘势而上打造千亿元大产业——文山州三七产业发展综述[EB/OL].http://www.ynws.gov.cn/info/1345/225119.htm.

献率达 51.2%。

百色市平果县铝项目是国家"八五"重点工程项目，总投资 44 亿元，是新中国成立以来我国有色金属行业和广西壮族自治区当时一次性投资最多、建设规模最大的项目。据平果县官方统计，2015 年，平果县涉铝企业达 35 家，铝产业产值达 205 亿元，增长 10.2%，实现利税 18 亿元，增长 12.5%。全县规模以上工业总产值预计完成 245 亿元，同比增长 6.5%；工业增加值达 79.64 亿元，同比增长 6.5%。2017 年平果县三次产业结构为 8∶71∶2，矿产资源精深加工产业已成为平果县经济腾飞的重要引擎。

以中铝广西分公司为例，该公司拥有年产铝土矿 600 万吨、氧化铝 252 万吨、铁精矿 80 万吨、金属镓 55 吨、热电装机 11.7 万千瓦、电解铝用预焙阳极 13 万吨的生产规模。截至 2017 年底，公司共生产氧化铝 5803.73 万吨、电解铝 232.26 万吨、金属镓 162.07 吨、铁精矿 281.99 万吨，累计实现工业总产值 965 亿元，利税 304.75 亿元，带动平果县从国家级贫困县跃升为滇桂黔石漠化区县域经济的排头兵，2011 年至 2017 年连续 7 年入选"中国中小城市综合实力百强县（市）"，为滇桂黔石漠化区唯一上榜县（市）。

滇桂黔石漠化片区有丰富的矿产资源蕴藏，除了百色市的铝产业，文山州力图打造云南省的铝产业生产中心，黔西南尝试建立黄金精加工基地。这些都与该地区丰富的有色金属矿藏量有着密切的关系。

（三）旅游产业

滇桂黔石漠化区依托当地少数民族文化特色、自然环境特色及红色旅游资源特色等，努力将资源优势转化为经济优势，推进旅游业高质量发展。

滇桂黔石漠化区拥有喀斯特地貌独特景观，其中最著名、最成功的旅游产业当属黄果树大瀑布景区。黄果树瀑布属喀斯特地貌中的侵蚀裂典型瀑布。贵州省安顺市围绕黄果树大瀑布打造旅游产业，到 2015 年底，安顺市共有 5A 级旅游景区 2 家，4A 级旅游景区 6 家，国家级风景名胜区 3 个。"十二五"以来，安顺市共接待国内外游客 1.36 亿人次，年均增长 28.4%，旅游总收入 1312 亿元，年均增长 29.8%。2015 年全年旅游总人数 3901.64

万人次，比上年增长 22.9%，旅游总收入 378.35 亿元，比上年增长 23.0%，游客平均停留时间达到 1.22 天。

随着安顺旅游产业规模壮大、配套要素完善和产业链条延伸，旅游业在调结构、稳增长、扩内需、惠民生等方面发挥着十分重要的作用，产业综合贡献率显著提升。2015 年，安顺市实现旅游业增加值 74.63 亿元，占市 GDP 的 12.03%，占第三产业增加值的 23.3%；旅游业税收 16.57 亿元，地方财政收入 12.53%，对财政收入贡献率为 9.44%，对税收收入贡献率 12.89%；通过发展旅游业带动相关产业收益达到 500 亿元；旅游直接从业人员约 12000 人，带动间接从业人员 60000 人，成为重要的就业创业致富产业[1]。

在生态旅游方面，广西河池市充分发挥作为中国首个地级"世界长寿城市"的国际品牌优势，以盘阳河流域独特的长寿养生资源为核心，以长寿养生度假、山水生态休闲、长寿探秘为主要功能，通过建设一批特色突出、带动性强、可持续发展的特色旅游项目，构建东巴凤长寿养生旅游金三角。

"十二五"期间，河池市接待旅游总人数 6601.76 万人次，年均增长 20.43%；旅游总消费 591.68 亿元，年均增长 32.81%；接待入境游客 35.72 万人次，年均增长 27.25%。截至 2015 年底，全市国家 A 级旅游景区发展到 30 家，比"十一五"期间增长 275%，其中 4A 级景区 10 家、3A 级景区 15 家，A 级景区总量位居全区第四；环江喀斯特入选世界自然遗产，罗城国家地质公园、都安地下河国家地质公园等晋级国家级公园；全市拥有星级饭店 50 家，其中四星级饭店 3 家、三星级饭店 29 家，星级农家乐 174 家，星级乡村旅游区 19 家，旅行社、旅游车辆、娱乐场所等各类旅游要素不断增长。[2]

（四）少数民族文化产业

作为少数民族文化产业的要素，民族工艺品产业发展意义重大。在"十二五"规划后期，贵州省黔西南州共有民族工艺品企业（含手工作坊）

---

[1] 安顺市旅游发展委员会. 安顺市"十三五"旅游业发展规划 [EB/OL].2017.03.
[2] 河池市人民政府. 河池市旅游业发展"十三五"规划 [EB/OL].2017.12.

191家，其中拥有自主品牌近30家，共计约4000名从业人员。民族工艺品产业主要以生产民族服饰、刺绣、雕刻类、编织类为主。

黔西南州民族工艺品企业发展态势良好，兴仁县、普安县、晴隆县、贞丰县、安龙县、册亨县、望谟县、义龙试验区等地都成为民族工艺品企业发展的重要基地。其中，拥有民族民间工艺品企业最多的是贞丰县，多达45家，3家企业拥有自主品牌，大约有200名从业人员，2015年总产值达到860万元，以刺绣、民族服装等为主要产品，富有少数民族特色。其次是安龙县有38家企业，3家企业拥有自主品牌，大约有1000名从业人员，以苗绣、根雕等为主要产品。册亨县有20家企业，8家企业拥有自主品牌，大约有500名从业人员，2015年总产值达到380万元，"十二五"期间销售收入达到1250万元，以民族服装、民族乐器、雕刻等为主要产品。望谟县有16家企业，大约有100名从业人员，2015年总产值达到600万元，以民族服装、民族乐器、雕刻等为主要产品。义龙试验区有14家企业，2家企业拥有自主品牌，大约有60名从业人员，2015年总产值达到100万元，以少数民族木制工艺品、化石工艺品等为主要产品。兴仁县有6家民族工艺品企业，2家企业拥有自主品牌，产品以少数民族服饰、苗绣及雕刻等为主。晴隆县、普安县也都有3~4家民族工艺品企业。这些民族民间工艺品企业为黔西南州少数民族地区提供了就业岗位，同时借重少数民族文化特色与地区自然资源特色，形成以苗绣、雕刻、少数民族服饰为代表的特色产业，为弘扬少数民族文化，促进地区经济发展发挥了重要作用。

黔西南州民族民间工艺品企业发展态势良好，形成了一批有规模的龙头企业，以兴义市的布谷鸟民族实业发展有限公司、鸿鑫玉石加工有限公司、晶晶民族文化旅游产品开发有限公司、阿几竹木旅游商品有限公司等36家企业为代表，在促进地区经济发展、保持民族特色方面做出了重大贡献[1]。

---

[1] 黔西南州人民政府.黔西南州民族民间工艺品产业"十三五"发展规划（2016—2020年）[EB/OL].2016.09.

（五）现代服务业

目前，贵州省黔南州已形成以现代物流业为主的现代服务业体系。2015年，黔南州服务业增加值达到416.73亿元，比2010年增加了272.65亿元。"十二五"期间黔南州服务业增加值年均增长15.9%，占GDP比重达46.2%，比2010年提高了5.8个百分点；该州社会消费品零售总额达到218.9亿元，比2010年增加了121.71亿元，年均增长15%。黔南州服务业从业人员达到32.74万人，比2010年增加了13.6万人，占全社会从业人数的44.7%，服务业成为吸纳新增就业的主要渠道，吸收了绝大部分第一、第二产业转移出来的富余劳动力，成为地区经济稳定增长的重要推动力。其中现代物流产业成为黔南州现代服务业的核心。

截至2015年，黔南州有工商登记注册物流企业589个，比上年增加168个，比"十一五"末增加305个；商贸企业2063个，比上年新增591个，增幅达28.65%，比"十一五"末增加1508个，增幅73.1%；货运车辆拥有量32508辆，比上年增加4513辆，增幅16.12%，比"十一五"末增加13618辆，增幅72.09%；货运周转量达308.5亿吨/千米，比上年增加81.1亿吨/千米，增幅35.66%，比"十一五"末增加274.5亿吨/千米，增幅927.00%。在园区建设方面，全州引进建设现代物流产业类项目76个，项目总投资291.25亿元，处于前期准备阶段项目9个，开工建设项目45个，已建成投产项目22个。特殊的地理位置使现代物流业成为当地新的腾飞之翼[1]。

---

[1] 黔南州人民政府.黔南州"十三五"现代物流业发展规划[EB/OL].2016.12.

第六章　滇桂黔石漠化区乡村振兴的长效机制：产业协同的视角

经历改革开放40多年的快速经济增长之后，我国的经济结构和城乡面貌发生了翻天覆地的变化，已经从乡土中国转型为城乡中国[①]。快速城镇化和工业化及区域发展的不平衡，使得乡村要素长期向城市和发达地区单向流动，这对像滇桂黔石漠化区这样的区域发展造成了双重阻力。为了扭转城乡之间的发展不平衡问题，我国适时提出了"乡村振兴战略"。"产业振兴"是其核心。发展乡村产业之于农民持续增收的重要性是毋庸置疑的，但只是依靠乡村产业发展实现农业农村农民现代化是不够的。从国际比较来看，凡是农业发达和农民收入高的国家，几乎都是工业强国；从国内不同区域比较来看，东部沿海等工业发达地区，农业发展水平和农民收入也普遍较高。因此，这里引出一个问题：农村产业发展的基础和动力是什么？根据演化发展经济学的基本原理，一个地区只有发展高附加值、高创新率的报酬递增产业，才能支撑该地区实际工资的持续提升。滇桂黔石漠化区农村产业发展的制约因素不仅仅是农业本身，更重要的是该地区工业发展的不足。因此，滇桂黔石漠化区农民持续增收除了要发展乡村产业之外，更重要的是要夯实该地区的工业基础，在工业技术上要快速赶上发达地区。也即，如何发挥滇桂黔石漠化区第一产业和第二产业的协同效应，是实现该地区农民增收的关键问题。

经典发展经济学曾揭示这样一条经济发展的一般规律：一个落后地区

[①] 刘守英，王一鸽.从乡土中国到城乡中国——中国转型的乡村变迁视角[J].管理世界，2018，34（10）：128-146+232.

想要实现经济起飞，必须扶持起一个支柱产业，然后通过支柱产业的前后向关联效应开启整个地区的工业化进程，最终实现农业经济向工业经济的转型。我们认为，这一规律对于滇桂黔石漠化区同样适用。换言之，滇桂黔石漠化区三农问题的症结不仅在于农业本身，更重要的是工业发展滞后，无法对农业形成辐射和带动作用。因此，我们必须跳出只从农业发展看农民增收和乡村振兴的狭隘视野，必须从产业协同的视角审视这个问题。也即，滇桂黔石漠化区的农民增收不能单单依靠农业，而是要构建起一个复合型和多元化的收入体系，工业和农业的协同发展则是支撑农民多元化收入体系的物质条件。一方面，工业发展可以促进分工深化，从而吸纳更多的农村劳动力就业，拓展农民收入来源；另一方面，工业化深化会产生资本溢出效应，使一部分资本和人才等先进生产要素回流至农村，促进农地流转和农业规模化经营，从而增加农民本地就业机会和资产性收入。这样，农民就构建起传统务农收入、农地流转的资产性收入，以及本地就业的工资性收入等多元化收入体系。而这一体系的建立和维系关键在于选择一个报酬递增和有利于滇桂黔石漠化区实现快速技术追赶的支柱产业。本章将运用演化发展经济学的基本原理，阐释滇桂黔石漠化区乡村振兴和农民增收的基本逻辑和长效机制。

一、工农业协同发展与乡村产业的选择逻辑

（一）通过发展"短周期技术"推进工业化深化[1]

李根提出的"短周期技术"理论是对佩蕾丝"技术追赶的机会窗口"

---

[1] 张海丰，耿智.制度、产业协同创新与后发地区经济高质量发展[N].中国社会科学报，2019-12-27（012）.

理论的拓展，对后发地区的追赶具有理论指导意义。[①] 技术变迁具有典型的路径依赖特征，旧有技术的投资很可能会阻碍新技术的扩散，这为后发地区的追赶提供了机会。技术周期越长，说明现有的知识越重要，因此对后发者而言，需要花费一定时间研究已有的知识，难免陷入"越学习越落后"的困境。在李根看来，半导体器件、TV/显示器、信息存储、电信和计算机图形等技术属于极短周期技术（5.5～7.5年）；电子连接器、电气照明、陆运、电加热、药物、外科手术设备、假肢/牙科设备、轴承等技术属于中等周期技术（8.0～9.0年）；长周期技术（超过9年）包括：液压工程、食品和材料、金属加工和流体处理技术等技术。东亚实现成功赶超的经济体选择产业的历史表明，无论是韩国还是中国台湾，都选择了短周期技术行业，实现了迂回创新。[②]

国内也有因为选择了"短周期技术"而成功实现追赶的案例。比如，地处我国中部的安徽省，原本没有发展信息通信产业的比较优势，但合肥市政府于2008年以财政收入的80%投资京东方，建设当时比较先进的第6代TFT-LCD液晶面板生产线，获得了较大的成功。2017年，合肥市出资75%与"兆易创新"成立合资公司"合肥长鑫"，专攻DRAM（动态随机存取存储器）芯片研发生产，这是国内目前极少数几家拥有DRAM研发和量产能力的高科技公司，打破了国外技术垄断的局面。正是这一系列违背比较优势的战略性投资，才使得合肥市的经济发展呈现出井喷之势和极大的发展后劲，一个本来不起眼的中部省会城市即将迈入GDP万亿俱乐部，成为一个新兴的创新型城市。此外，贵州省贵阳市发展大数据产业也是选择短周期技术而实现快速追赶的例子。无论是国外还是国内实现成功追赶的案例，都表明在工业发展战略的制定上不能一味遵循比较优势，这对滇桂黔石漠化区下一轮如何选择主导产业、深入推进工业化具有启示和借鉴意义。

---

① 李根著，于飞．经济赶超的熊彼特分析——知识、路径创新和中等收入陷阱[M]．陈劲，译．北京：清华大学出版社，2016．

② 张海丰，耿智．制度、产业协同创新与后发地区经济高质量发展[N]．中国社会科学报，2019-12-27（012）．

滇桂黔石漠化区要实现跨越式发展，从根本上来说，是要从报酬递减和报酬不变的产业活动转向报酬递增的高质量经济活动。考虑到后发地区是在追赶情境下选择产业，因此必须考虑从何种类型的技术切入才有更好的赶超机会。李根认为，追赶者初期应该着重发展较短周期的技术，在积累了相应的技术能力之后，逐渐进入长周期技术领域，这样能够快速跨过中等收入陷阱，同时为长周期技术积累技术能力，避免技术陷阱。[1]滇桂黔石漠化区已经具备一定技术能力和产业基础的区域，应该紧紧抓住第四次工业革命正处于导入期的机会窗口，优先发展新一代信息通信技术（ICT）和数字经济等短周期技术行业。其次，可以选择发展生物医药、机械制造业和交通运输设备制造业等中等技术周期的行业。最后，发展食品加工业、轻纺工业和石油化工及新材料业等长技术周期的行业。具体可以从以下三个方面入手[2]。

第一，构建区域创新体系。20世纪90年代，学界逐渐关注到区域间经济增长的差异在很大程度上是由"创新体系"引起的[3]。"区域创新体系"作为"国家创新体系"的一个衍生概念，两者之间呈现一种互补的关系。[4]区域的发展不只是因为它具有特定的当地优势和制度，而且也受整个国家的政治、文化、经济和技术等方面的、由制度所孕育的国家优势的影响[5]。党的十九大报告中明确指出，"创新是引领发展的第一动力，是建设现代化经济体系的战略支撑"，同时强调"加强国家创新体系建设，强化战略科技力量"。后发地区要意识到区域创新体系是以促进学习和促进技术能

---

[1] 李根.经济赶超的熊彼特分析——知识、路径创新和中等收入陷阱[M].于飞,陈劲,译.北京：清华大学出版社，2016.

[2] 张海丰,耿智.制度、产业协同创新与后发地区经济高质量发展[N].中国社会科学，2019-12-27（012）.

[3] Lundvall B.National Systems of Innovation:Towards A Theory of Innovation and Interactive Learning[M].London:Pinter Publishers,1992.

[4] Cooke P.Regional innovation systems: Competitive regulation in the new Europe[J]. Geoforum, 1992, 23（3）: 365–382.

[5] 埃里克·S.赖纳特,贾根良.穷国的国富论:演化发展经济学论文集:上[C].贾根良,等译.高等教育出版社，2007.

力积累为核心的一整套制度体系。在区域创新体系建立过程中，政府要发挥积极作用，对相关企业加大激励扶持力度，提升企业自主创新能力，强化企业的区域创新主体地位；增大研发投入强度，促进科技成果转化；重视市场需求侧管理，加大对区域品牌的培育保护力度；改革财政、金融和人才引进政策等。[1]

第二，坚持向价值链高端环节进行产业升级的政策导向。佩蕾丝和苏蒂认为，在一些产业中，设计和开发成本的规模经济要比生产环节的规模经济更重要，即设计和研发等高端价值链环节的规模经济更重要。贾根良也认为，只有在价值链高端环节和核心技术上取得突破，才能具备技术追赶的"机会窗口"[2]，技术追赶应从价值链高端入手[3]。以韩国和中国台湾地区的产业为例，半导体厂商从一开始集成电路的封装和测试（低附加值环节），升级到集成电路的生产制造，最终进入芯片的设计领域（高附加值环节）；韩国三星从轻工制造业进入消费电子产业，接着进入半导体、电信等行业。通过这些案例可以看出，产业升级的方向和目标就是瞄准价值链高端环节，通过从事价值链高端环节的生产和研发活动掌握核心技术，从而实现技术、经济追赶。[4]

第三，从产业政策转向创新政策。随着第四次工业革命的展开，人工智能和大数据技术将深刻改变生产和制造环节，智能化和数字化将使得创新的"网络效应"更加凸显，每一项创新都嵌入在一个更大的创新网络之中，创新更多地表现为"组合式"。这种创新范式的改变必然要求政策范式的转型，正如卡萝塔·佩蕾丝指出的那样，"政策并不是一成不变的，政策是对动态目标的回应"[5]。也即，旨在扶持某个产业和部门的传统产业政策，其实施效果将大打折扣。在创新政策实践方面，欧洲已经走在了世界前列。近

---

[1] 张海丰，耿智.制度、产业协同创新与后发地区经济高质量发展[N].中国社会科学报，2019-12-27（012）.

[2] 贾根良.赶超应从价值链高端开始[J].发明与创新（综合科技），2013（07）：18–19.

[3] 贾根良.中国应该走一条什么样的技术追赶道路[J].求是，2014（06）：25–28.

[4] 同[1].

[5] 卡萝塔·佩蕾丝.技术革命与金融资本[M].田方萌，译.北京：中国人民大学出版社，2007.

年来欧盟日益重视创新政策的制定和实施,欧盟委员会提出了多种创新政策工具,为政策制定者开发了一个极具指导意义的创新政策工具箱,创新政策工具在实践中也日益丰富。滇桂黔石漠化区可以借鉴欧盟的创新政策工具,遵循"供给侧创新政策"和"需求侧创新政策"并重的原则[1],深入推进工业化并实现技术追赶。只有当该地区的工业价值链攀升到一定的高度,才能支撑和发展高端农业价值链,农民的持续增收才能得到真正的保障。[2]

(二)乡村产业选择的内在逻辑

乡村振兴首先在于振兴产业,没有产业的繁荣,也就没有就业和收入的吸引力,也就不可能留住年轻人,自然也就难以迸发乡村的生机活力。无论是2017年党的十九大报告中提出的乡村振兴战略,还是习总书记在2018年"两会"期间参加山东代表团审议时提出的"五个振兴",无一例外都把乡村产业振兴放在首要位置。产业振兴的战略方针,目的是推动乡村产业振兴,实现农民增收,推动乡村生活富裕。其实,在这一战略方针的背后,是对经济增长动因的深刻把握。

现代农业代表着农村产业融合,农业机械化应用水平提高,农业发展技术水平提高与农业附加值提高。发展现代农业、农村产业融合的思路都抓住了经济增长的根本,即"产业升级"和"技术创新"。同时,产业升级和技术创新又离不开资本、人才、知识、技术等要素的集聚。所以,对于后发地区来说,产业选择就显得尤为重要,只有找准正确的产业选择逻辑,才能实现相关要素的高效集聚。那么,对于滇桂黔石漠化区乡村来说,应该遵循怎样的产业选择逻辑去集聚相关要素?是选择从事与自身禀赋结构相似的低端农业和农业低端价值链环节来集聚相关要素,还是从农业价值链高端入手,努力集聚相关要素?我们需要确定一种产业选择逻辑以真正实现相关要素的高质量集聚,帮助滇桂黔石漠化区实现产业升级和技术

---

[1] Edler J, Cunningham P, Gök A, et al. Handbook of Innovation Policy Impact[M]. Cheltenham and Northampton: Edward Elgar, 2016.

[2] 张海丰,耿智.制度、产业协同创新与后发地区经济高质量发展[N].中国社会科学报,2019-12-27(012).

创新，最终实现乡村振兴。

上述两种产业选择逻辑，其实正是新结构经济学范式与演化发展经济学范式的区别。新结构经济学的理论内核是传统比较优势原理，提倡从要素禀赋和成熟技术入手进行产业升级；演化发展经济学的理论内核是技术追赶，从技术创新的角度关注要素禀赋[①]。事实上，因为新结构经济学与演化发展经济学对于经济增长原因的观点是一致的，且均重视要素禀赋的提升，那么可以通过分析新结构经济学与演化发展经济学在一个地区经济发展不同阶段的适用性，从而实现新结构经济学与演化发展经济学在一定程度上的互补。例如，在产业发展初期，新结构经济学关于成熟技术引进的观点适用性更强一些，而在产业发展中后期，要更加关注演化发展经济学的技术创新观点，特别是自主创新能力的培育。对于滇桂黔石漠化区来说，其乡村产业选择的逻辑也要基于要素禀赋结构，但是这里的要素禀赋与传统比较优势原理阐述的有所不同，更多的是基于动态比较优势视角的要素禀赋。

沿着"动态比较优势"这一乡村产业选择的逻辑主线，解释滇桂黔石漠化区乡村产业选择的逻辑，这是本章剩余部分所要阐述的内容。低端农业和农业低端价值链环节无法支撑乡村振兴，因为这种价值链低端活动难以使滇桂黔石漠化区乡村实现动态比较优势的升级，唯有农业价值链高端环节才是正确的产业选择方向。滇桂黔石漠化区乡村要从农业价值链高端入手，沿着动态比较优势升级的路径不断前行，不断积聚高级要素，不断积累自主创新能力。下面，本章将采用演化发展经济学的视角，解读滇桂黔石漠化区的产业选择逻辑，具体分为三个部分：一是乡村产业选择是否应该遵循比较优势原理；二是低端农业和农业低端价值链环节无法支撑乡村振兴；三是从农业价值链高端入手选择乡村产业的逻辑分析。

---

① 贾根良. 产业政策研究专题[J]. 南方经济，2018（1）：1-4.

二、乡村产业发展的总体思路

比较优势原理是自由贸易学说的核心支撑，后来被广泛应用于国际贸易政策。国际货币基金组织、世界银行和世贸组织等，以及大部分的主流经济学家，都依据比较优势原理来强调自由贸易对发展中国家的潜在好处。遵循比较优势原理制定的自由贸易政策似乎符合世界上所有国家的利益。但事实上，如果发展中国家一味地遵循比较优势参与国际分工，那么将陷入与发达国家差距越拉越大的贫困陷阱之中。在第一次工业革命之后，英国成为世界上第一制造业强国，极力鼓吹自由贸易政策，在进口原材料和出口制成品的国际分工格局中，使得兰开夏郡的棉纺织业得以繁荣，但同时也破坏了印度的手工织布机生产[①]。在"中国奇迹"的背后，我们也可以看到，中国并没有一味遵循比较优势原理，除了大力发展劳动密集型组装加工业之外，我们也遵循了像韩国、中国台湾地区和新加坡等亚洲四小龙追赶型工业化之路，不断壮大资本密集型和知识密集型工业，不断推进产业结构的优化和升级。

林毅夫通过总结亚洲四小龙的增长奇迹与拉美工业化战略的失败教训，指出经济增长的原因是产业升级和技术创新。但是，他又认为应该借重资本、劳动等要素禀赋结构来选择产业和实现产业升级，这种静态的比较优势观显然与动态的产业升级和技术创新相悖[②]。根据资本、劳动力、土地等要素的静态禀赋结构选择产业主要发生在一个后发经济体经济发展的初始阶段，这一阶段不仅资本匮乏，而且技术也比较落后，这一时期的发展逻辑就是遵循静态比较优势积累资本，利用后发优势获取技术。但积

---

① Bagchi A.Colonialism and Indian economy[M]. Oxford : Oxford University Press, 2010.
② 林毅夫. 新结构经济学：反思经济发展与政策的理论框架 [M]. 北京大学出版社，2014.

累了一定的资本和技术能力之后，必须将重心聚焦于高强度的技术学习和产业升级。产业升级和技术创新是典型的动态演化过程中，与之相对应的是比较优势的动态演化。因此，唯有遵循动态比较优势原则，后发地区才能实现技术经济追赶。

动态比较优势原理区别于静态比较优势的地方主要在于其将技术内生化，所以动态比较优势更加关注干中学、经验积累、技术创新、知识溢出等影响技术学习的因素[①]。正因为这些因素的存在，技术与产业二者不可分割、相互嵌套。正如贾根良所言，国民财富的增长和就业水平的提高有赖于高质量的生产活动，高质量生产活动又需要科技进步推动。因为科技进步能够推动企业创新，提高产品附加值，增加资本与工人的收益，最终使得规模报酬递增。[②] 根据动态比较优势原则，一国产业选择重点应放在具有高强度的技术学习机会和能够持续积累技术能力的产业之上，这类产业具备更强的"干中学"效应。[③] 当技术能力积累到一定程度并且具备一定的自主创新能力之后，产业就能向价值链高端攀升，从而实现了产业升级和实际工资提高的良性循环。这种良性互动的理念始终贯穿于演化发展经济学的"技术创新"和"协同效应"这两个核心概念之中。

赖纳特的《富国为什么富，穷国为什么穷》中有这样一个例子，海地的棒球生产业是一种不存在技术变迁特征的生产活动，棒球不能够机械化生产，需要手工制作完成，单纯依赖熟练劳动力这种低成本要素的投入，没有技术创新的空间，也就很难实现产业升级，更不存在协同效应。制造业的发展可以帮助农业部门提高生产效率，农业部门的规模化运作需求反过来又会促进制造业的升级；制造业之间的协同可以形成一个紧密的产业链，促进研发链和创新链的有效流动。如果欠发达地区一开始重视协同效

---

① Redding S.Dynamic comparative advantage and the welfare effects of trade[J]. Oxford Economic Papers, 1999, 51（1）: 15-39.

② 贾根良. 政治经济学的美国学派与大国崛起的经济学逻辑 [J]. 政治经济学评论，2010，1（3）: 101-113.

③ Arrow K J.The Economic Implications of Learning by Doing[J].Review of Economic Studies, 1962, 29（3）: 155-173.

应，意识到产业多样性的重要性，那么人力资本的投资便有了用武之地，大部分受过良好教育的人不会因为在当地没有合适的工作而选择外出执业。如果本地能够吸纳就业，这些受过良好教育的人力资本可以在"干中学"的过程中推动产业结构转型升级。在赖纳特看来，产业间的协同效应有助于使创新不断地从一个部门扩散到另一个部门，从而使得当地实际工资显著提高，进而吸纳更多的就业人口，使得市场范围不断扩大，反过来又会进一步促进制造业部门的升级。①透过演化发展经济学的两个核心概念，我们不难理解产业选择为什么要遵循动态比较优势而不是静态比较优势。

在《乡村振兴战略规划（2018—2022 年）》中，实施乡村振兴战略的总体定位是推进产业融合，建立现代农业体系，为现代经济奠定坚实基础。可以看出，重点是产业兴旺，而农业作为国民经济的基础，无疑是乡村产业兴旺的核心所在。习近平总书记 2017 年在《把乡村振兴战略作为新时代"三农"工作总抓手》中指出，推动城乡融合发展进程，构建城乡融合发展的政策体系，实现农业农村现代化。从国家的总体战略规划中可以看出，农业现代化、农村产业融合和城乡融合发展是乡村产业发展三个重要方面。从这三个角度出发，我们就可以清晰地厘清乡村产业选择的基本原则。接下来我们将从技术创新与农业现代化、农村产业融合、城乡融合发展与乡村创新系统三个方面阐述这种内在联系。

（一）以技术创新引领农业现代化

《乡村振兴战略规划（2018—2022 年）》指明了农业现代化发展思路，强调农业高质量发展，努力提高农业创新力、竞争力和全要素生产率。从中看出，农业现代化涵盖了从农业生产到加工流通再到农业经营等产业链上的各个环节。具体来看，首先根据地区资源禀赋确定区域优势农产品主产区，率先培育一批在生产加工环节具备核心技术，在流通环节具备一体化运作能力，在经营环节具有品牌竞争优势的重点企业；然后运用绿色发展理念，大力发展绿色、有机、观光农业，在生产、加工、流通、经营等

---

① 赖纳特. 富国为什么富，穷国为什么穷 [M]. 杨虎涛，等译. 北京：中国人民大学出版社，2010.

环节积极推行清洁、低碳、环保的产业发展理念。总的来说，农业现代化的关键毫无疑问是各环节上的技术创新。

在农业生产环节，除了劳动力和土地等基础要素之外，还有农业机械等装备，以及化肥等生物化学科技要素的投入，机械技术进步和生物化学技术进步都会深刻影响农业全要素生产率的提升。在农业加工环节，加工设备和加工工艺的技术进步，是实现农产品功能创新和升级的基础动力，能够有效提升农产品的附加值。在农业流通环节，运输设备、物流和包装工艺的技术进步，保障了农产品流通网络的安全高效。在农业经营环节，利用电商、移动互联网等新一代信息通信技术，可以快速提升农产品的品牌价值。可以说，信息化、新型工业化的发展为农业现代化提供了改造传统农业的科学技术[1]，促进了农业多元化经营、农工商贸综合发展、农林牧副渔多途并进，使得乡村可以走出一条可持续发展的农业现代化之路[2]。

（二）激活协同效应促进农村一二三产业融合发展

通过培育农业农村新产业新业态，建立产业融合新模式，努力实现产业间的有机融合，最终实现农村一二三产业融合发展的目的。由于人们日益增长的美好生活需要，产生了休闲农业、乡村旅游、乡村共享经济、特色小镇等新业态，在这一消费升级背景下，农村亟须以农业为基础，实现产业模式的创新。如何培育新产业新业态，关键在于发挥各产业的协同效应，通过加大对农业的科技投入，发挥要素、产业间的协同效应，实现农业产业链向上下游拓展和农村产业模式的创新，最终实现农村一二三产业的融合发展。与此同时，要大力发展农村产业融合发展平台，例如农业产业园、科技园区等。毫无疑问，这些平台和载体能够通过产业集群的方式，进一步激发相关要素、产业的协同效应。概言之，实现农村一二三产业融合这一发展的关键在激活各产业的协同效应。

---

[1] 洪银兴.新时代社会主义现代化的新视角——新型工业化、信息化、城镇化、农业现代化的同步发展[J].南京大学学报(哲学·人文科学·社会科学)，2018，55（02）：5-11+157.

[2] 杨新荣,唐靖廷,杨勇军,等.乡村振兴战略的推进路径研究——以广东省为例[J].农业经济问题，2018（6）：108-116.

此外，农村一二三产业的深度融合发展所产生的新产业和新业态能够有效地促进人才这一发展的关键要素在农村集聚。如果农村仍然仅限于传统农业的低端价值链活动，那么大量农村劳动力人口将会前往产业多样性更强的城市地区，因为那里的制造业、服务业等产业活动会带来更多的劳动报酬。随着农村一二三产业融合的逐步深化，制造业、服务业与农业实现有机融合，进而增加农村产业活动的附加值，提高农村产业活动的劳动报酬，将吸纳更多的就业人口。农村就业人口的扩大和高端人才的集聚将对农民收入带来正向的溢出效应。只有人留在了农村，才会使那些通过农村一二三产业融合发展产生的新产业新业态迸发强劲的升级动力，才会真正实现乡村地区的产业兴旺。

（三）城乡融合发展与乡村创新系统构建

城乡融合发展的目的在于发挥市场在资源配置中的决定性作用，以及更好发挥政府作用，实现城乡要素合理流动，推动新型工业化、信息化、城镇化、农业现代化同步发展。城乡融合发展的关键在于制度层面，通过制度优化设计，为乡村振兴所需的支撑要素提供制度保障。而且，城乡融合发展的理念也表明乡村振兴不是单纯依附于城市，而是要着力培育自身的动态比较优势，最终实现城市与乡村协调发展，这种理念与"乡村创新系统"一脉相承。

与城市创新系统相对应，"乡村创新系统"是指各种与创新相关的主体要素和非主体要素、地理要素和时空要素及协调各要素之间关系的制度、政策和文化在创新过程中相互依存、相互作用而形成的乡村社会经济系统[1]。乡村创新系统主要是从科技创新、制度创新和网络组织建设三个层面建立起驱动乡村产业振兴的创新机制。毫无疑问，乡村创新系统的目标就是通过制度创新，为乡村提供产业发展所需的知识、信息、技术等先进要素，着力培育乡村自身的动态比较优势。作为滇桂黔石漠化区，无论是从城乡融合发展的视角还是从乡村创新系统构建的视角，实际上都要求政府积极

---

[1] 陈劲，尹西明，赵闯，等. 乡村创新系统的兴起 [J]. 科学与管理，2018，38（1）：1-8.

有为，特别是在乡村产业发展初期，要全力扶持和保护高质量的经济活动，这也是动态比较优势原则区别于静态比较优势的根本所在。

通过以上三部分分析不难看出，传统的静态比较优势理论并不宜作为乡村产业选择的指导原则，强调技术内生和自主创新的动态比较优势才更符合赶超发展和跨越式发展的情境。这种动态比较优势通过农业现代化、农村一二三产业融合、城乡融合发展等方式，逐渐累积于与乡村产业发展相关的乡村产业组织之中，特别是乡村涉农企业。乡村涉农企业作为参与市场竞争的主要微观主体，只有其具备了强劲的竞争力，才能表明乡村产业具备了很强的产品竞争力。如果这些乡村涉农企业起初只是遵循静态比较优势去选择那些农业价值链低端环节和低端农业，那么很可能长期被锁定在低附加值、低技术的比较优势陷阱之中，始终无法具备强劲的竞争力，如此乡村产业兴旺将不可能实现。所以，正确的乡村产业选择逻辑从一开始就应该是遵循动态比较优势，关注那些具备高技术、高附加值的高端农业和价值链高端环节。接下来将重点阐述低端农业和农业低端价值链环节何以无法支撑乡村振兴，以及必须从农业价值链高端入手选择乡村产业的逻辑。

三、低端农业和农业低端价值链环节无法支撑乡村振兴

一般认为，农业经济活动是报酬递减的低质量经济活动，但随着工业技术不断渗透到农业之中，农业活动的价值链分工日益深化，逐渐分化出高技术含量和高进入壁垒的农业高端价值链活动，并区别于低技术含量和低进入壁垒的农业价值链低端环节。巴西和阿根廷等拉美国家，在农业全球价值链中长期从事低端农业和农业低端价值链环节，最终沦为全球农业

体系的"生产车间"[①]。巴西和阿根廷在全球大豆市场中看似占据重要的生产和出口地位，但实际一方面高价进口种子、农药和化肥，另一方面又将大豆廉价卖给跨国粮商，自身所获利润微乎其微。这些国家被锁定在价值链低端环节的根本原因在于，不重视农业技术积累和农业领域的研发投入，忽视对农业领域价值链高端企业的培育和扶持，使得农业生产活动无法发生质的变化。因此，只有占据了农业价值链高端环节，才能支撑收入水平的持续增长。

目前，滇桂黔石漠化区所从事的部分农业活动仍然属于低端农业和农业低端价值链环节的经济活动，一方面高价采购种子、农药和化肥等农业生产资料，另一方面将收获的初级农产品直接低价出售。长期从事这种低附加值和低利润率的农业活动，会使得该地区长期处于欠发达状态。因此，地方政府必须清醒认识到"低端农业和农业低端价值链环节"是无法支撑乡村振兴的。根据演化发展经济学的致富原则：只有从事高创新率、高附加值的高端农业和农业高端价值链活动，才能支撑农民收入水平的持续提升。

人才、知识、资本、技术等先进要素的有效集聚是从事高质量经济活动的前提条件，从事低端农业和农业低端价值链环节无法实现这些要素的有效集聚；以价值链高端企业引领的集群学习是高端产品生产的必备条件，从事低端农业和农业低端价值链环节无法促进集群学习机制的成长。自主创新能力的积累是高端产品生产的重要条件，从事低端农业和农业低端价值链环节无法实现自主创新能力的培育和积累。下面将从要素积累、集群学习和自主创新三个方面，具体分析低端农业和农业低端价值链之弊端。

（一）高端生产要素匮乏与农业价值链低端锁定

价值链位置的划分主要由产业活动的附加值来决定，像制造业的加工、装配、制造等环节由于附加值较低，所以属于低端价值链环节，而研发、设计、品牌营销等环节由于附加值较高，一般属于高端价值链环节。判断

[①] 丁涛. 新李斯特经济学国家致富新原则与农业全球价值链——美国农业发展战略的启示[J]. 当代经济研究，2015（12）：30-36.

农业价值链位置的基本原理也是一样的，化肥、农药、育种等农业生产资料的研发和生产环节，以及农产品深加工和品牌营销属于农业高端价值链环节；而农业种养殖和粗加工等生产环节属于农业低端价值链环节。由此不难看出，农业的高端价值链环节相比低端价值链环节，具备知识、人才、技术和资本密集型的特征，正是这些先进生产要素与高端产业活动的循环累积，使其进入报酬递增的良性发展轨道并保持更高的附加值水平。

农村发展初期，由于知识、人才、技术、资本等先进生产要素的匮乏，普遍选择劳动密集程度较高、资本要求较少的低附加值农业活动，即主要从事种养殖和简单的农产品加工环节。但事实证明，农村地区长期从事这种符合自身静态比较优势的农业活动，不仅没有实现人均收入水平的持续提升，很多地区反而陷入了长期贫困之中。以农业种植环节为例，除劳动力投入之外，种子、农用机械、生物化学肥料的投入占到生产成本的大部分，因此农民所获得的净收益是微乎其微的。按照工业发展的一般规律，一个地区随着产业不断升级，要素禀赋会沿着劳动密集型向资本密集型的方向发展，但长期从事低端农业和农业低端价值链环节，并不能帮助农村地区实现要素禀赋结构的升级。

乡村地区要想真正实现产业兴旺，必须依靠乡村产业价值链的不断攀升。只有产业价值链的高端，才能集聚知识、人才、技术和资本等高端生产要素。从事低端农业和农业低端价值链环节不仅难以积累资本和实现规模效应，更重要的是难以吸引知识、人才和技术等高端生产要素，从而无法实现由报酬递减经济活动向报酬递增经济活动的跨越。由于长期处于价值链低端环节，资本积累缓慢，缺乏资金用于知识生产和技术研发，人才更不太可能向这些低附加值环节转移，所需的高素质生产要素基本依赖于外来供给。长此以往，乡村地区只会被锁定在农业价值链低端环节上。

（二）农业企业集聚度低与农业价值链低端锁定

集群学习主要通过区域内各企业间的协同互动，产生知识溢出和技术溢出，进一步强化区域内各企业的知识吸收能力和技术能力，从而促进区域内产业转型升级。集群学习的焦点在于，通过产业链中核心企业和配套企业的协同互动，使得集群内部各企业研发活动所产生的知识技能在集群内顺畅流动，从而促进集群企业的知识生产和技术创新。除此之外，集群学习能够形成集群内部独有的默会性知识，从而使集群企业获得持续竞争优势[①]。滇桂黔石漠化区通过培育一批具有竞争力的、占据农业价值链高端位置的企业，形成产业集群效应，是该地区乡村产业发展的必由之路。低端农业和农业价值链低端环节为主的农业经济活动并不能有效促进集群学习机制的发挥，主要原因在于农业价值链上游知识和技术的缺失，从而无法支撑高强度的学习并形成良性正反馈。

集群学习能够促进知识和技术的溢出，但只有价值链高端环节的经济活动才能够提供高强度的学习，从而产生高效的知识和技术流。如果农业价值链高端企业隔离于区域外部，而区域内部主要是农业价值链低端企业，那么这些企业将会难以吸收到那些具有核心竞争力的默会性知识，因为这些默会性知识主要来自于非正式交往，比如人际交往等方式，必须通过频繁的互动才能实现知识转移。此外，更重要的一点是，区域内如果不能培育出掌握核心技术和前沿技术的农业价值链高端企业，那么高端价值链环节将会长期控制在区域外企业手中。而区域内的价值链低端企业由于缺乏高强度的学习，技术升级会受阻，从而长期居于低技术含量和低附加值的价值链低端环节，最终沦为区域外价值链高端企业的附庸，只能获得少量的利润，无法支撑本地区的收入增长。

从集群学习的角度来看，本土农业价值链高端企业是促进集群学习机制发挥和保持知识顺畅流动的关键所在。我国合资汽车企业所遭遇的情况是对这一问题最好注解。跨国车企主要对中国合作伙伴的生产制造工艺和现场管理给予技术支持，而有关发动机、底盘、平台设计的关键技术对中国企业进行封锁，导致中外合资汽车企业长期陷入由跨国汽车巨头控制下的产业价值链低端环节。由于本土汽车企业基本没有价值链高端环节的知识积累和高强度的技术学习机会，导致中国本土车企自主开发能力薄弱。

---

① 马述忠，潘伟康.全球农业价值链治理：组织学习与战略性嵌入——基于默会知识观的理论综述[J].国际经贸探索，2015，31（09）：56-65.

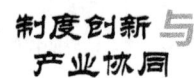

同样的道理，如果滇桂黔石漠化区乡村长期从事低端农业和农业低端价值链环节，那么将由于缺乏价值链高端环节的知识积累和技术学习过程而丧失农业产业升级的动力。

（三）自主创新能力缺失与农业价值链低端锁定

工艺升级、产品升级和价值链升级是发展中国家企业的主要升级模式。发展中国家企业要实现升级，主要选择有两种，一是"工艺升级"，二是"产品升级"。根据胡彬和万道侠对制造业企业创新偏好的分类，"工艺创新"属于低端技术创新，而"产品创新"属于高端技术创新。[①]胡大立和金晨远以2012年世界银行对中国企业经营环境调查数据为微观样本，研究发现：如果制造业企业生产主要集中在价值链低端环节，企业更多会去选择工艺创新；如果制造业企业位于价值链高端环节，则会选择产品创新。[②]主要原因在于，长期锁定在价值链低端的制造业企业技术创新能力匮乏，这时工艺创新对于他们来说符合其自身比较优势。这样便会产生一种恶性循环，由于处于价值链低端环节，主要从事以成本竞争为核心的工艺创新，长期从事价值链低端环节的生产与制造会抑制制造业企业的创新升级动力，从而使得企业长期锁定在价值链低端环节。

自主创新是指本土企业依靠自身能力实现技术创新，主要通过自主研发、产品开发、知识积累、技术学习等途径实现，并且受到人才、环境、技术、资本等因素的影响[③]。长期从事价值链低端环节，主要依赖工艺创新获取微薄利润的企业由于不具备吸引人才、技术和资本等高端生产要素的能力，会进一步限制自主研发、产品开发和知识积累的能力，当然也就无法形成自主创新能力。如果滇桂黔石漠化区涉农企业长期从事低端农业和农业低

[①] 万道侠，胡彬.产业集聚、金融发展与企业的"创新惰性"[J].产业经济研究，2018（01）：28-38.

[②] 胡大立，金晨远.制造业企业低端锁定程度与创新偏好选择[J].江西社会科学，2019，39（02）：96-103.

[③] 胡大立，刘丹平.中国代工企业全球价值链"低端锁定"成因及其突破策略[J].科技进步与对策，2014，31（23）：77-81.

端价值链环节，那么结果是可想而知的。

只有当滇桂黔石漠化区涉农企业具备了产品开发、自主研发、知识积累和技术学习等能力的时候，才算具备了自主创新能力。只有企业具备了自主创新能力，滇桂黔石漠化区的农业才能摆脱低端锁定，实现价值链攀升，从而实现资本、人才、技术、创新环境要素积累和产业升级之间的正反馈。这里存在这样一种机制：由于涉农企业从事价值链高端环节，知识、人才、资本和技术等高端生产要素会逐渐在区域内集聚，高端生产要素的集聚帮助涉农企业逐渐从工艺创新转向产品创新，同时逐步开展自主研发活动，这种自主创新能力的提升与各种要素的集聚形成协同演化和自增强机制，从而推动滇桂黔石漠化区实现产业协同、农民增收与乡村振兴。

通过以上理论阐述可以发现，如果长期从事低端农业和农业低端价值链环节，那么将会由于缺乏人才、资本、技术和知识等高端生产要素，缺少产品开发、自主研发、技术学习、知识积累等技术创新能力，长期被锁定在价值链低端环节（图6-1）。因此，无论从理论层面还是从实践经验出发，滇桂黔石漠化区想要实现跨越式发展和乡村振兴，必须摒弃根据静态比较优势原理从事低端农业和农业低端价值链环节的思路，发挥政府的作用，从涉农企业竞争力培育和高端生产要素集聚两个方面寻求突破。

发挥高端生产要素的集聚效应是产业升级的基础动力。滇桂黔石漠化区必须重视积极培育高级要素，如研发、设计、营销、品牌建设等价值链高端环节所需的人才、知识、技术、资本等高级要素。首先，努力提升高端价值链环节所需的人才的引进与培养，为高端人才的工作、生活、成长提供全方位的保障。其次，政府为企业创新所需的技术、资本提供政策优惠，优化产学研合作机制，加强知识生产和技术供给，为产业升级提供基础动力。

提升企业的技术创新能力是培育竞争力的必由之路。技术创新能力的提升与低端锁定的程度有关，如果陷入低端锁定的程度较深，那么必须要通过工艺创新为企业进行产品创新积累能力、知识和资本，同时积极加强与价值链上游企业的合作互动，学习先进的技术和知识。对于低端锁定程度较深的企业来说，这种渐进的价值链攀升过程，是逐渐增强其技术创新能力的有效途径。对于低端锁定程度较浅的企业来说，需要根据市场需求动态及时进行工艺创新和产品创新，同时也要加强与政府、高校、科研院所、其他企业的交流互动，从而快速提升自身的技术创新能力。

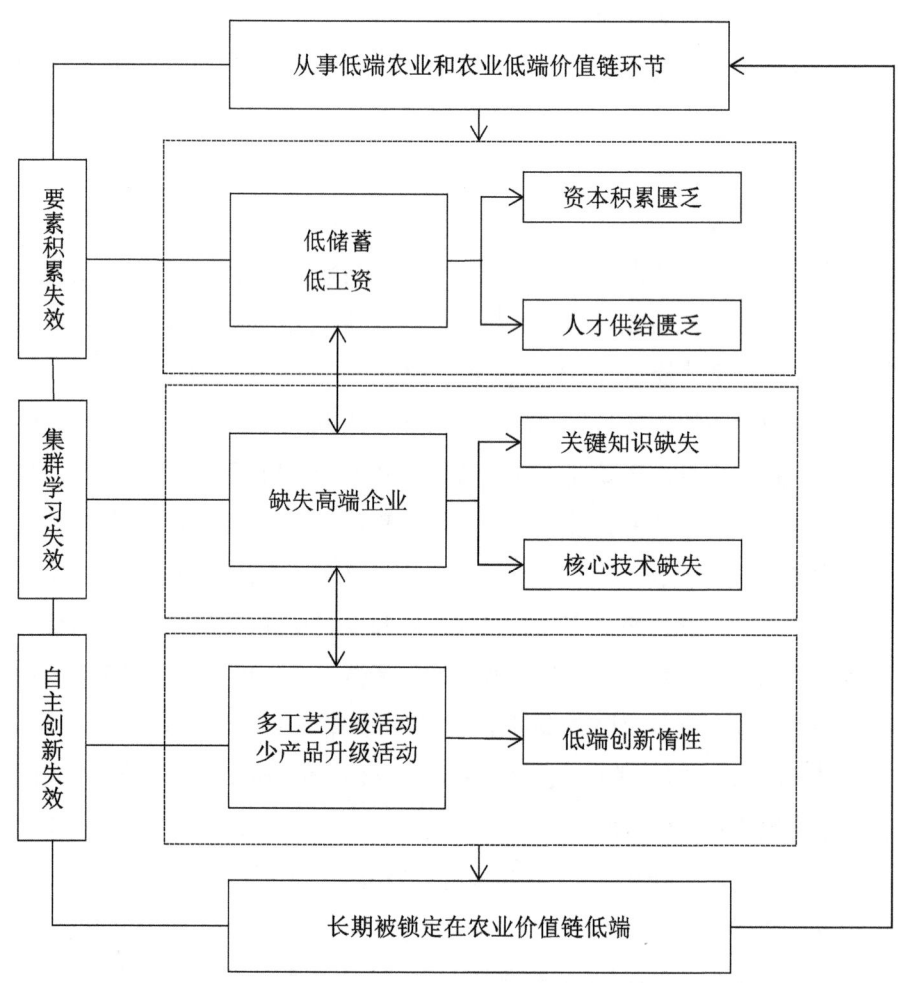

图 6-1　从事低端农业和农业低端价值链环节的不良循环

从滇桂黔石漠化区政府层面来看，政府必须积极有为，摒弃依靠比较优势的发展思路，着力培育一批具有竞争力的本地区价值链高端企业，只有越来越多的价值链高端企业的出现，才会增强高级要素在乡村和农业领域的集聚，才会使得乡村集群学习发挥作用，才能提升乡村自主创新能力。唯有自主创新能力才是真正的自生能力。

四、从农业价值链高端入手选择乡村产业的逻辑分析

东亚经济奇迹始于20世纪60年代的日本,此后的韩国、新加坡、中国台湾和中国香港先后进入经济快速增长的轨道。20世纪80年代中国经济的腾飞,使东亚崛起成为20世纪世界经济发展版图上最为绚丽的一笔。东亚奇迹的背后可以梳理出一条相同的发展逻辑,东亚快速发展的经济体无一例外都成功实现了产业结构的转型升级和向价值链高端的攀升。日本的主导产业群经历了纺织业—钢铁—化工、造船、电子—汽车—消费电子类产业的更替演进,韩国的发展轨迹和产业演进几乎和日本如出一辙,新加坡、中国台湾和中国香港则在产业结构转型方面走得更远。中国台湾实现了从纺织、制造等主导产业向电子主导产业转变;中国香港由纺织、制造等产业跨越到金融产业;新加坡也是类似的情况[①]。

总的来说,东亚经济体的产业结构变化表现为,由劳动密集到资本密集再到技术密集型的转变,高附加值也是其特征。但是,如果仅仅是概括产业升级的规律则太过于宽泛,可能会偏离问题的实质。比如,虽然亚洲经济体成功地成了半导体产业的全球供应商,但是掌握核心技术和技术标准的产业链上游企业仍然主要是发达国的跨国公司。所以,在价值链分工的时代,选择产业的逻辑不应是笼统的高技术产业,而应当锁定为具体生产环节[②],因为笼统地选择产业可能会导致"高端产业低端化"和"高端失守、

[①] 邹晓涓,汪睿.对"东亚奇迹"的再思考——主导产业演进视角的历史剖析 [J].广东商学院学报,2007(1):13-16.

[②] 贾根良,秦升.中国"高技术不高"悖论的成因与政策建议 [J].当代经济研究,2009(05):44-49.

低端混乱和大量产能过剩"①②,我国在光伏产业和工业机器人等新兴产业的发展上所走过的弯路足可警示。所以,选择产业的逻辑应是从价值链高端入手,指向特定技术研发环节③④。

正如上文已经论及的,农业价值链高端环节是乡村集聚高端生产要素、积累自主创新能力的关键,唯有自主创新能力才是真正的自生能力。因此,农业价值链高端环节和乡村产业选择之间的内在逻辑不言而喻。也即,只有农业价值链高端环节才能促进乡村走向自主创新,而乡村产业选择也应特别关注技术研发和产品开发等特定的价值链高端环节。从农业价值链高端入手,选择乡村产业的逻辑就落在"乡村自主创新"这一中心环节。接下来,本章将从乡村自主创新的视角阐述从农业价值链高端入手选择乡村产业的逻辑及所要经历的三个阶段。

(一)乡村自主创新的技术驱动阶段

这一阶段重在对外部技术知识的"引进、消化、吸收"。具有高附加值和高利润率的农业价值链高端环节的一个本质特征是:知识和技术密集以及高进入壁垒,因此不可能一蹴而就,欠发达地区的乡村产业在发展初期必须经历一个获取外部技术知识的过程。获取外部知识主要有3种途径:(1)进口机器设备;(2)购买技术许可证;(3)引进投资,包括合资和独资两种情况。技术知识的引进、消化、吸收,一方面可以帮助农村地区积累资本、带动就业,但更重要的是帮助乡村地区获得学习技术知识的机会。比如,引进农业价值链高端企业在本地投资之后,可以通过技术的外溢效应促进本地相关技术人才和农业价值链高端企业的培育。在这一阶段,政府的相关产业政策需要起到新产业的"助产士"和创造市场的作用。

政府产业政策的目的在于推动乡村主导产业的建立与发展,而乡村主

---

① 贾根良.从价值链高端入手实现技术追超[N].科技日报,2013-05-27(001).
② 贾根良.只有价值链高端才有技术追赶的机会窗口[N].中国经济导报,2014-03-29(B01).
③ 贺俊.产业政策批判之再批判与"设计得当"的产业政策[J].学习与探索,2017(01):89-96+175.
④ 贾根良.高质量发展阶段需要怎样的产业政策[J].中国战略新兴产业,2018(25):96.

导产业的建立与发展又与本土企业集群密不可分。上文已经论及，企业集群学习有赖于本土价值链高端企业的存在，所以政府的产业政策在技术驱动阶段就显得尤为重要。政府通过招商引资的方式，让本地区拥有"农业价值链高端企业"这一企业集群学习的关键一环，然后通过提供技术研发补贴和税收优惠等政策，促进本地企业向农业高端价值链方向转型升级。当越来越多本地企业能够在农业价值链高端环节具备竞争力时，乡村主导产业也就真正成长起来了，政府产业政策的目的才算真正实现了预期目标。

除了发挥好政府有形之手的作用之外，市场这只无形之手也要发挥作用。市场竞争是促进乡村产业摆脱低端产品供给、提升乡村产业竞争力的重要动力机制。因为有了市场竞争机制的存在，乡村产业主体便拥有了产业升级的外在动力。如果不进行产业升级，乡村产业主体将会陷入大量低端同质化产品供过于求的局面，就无法获得高利润率。所以，在技术驱动阶段，乡村产业主体必须通过技术引进、消化、吸收，通过提升产品的技术含量，实现向产业价值链高端环节的迈进，只有这样，才会有机会在市场竞争中取得优势地位。

技术驱动与具备自主创新能力还存在一定距离，因为这一时期还不具备核心技术能力，而且较少参与自主研发和产品创新环节。这一阶段的主要意义在于帮助乡村地区在积极开展农业价值链高端环节的生产活动中获得学习机会，在农业价值链高端环节集聚高级要素和积累技术能力。

（二）乡村自主创新的产品驱动阶段

无论是以模仿还是以引进为起点，技术学习过程只有包含了自主的产品开发活动，一个产业组织才可能生成把握技术变化的能力，也才可能走上自主创新的道路[1]。技术引进的目的是为了在产品驱动阶段建立乡村自己的农业价值链高端产品开发平台，只有立足于自身的产品开发平台来消化、吸收外部技术知识，然后通过再创新实现自有品牌产品的开发，才能真正实现乡村自主创新。同时，市场需求、发展目标、创新意识在这一时期成

---

[1] 路风．论产品开发平台[J]．管理世界，2018（8）：106–129+192.

为乡村自主创新的主要动力因素。

党的十九大报告提出，我国社会主要矛盾已经转化为"人民日益增长的美好生活需要和不平衡不充分的发展之间的矛盾"。[①] 因此，在市场需求呈现越来越多元化、差异化、高端化的当下，与之相对应的供给侧必须要进行结构性调整。在这样的大背景下，乡村地区要在农业价值链高端环节积极进行技术、资本、人才和知识等高端生产要素的积累，努力寻求核心技术上的突破，着力开发具有自主品牌的创新型产品。只有拥有自主品牌的创新型产品，才能满足人们日益多元化、差异化和高端化的需求，企业才能获得竞争优势。

产业发展目标更多的是从产业发展的战略角度出发，通过自主产品开发，创造出具有高度影响力的品牌，进而实现产业的战略领先地位。品牌作为一种无形资产，不单单是产业主体自身的声誉价值，更多是体现着整个地区的产业发展水平。回顾硅谷的发展史，惠普、仙童半导体、英特尔、AMD 等品牌的诞生，使得硅谷逐渐成了全球高科技产业中心。乡村地区也应树立自己的乡村产业发展目标，通过自主产品开发，建立本地高附加值农产品品牌，在品牌产品的带动下，实现乡村产业的竞争优势并以此推动乡村产业的持续发展。

创新已经成为我国转变经济发展方式、实现高质量发展的主要驱动力。同样地，乡村产业发展、特别是产业向价值链高端攀升必须要依靠创新。乡村产业主体必须要意识到，乡村自主品牌产品的开发对于产品附加值以及产品竞争力的提升具有极端重要性，应该提供一系列激励举措，努力促进知识、人才、技术和资本等自主产品开发所需要素在自身内部的集聚。只有乡村普遍具备了创新意识，愿意开展自主产品的开发，乡村地区要素才能迸发出更加强劲的活力。

在产品驱动阶段，乡村逐渐具备了自主创新的能力，但是这种能力仍然需要巩固，需要更多的乡村产业、组织、要素参与进来。总的来说，产

---

① 认真学习贯彻十九大精神 正确把握我国社会主要矛盾变化 [EB/OL].(2017–10–27)http：//theory.people.com.cn/n1/2017/1127/c40531–29668491.html.

品驱动阶段的主要意义在于帮助乡村产业主体持续攀登价值链高峰。如果说技术驱动阶段帮助乡村实现了技术能力的初始积累,那么产品驱动阶段便是帮助乡村实现了技术能力的进一步升级,具备了核心技术和自主品牌这些影响产业竞争力的关键要素。同时,进一步夯实乡村自主创新能力,需要从创新系统的视角出发,让更多产业、组织和要素参与进来。

(三)乡村自主创新的系统驱动阶段

创新系统驱动阶段主要是通过促进各创新主体(政府、企业、高校、科研院所等)和创新资源要素(人才、资本、技术等)在乡村创新生态环境下的协同交互,进一步巩固乡村自主创新能力,让乡村迸发出强劲的创新活力。在产品创新阶段,本地企业通过高强度学习,逐渐掌握了核心技术和自主品牌,具备了自主创新的能力,实现了向价值链高端攀升的阶段性目标,这种内生性的驱动机制需要通过乡村创新系统进一步优化和巩固。也即,乡村创新系统的构建和不断演进,是实现乡村自主创新能力不断提升的根本保障。下面主要从多主体互动和制度创新两个方面阐述乡村创新系统这一系统性保障机制的作用。

多主体互动的重要性体现在从创新投入到创新产出的全过程。在一些基础知识与共性技术领域,高校及科研院所相比企业,具有更强的创新能力,需要政府给予企业相应的创新资源投入。在从基础科研到商业化应用的各阶段,高校、科研院所、企业三者需要建立利益联结机制,共同推动知识、技术的成果转化。在产品成功推向市场的过程中,政府也需要提供相应的市场支持,包括通过政府采购、品牌推广等举措来帮助企业产品成功推向市场。同时,企业也需要将市场结果反馈给高校及科研院所,以帮助其进行知识和技术的进一步创新与改进。

政府、企业、科研院所等创新主体的内部改革体现了制度创新。政府层面的制度创新主要是建立更加协调有效的产学研协同创新机制,以及为相关的创新活动提供激励机制;企业层面的制度创新主要是激励机制优化,特别是有关人才和创新活动的激励机制;高校及科研院所层面的制度创新主要是建立相应的成果转化平台,比如斯坦福大学的专利和技术转让办公室促进了很多校办产业的兴起与发展。

从多主体协同和制度创新两方面来看,"乡村创新系统"这一体现在技术研发阶段、技术成果转化阶段、产权制度、组织制度、管理制度、创新治理等环节上的全方位系统性保障机制要想充分发挥作用,仅仅依靠乡村自身的力量是远远不够的,只有城乡实现高度融合发展,乡村创新系统才能构建起来并不断演进。比如,城市的高校及科研院所与乡村的企业要想有效发挥协同机制,必须在城乡融合视角下,实现要素在城市与乡村之间的双向流动才能实现。事实上,当越来越多高端生产要素在乡村集聚之时,城市与乡村也就实现了有机融合,乡村振兴才能真正得以实现。

概言之,滇桂黔石漠化区乡村产业选择的逻辑应是依托农业价值链高端环节,集聚高端生产要素,持续积累技术能力,从而构建起乡村自主创新能力(图6-2)。在这一乡村产业选择的逻辑主线中不难看出,乡村产业选择的最终目的是构建起乡村自身的自主创新能力,所以滇桂黔石漠化区乡村产业选择就落到了滇桂黔石漠化区"乡村自主创新能力提升"这一核心要义之上。然后,依托乡村自主创新能力形成的三个阶段,即技术驱动阶段、产品驱动阶段、系统驱动阶段,在进军农业价值链高端环节的趋势下,动态地、有条不紊地提升乡村自主创新能力。

技术与产品驱动阶段的乡村自主创新能力形成逻辑与我国改革开放之后的工业化实践经验是一致的,均遵循着技术与知识的"引进、消化、吸收和再创新"演进之路。其中,技术驱动阶段主要完成的是技术与知识的"引进、消化、吸收"环节,而产品驱动阶段主要完成技术与知识的"再创新"环节,这两个阶段是乡村自主创新从无到有的关键阶段,技术驱动阶段是产品驱动阶段的前提环节,而产品驱动阶段是技术驱动阶段的实现环节,两者相互补充、互为依存。

系统驱动阶段主要是通过建立乡村创新系统,为乡村自主创新能力的持续提升提供全方位保障。其中,多主体协同和制度创新作为乡村创新系统演进的主要动力,在创新投入到创新产出的各个阶段都发挥着重要的作用。除此之外,乡村创新系统的良性运转离不开城乡的融合发展及要素的双向流动。为了支撑乡村创新主体之间的高强度互动和学习,城市与乡村的要素双向流动必须顺畅自由,只有这样乡村自主创新能力才能得到提升。

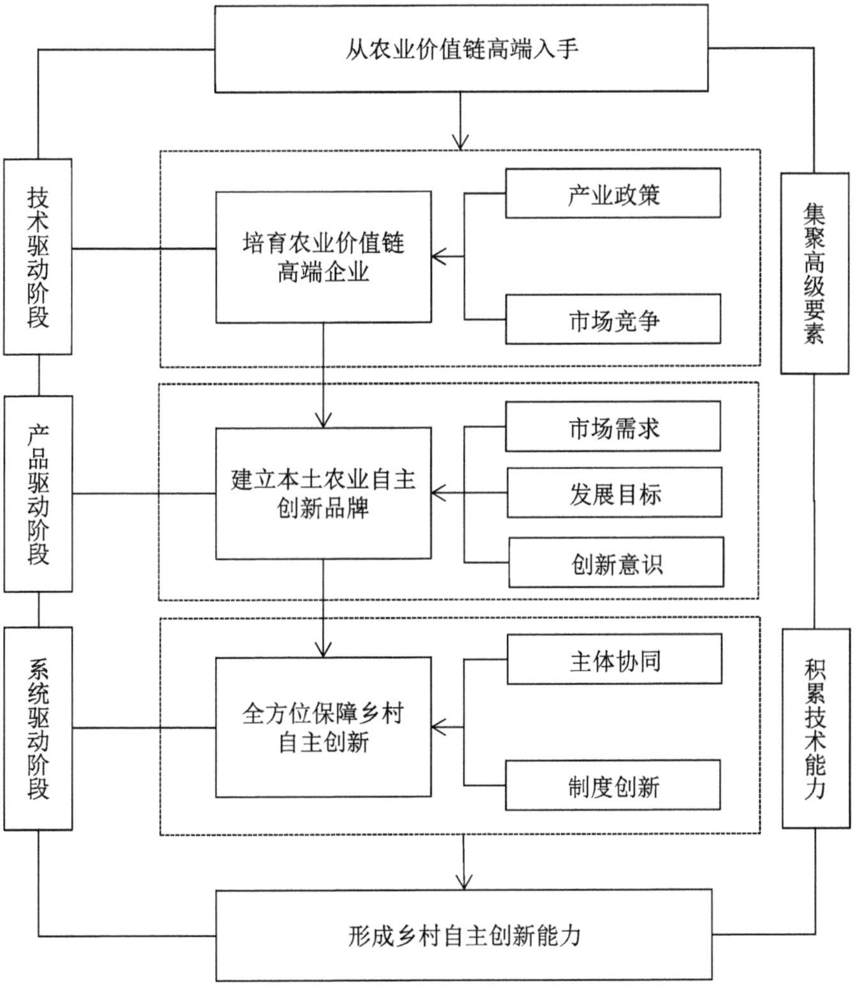

图 6-2　从农业价值链高端入手的乡村产业选择逻辑

乡村创新系统的构建和推动依赖城乡融合发展,其持续优化也会助推乡村与城市实现进一步的有机融合。当城市与乡村实现融合共生之后,未来乡村产业发展将进入一个新的阶段,即乡村产业与城市产业的协同发展阶段。唯有如此,乡村与城市才能真正实现均衡发展,乡村的概念不再与城市对立,城乡二元也不复存在,这才是乡村振兴的终极目标。

五、本章小结

本章运用演化发展经济学的基本原理对滇桂黔石漠化区如何选择乡村产业进行逻辑分析，提出滇桂黔石漠化区应彻底改变依据静态比较优势原理选择乡村产业的发展思维，遵循动态比较优势原理，从农业价值链高端环节入手，不断集聚高端生产要素，形成自主产品开发和自主品牌，才能真正实现乡村振兴。在这一乡村产业选择逻辑主线中，核心要义是"乡村自主创新能力"的提升，唯有具备了自主创新能力，乡村才能真正获得自生能力。滇桂黔石漠化区需要经历乡村自主创新能力形成的三个阶段，有条不紊地去补足乡村产业主体的创新短板。一方面是补足技术和知识的短板，主要通过技术和知识的"引进、消化、吸收、再创新"实现；另一方面是补足系统保障短板，主要通过多主体协同和制度创新实现。只有沿着这样一条产业选择的逻辑主线，滇桂黔石漠化区才能实现本地区的乡村产业振兴，乃至乡村全面振兴。此外，城乡融合发展是这一美好愿景实现的关键。

党的十九大报告提出关于实施"城乡融合发展"的乡村振兴战略，意味着中国的农业和农村发展进入新的历史时期。习近平总书记多次对城乡融合发展做出重要指示。例如，2018年10月25日在听取广东省委和省政府工作汇报时指出，要加快建立城乡融合发展的体制机制和政策体系，才能带动乡村产业、人才、文化、生态和组织振兴，实现乡村振兴。[①]2018年9月21日在十九届中共中央政治局第八次集体学习时指出，自1978年改革开放以来，我国广大农民在工业化、城镇化、农业发展和农村建设中

---

① 习近平在广东考察时强调：高举新时代改革开放旗帜 把改革开放不断推向深入 [EB/OL].（2018-10-26）http：//cpc.people.com.cn/n1/2018/1026/c64094-30363600.html.

取得了巨大成就。但是在我国十几亿人口的背景下,不管工业化和城镇化发展到哪一步,城乡将长期共存。40 年以前我们通过小岗村的家庭联产承包责任制拉开了改革的大幕;40 年后的今天,我们通过乡村振兴实现城乡融合发展和现代化建设。[①] 换句话来说,乡村振兴的实现以城乡融合发展为载体,乡村振兴又为城乡融合发展提供动力。滇桂黔石漠化区可以借助于城乡产业园区这一载体,不断实现乡村振兴与城乡融合发展的协同演进。

工业园区是优化生产力布局、加快经济结构战略性调整、提高区域竞争力、创造新的发展优势的有效手段和战略举措。滇桂黔石漠化区可以借助城乡产业园区这一载体建设,进一步优化投资环境,提高区域经济发展承载力和资源集约利用水平,按照布局集中、产业集群、资源集约、人才集聚的要求,根据区位特点和优势,规划建设城乡产业园区。在产业园区发展建设过程中,要围绕培育高新技术产业、提升产业集群水平和壮大新兴产业,加大对价值链高端企业的政策倾斜,以品牌打造为重点,以扶持价值链高端企业为关键,不断提升产业层次,增强产业综合竞争力,增创发展新优势[②]。

[①] 中国经济网. 乡村振兴这篇大文章,如何谋篇布局? [EB/OL]. (2019-06-02)[2020-07-26] http://bgimg.ce.cn/xwzx/gnsz/gdxw/201906/02/t20190602_32245244.shtml.

[②] 包宗顺. 城乡发展一体化进程中的苏南样本 [M]. 南京:南京大学出版社,2014.

第七章　滇桂黔石漠化区实施乡村振兴战略的重点突破口

中国特色社会主义进入新时代，党中央为从根本上解决"三农问题"做出了乡村振兴的重大战略部署，这也是全面建成小康社会之后农村工作领域最重要的战略任务。在乡村振兴的总体目标中，产业兴旺是重点与基础。上一章我们已经从工农业协同的视角阐述了农民增收的长效机制，并进一步提出了只有从农业价值链高端环节入手选择产业才能支撑乡村振兴的观点。本章我们将再次回到本研究的主题之一——制度，并从制度创新的角度回应上一章的核心议题。我们想要强调的是，无论是工农业协同发展，还是农村吸引价值链高端环节的企业，其实都离不开制度创新，清除发展的体制机制障碍对于城乡融合发展和农村产业兴旺的实现都是至关重要的。滇桂黔石漠化区作为欠发达地区，经济发展越是滞后，越需要通过制度创新发挥后发优势，唯有如此才能实现跨越式发展。在我国大力实施乡村振兴战略的大背景下，滇桂黔石漠化区完全可以发挥制度创新的后发优势，开创乡村振兴的新局面。只有乡村实现全面振兴，农民收入水平的持续增长才有物质保障。本章接下来将结合前几章的分析，从五个方面阐释滇桂黔石漠化区实施乡村振兴战略的重点突破口。

一、破除高端生产要素下乡的体制机制障碍，优化产业发展软环境

"三农"问题长期存在的主要原因在于，我国的快速工业化和城市化形成了一种"虹吸效应"，使得资本和人才等高端生产要素长期向城市单向流动，农村发展基础薄弱，而城市和乡村公共服务配置的不均等又加剧了这一趋势。滇桂黔石漠化区这一情况比其他地区更严重，农村地区的发展出现了不同程度的锁定效应，突破"路径依赖"、创造新的发展路径已迫在眉睫。而"乡村振兴战略"的提出为该地区实现跨越式发展和内涵式发展提供了难得的机遇。滇桂黔石漠化区以乡村振兴为战略支点，坚定推进制度创新，将潜在的后发优势转变为现实的竞争优势，从而运用制度杠杆效应实现路径创造和跨越式发展是可期的。当前推动乡村产业发展需要突破的关键瓶颈是，破除高端生产要素下乡的体制机制障碍，优化产业发展软环境。

（一）改变思想观念，加大正面宣传

我国传统社会存在比较严重的重农抑商思想，这种思想残余在农村仍然是存在的，从某种程度上来说，这成了资本下乡的一个天然障碍，由这种思想产生的不信任感会直接使得资本在下乡过程中受到阻碍。同时，中国农村社会呈现出典型的差序格局，外来人员想要融入进去，必须是在与之已经建立起了充分的信任和沟通基础上，除此之外，别无办法，这也成为制约人力资本下乡的一个重要因素。同时，由于进入的人才存在不熟悉乡村相关的地域风俗人情等原因，使得即便与政府或当地村民打破了隔阂也很难有效发挥自己的聪明才智，这就需要政府部门以及当地村民进一步解放思想，以全面深化改革为契机，真正用新眼光新思维看问题，摒弃过去那种对资本下乡的偏见，畅通资本、知识和人才等高端生产要素下乡的

渠道，为乡村振兴打下坚实的要素基础。在这个过程中，要积极弘扬和宣传正面典型，有力借鉴其中的积极因素，吸取失败案例中的教训，不断优化新一轮资本下乡、人才下乡的体制机制，以体制机制创新撬动先进生产要素有序下乡并扎根乡村建设。

（二）规范基层政府行为，实现监管高效化

在我国经济社会发展场域中，各个利益主体的博弈力量是不均等的，农民的天然弱势地位使其在博弈过程中处于劣势，农民利益在经济发展过程中没有得到有效保护的情况也时有发生。比如各级政府由于政绩考核压力，往往将经济增长目标层层加码分解给下一级政府，因此到了基层政府，比如乡镇政府的压力就非常大，做出与投资者合谋损害农民利益或者给予农民回报远远低于应得回报的决策。这种情况，相对于以工农业剪刀差推进建国初期的工业生产来实现国家地位稳固的国家政策不同，是明显的对农民利益的侵蚀。有鉴于此，就要充分界定政府、市场、农民权益的边界，实现市场范围内和市场体制下的有序活动。为了追求GDP的短期效益，在以往发展过程中，出现过为了实现短期数字上的增长，而对资源、土地等过度消耗的问题，这些问题需要充分发挥政府职能来推进解决。

基于公平、合理、合适、合情处理生产要素与农村居民之间的私人利益或者公共利益的分配问题，才能避免产生不公平问题。通常而言，生产要素下乡与村民提供的土地、人力等要素相比较而言，必有相当大的优势，这种优势以及地位的不匹配同样是村民利益容易受损的最大也是直接原因之一。而在项目推进过程中产生土地污染、水资源浪费、噪音影响等诸多问题又需要村民去承担，无论是资本与农民提供生产要素不匹配的问题，还是由于要素下乡在推进项目治理过程中产生的其他问题，都需要积极加以解决，否则必然会产生后续的众多社会矛盾和问题，从而影响政府的公信力。所谓不解决，就是政府相关部门在看到问题的时候无动于衷，任由问题发展，到最后导致问题越来越多越来越大。解决不好一方面是尝试努力解决，但在解决过程中出现困难便半途而废或者采取简单粗暴的方式把问题压下去；另一方面是在解决问题的过程中，由于政府能力局限，补偿

方案的设计未尽合理,进而衍生出次生矛盾。无论是初始矛盾还是次生矛盾,都需要政府出面来加以协调解决,充分体现政府的裁判员职能。为了避免下乡要素与村民提供要素地位天然不平等情况的发生,可以将以单个村民为对象的协商变为合作社或者村民集体出面,并尽可能避免主管人的单个人代理方式而转变为村民代表,以形成与下乡要素可以对等协商的利益共同体。同时,在这个过程中,由于村民所处于域内地理位置不同而产生的利益差异问题,政府要从项目开发初期就统筹考虑、整体设计,积极预见、提前解决,公平合理地处理利益差异问题。

(三)发挥基层组织的桥梁作用,实现城乡要素的有机融合

城市先进生产要素与乡村社会有着现实的隔阂,想要真正让乡村社会接纳和吸收这些先进生产要素并不容易。为了避免城市先进生产要素与乡村社会之间可能出现的"两张皮"现象,实现下乡要素与乡村的有机融合,必须要有制度和组织保障。要最大限度地避免城市先进要素与乡村经济之间简单粗疏的合作模式,考虑到乡村社会差序格局的存在,城市先进要素与乡村经济的结合必须考虑农民的情感、态度和立场问题。如果城市先进要素采取居高临下的强制性合作模式,容易对农民感情产生伤害,特别是资本的强势地位容易造成农民在心理和物质上的附属性,长此以往便会产生抗拒心理,必然影响到城市先进生产要素作用的进一步发挥,制约下乡要素与乡村经济之间的融合。基于此,必然要求下乡要素与农民利益之间形成有机契合,不断推动乡村产业发展、实现双赢。在这个过程中,需要真正以乡村治理体系的创新来破除要素下乡的障碍,其关键在于,要充分发挥基层党组织在基层治理中的主导作用,以村民自治为基础、法制约束为保障、道德强化以及社会主义核心价值观培育为补充,积极探索适应于本地的治理方式。为建立现代乡村社会治理体制,必须实行党委领导、政府负责、社会协同、公众参与、法制保障的一整套制度,在治理有效的基础上,实现下乡要素与乡村实际状况的有机契合,为乡村产业发展营造良好的制度与组织保障。

二、加快乡村基础设施提档升级，夯实乡村产业发展硬环境

乡村拥有一些城市没有的独特资源，比如新鲜的空气、优美的环境、新鲜的果蔬、特色风土人情和文化等，连接这些乡村优质资源和城市消费者之间的桥梁就是硬件基础设施，而当前农业农村发展的短板也在于基础设施建设的滞后。中共中央国务院颁布的《关于实施乡村振兴战略的意见》中指出，"'三农'问题是关系国计民生的根本性问题，没有农业农村的现代化，就没有国家的现代化"①，并着重提到"农村基础设施和民生领域欠账较多"是我国发展不平衡不充分问题在乡村的重要体现。在中共中央国务院印发的《乡村振兴战略规划（2018—2022年）》中更是将"农村基础设施建设不断加强，农村社会焕发新气象"②作为规划的重点内容，强调"应当清醒地看到，现代化建设中最薄弱的环节仍然是农业农村"，将解决"农村基础设施建设仍然滞后"的问题作为各级政府规划中要重点关注的问题。

（一）注重规划衔接，协同推进城市和乡村基础设施建设

滇桂黔石漠化区要积极推进城乡基础设施建设统一协调与配置，在规划设计阶段和基础设施建设过程中，要依据地方实际，合理规划适宜本地区资源禀赋和空间结构的基础设施，建设适宜本地区生产生活和产业发展要求的基础设施，要有一定的前瞻性，同时也要避免过度超前和浪费，要进行科学的布局。比如对于城郊村庄，就要确保基础设施与城市的互联互通，以满足对城市部分人口及产业功能接收的基础设施建设的需要。对于特色村庄，要在基础设施建设过程中更多考虑对原始特色的保护及利用，

---

① 中共中央国务院关于实施乡村振兴战略的意见 [N]. 人民日报，2018-2-5（1）.
② 中共中央国务院印发《乡村振兴战略规划（2018—2022年）》[N]. 人民日报，2018-9-27（1）.

尊重该地区人民意愿和传统文化保护的需要，切实以基础设施建设保障和满足各方面利益需求。对于因为自然条件不适宜生产生活或者空心化严重的村庄，在推进基础设施建设过程中要统筹考虑生态、人们可承受、现代农业发展及具体社会发展要求等，确保人民满意，设施稳固。

考虑到基础设施的不完善是制约经济发展的重要原因，这就要求政府必须要加大对重点地区，尤其是滇桂黔石漠化区的资金扶持力度，推进基础设施建设。在推进基础设施尤其是水利农田基础设施建设过程中，要确保对耕地红线的严格遵循和对生态要求的严格落实。在推进农村基础设施建设过程中，要以当地村民实现就业收入渠道的扩大和收入的增加为根本目标。除此之外，还要加大对农村学校的教育基础设施建设投入，确保基础稳固。结合鼓励要素下乡的要求，要充分发挥各方力量在基础设施建设中的积极作用，积极引导和撬动社会资本投向农村，在实现农村基础设施改善、人民生活水平提升的同时，实现社会资本效益的最大化。要综合考虑资本、社会、人员的承受度，科学合理地把握节奏力度，按照规律办事，遵循人民意愿，最大限度满足人民群众要求，并以正式制度的形式把为农民农村推进基础设施的标准和目标固定和确认下来，确保持续稳定发展。

由于滇桂黔石漠化区自然禀赋条件的特殊性，存在返贫的可能性，因此更加需要谨慎推进，打好基础。从这个层面来说，基础设施建设就是打基础保稳固促长远的一项基础性工作，也就是说无论是在脱贫攻坚的关键期还是脱贫之后，都需要抱着持之以恒的态度来推进基础设施建设。在这个过程中，贵州作为国家扶贫开发的一个主战场，在村屯道路建设上，按照"通不了就搬、搬不了就通"的原则，启动农村公路"组组通"建设，率先在西部地区实现100%建制村通沥青（水泥）路和通客运班车的实践，为全国范围内推进基础设施建设、促进地方经济社会发展起到了很好的示范作用。

此外，要建立健全城乡基础设施一体化规划的制度安排并落到实处。按照城市的基础设施建设标准，推进乡村基础设施建设，逐步实现乡村与城市道路、网络、消防、文化、体育等设施的有机衔接，要避免城市发展过程中存在的问题或者污染项目向农村转嫁问题，实现有效监管和人民环保生态意识的提高，避免在城市中出现的问题在新时代的农村中重现，从而实现长久和谐绿色发展。对于一些需要的数据监测和统计，要按照城乡标准统一或者乡村标准高于城市的要求来加以推进，并实现监测和实验数据结果的动态反馈以及评价报告的及时发布，切实实现全民监督、全民参与、全民共享，保障基础设施建设的质量、效果以及效用。对于已经建成的基础设施，要充分发挥多方力量，对使用、管护给予最大程度的保障，实现持久利用和高效利用。

欠账较多的农村基础设施建设是一个长期工程，在人力物力财力有限的情况下，要更加坚持问题导向，切实把资金投入到最迫切需要解决的领域。同时，要注重对乡村产业发展关系密切的基础设施的倾斜投入，助力乡村振兴。有学者研究指出，农业基础设施建设与农产品的供给与产出有着双向影响、互为因果的关系，只有强化农业基础设施，才能打破农业基础设施与农产品生产相互掣肘的局面[①]。

以浙江省为例，"千村示范万村整治工程"成为国内最早实现以城市基础设施建设标准进行农村基础设施提档升级的省份。建设农村基础设施，在坚持问题导向的同时也要注重重点突破，聚焦影响村容村貌的垃圾污水治理、厕所革命、农业废弃物资源化利用以及农村电力、水利、道路、医疗、教育等基础设施建设短板，确保农村和城市享受一样的公共服务。

此外，农村基础设施提档升级工程要充分发挥政府的主导作用，逐步建立健全以基础设施建设为主要载体和连接体的城乡融合发展政策体系，确保农业农村的优先发展。乡村振兴无论从出发点还是落脚点来看，都是聚焦于人民幸福、收入提升、共建共享、城乡互动。

（二）切实推动农村硬件基础设施提档升级

随着经济社会的发展和进步，国家惠农支农益农政策效应逐步凸显，尤其是在农业基础设施建设上取得了突出进展，但是由于农村面积大、发展不平衡，部分地区仍然存在"渠系老化、饮水不足、排水不畅、农田用

---

① 林后春.农业基础设施的供给与需求[J].中国社会科学，1995（4）：54-64.

水困难"[1]等问题，滇桂黔石漠化区农业基础设施建设仍有待加强。有学者使用2003-2014年全国30个省（区、市）的面板数据，对内生性较弱的农村基础设施对农业经济增长的影响进行研究发现，"农村水利、信息、卫生环境和滞后两期时的交通运输基础设施对农业经济增长有显著的正效应"[2]。为了进一步推动农业农村的发展，需要把农村公路、供水、供气、供电、环保等基础设施建设作为农村发展的重点，实现全国范围内公路村村通以及公路的有效养护，确保农村饮水安全、电力通达、网络通达、服务通达。

对于农业聚集区，要研究出台示范区、生产基地等特色农业生产集聚区的扶持政策，支持建设通往各个示范区、生产基地的道路，提升示范区、生产基地通达公路等级，提高通达率，满足生产需要和开发要求。对于推进基础设施所需要的资金，滇桂黔石漠化区要适当向基础设施领域倾斜，采取多种形式和办法，扩大农业农村基础设施领域的资金来源，充分发挥当地村民在推进当地基础设施建设，以及养护中的积极性和能动性，切实发挥人民群众积极性，实现基础设施的高效利用和有效管理。在这个过程中，要按照"政府应在公益性现代农业基础设施投资中发挥主导作用，同时要激励市场机制在私益性现代农业基础设施投资中发挥决定作用，还需要在准公益性现代农业基础设施中构建市场、政府与社会有机耦合的投资机制与模式"[3]，推进社会各方对农村基础设施建设的投资。

进一步说，就是对于那些市场解决不了又充分体现公益性的项目，比如道路、管道建设等，要充分发挥政府主导作用，推进基础设施的建设；对于涉及营利性企业的，要在明确市场作为资源配置主体力量的前提下，充分发挥政府的协调作用。以城乡融合为契机，以改革发展为动力，扩大农村基础设施建设的资金来源渠道，切实增加农村基础设施建设投入资金，并以此实现城乡之间要素的双向流动，不断推动社会事业、公共服务向农

---

[1] 廖西元，李凤博，徐春春，等.粮食安全的国家战略[J].农业经济问题，2011（4）：9-14.
[2] 张亦驰，代瑞熙.农村基础设施对农业经济增长的影响——基于全国省级面板数据的实证分析[J].农业技术经济，2018（3）：90-99.
[3] 王定祥，刘娟.乡村振兴中现代农业基础上合适投资机制与模式[J].农村经济，2019（3）：80-87.

村的延伸。同时，着力畅通城市与乡村之间的融合和沟通，不断衍伸城市基础设施网络，逐步推动城乡一体化发展。要切实按照《中共中央国务院关于建立健全城乡融合发展体制机制和政策体系的意见》所提到的"坚持遵循规律、把握方向，顺应城镇化大趋势，牢牢把握城乡融合发展正确方向，树立城乡一盘棋理念，突出以工促农、以城带乡，构建促进城乡规划布局、要素配置、产业发展、基础设施、公共服务、生态保护等相互融合和协同发展的体制机制"[①]的要求，充分发挥规划的引领和保障作用，以体制机制确定的形式保障基础设施建设精准落地。

（三）协同推进农村传统基础设施和新型基础设施建设

对于农民而言，包括水利基础设施在内的农业基础设施建设至关重要。朱晶和晋乐通过实证研究发现，农业基础设施投资对粮食生产成本的降低具有显著作用，即"农业基础设施投资存量增加1%，水稻、小麦与玉米的私人生产成本分别下降0.02%、0.05%和0.1%，且节本效应逐年凸显；基础设施分别贡献水稻、小麦、玉米全要素生产率增长的12%，19%和34%"[②]，并且农业基础设施建设对中西部地区的正向影响要显著高于东部地区。邓晓兰和鄢伟波通过1988–2014年我国农业有关基础设施建设数据，分析农村灌溉、道路、电力和医疗基础设施对农业全要素生产率的影响，并通过GMM方法检验其产生的溢出效应，发现灌溉基础设施对农业全要素生产率具有最明显的溢出效应[③]。蔡保忠和曾福生也通过对基础设施与粮食安全保障之间的关系的实证研究，证实"农田水利设施是保障粮食增产最重要的农业基础设施"[④]。这些研究表明，涉农基础设施建设对于提升农业绩效是非常重要的。

---

① 中共中央国务院关于建立健全城乡融合发展体制机制和政策体系的意见[N].人民日报，2019–5–6（1）.
② 朱晶，晋乐.农业基础设施、粮食生产成本与国际竞争力——基于全要素生产率的实证检验[J].农业技术经济，2017（10）：14–24.
③ 邓晓兰，鄢伟波.农村基础设施对农业全要素生产率的影响研究[J].财贸研究，2018（4）：36–45.
④ 蔡保忠，曾福生.农业基础设施的粮食增产效应评估——基于农业基础设施的类型比较视角[J].农村经济，2018（12）：24–30.

滇桂黔石漠化区要积极推进适宜本地区的农业基础设施建设，科学布局灌溉工程，加强沟渠的引水能力，实施农业节水工程。为了建设现代化灌区，需要在完善田间节水设施的同时，加大大中型灌排骨干工程节水改造与建设力度，构建覆盖全体村民、利益共享的水利网络。对于容易在雨季出现洪涝的地方和旱季容易出现干旱的地方，要统筹推进大型水利设施建设，适时推进节水工程，在居民素质较高和互联网较为普及的地区，可以先试先行并推广智慧农业和智慧水利。对于水利等基础设施建设，要落实产权以实现工程设施的长期合理有效使用。

与此同时，要加快推进农村新型基础设施建设，夯实乡村信息化基础。如果说水利道路是传统农业发展必需的要素的话，那么针对农村信息化应用水平、农业物联网和互联网等技术偏低、技术推广还处于起步阶段的情况[1]，必须认识到在新时代以及未来农业农村发展中，互联网技术将成为支撑农业农村发展，和水利、道路并驾齐驱的重要组成要素，这就尤其需要电信网络基础服务的有效落实，以及互联网技术与农业农村生产生活的有机结合。要科学规划布设农业园区内电网，保障电力供应，加强产业园区互联网建设，确保及时将优质可靠的移动网络送到田间地头。对于乡村学校的发展，也要积极推动信息化建设，确保乡村学生可以通过网络享有和发达地区一样的教育资源，尽可能缩小与发达地区学生教育的差别，以基础设施的完善促进均衡教育、同步前进、共同提高。同时，要充分建立健全支持一二三产业融合发展的基础设施体系。当前，随着互联网的迅速发展及 5G 技术的到来，物联、智能、互通将成为未来农业发展的趋势。

同时，随着经济社会的不断发展，产业之间的划分将不同于以往单纯的一产、二产、三产，将更加趋向融合，为此，率先补上农业农村方面基础设施短板，为实现一二三产业融合在农村的发展提供坚实基础也成为当前的必然工作。为此，要充分建立农业农村中丰富、智能、高效的物流配送体系及基础设施，为实现农村优质农产品的销售提供坚实基础。

要以交通基础设施的便利实现农民传统民家住房的商业化应用，就必

---

[1] 余欣荣.我国现代农业发展形势和任务[J].行政管理改革，2013（12）：10-15.

须推动乡村旅游的发展，同时也为充分依托农村优质的条件和资源发展创意农业、文化农业、休闲旅游农业、体验农业提供便利。此外，要构建农村现代能源体系，传统农村地区仍部分使用木柴作为主要的煮饭做菜供给能源，随着经济社会发展、环保力度加大及条件改善，要适时推进清洁能源进农村工程，不断以能源基础网络设施的建设，实现燃料使用的清洁化。在这个过程中，要大力推广绿色技术、节能技术，实现互联网技术在农村构建现代农业体系中的应用，不断推动农业农村能源技术的革命化发展。

三、建立城镇化与乡村振兴的协同发展机制

（一）以小城镇建设为突破口，促进乡村振兴与城镇化有机衔接

在党的十九大报告中，习近平总书记特别强调，"人民对美好生活的向往就是我们的奋斗目标"。滇桂黔石漠化区城镇化相对滞后，但可以通过建立小城镇建设与乡村振兴的有机衔接机制，有效推动经济社会发展和人民生活水平的提高。在这个过程中，要坚持以人民为中心推进小城镇建设，要极力破除城镇化过程中农民无法享受城镇化红利的发展悖论。要尽可能破除体制机制障碍，使更多有能力有意愿进城落户的农民可以无障碍入户当地小城镇，推动就近、就地城镇化的发展，从而实现小城镇建设与乡村振兴的有机衔接。

十八届五中全会上提出以"创新、协调、绿色、发展、共享"为主要内容的五大发展理念，具体到城镇化发展方面，就是推动镇与城、大与小之间的有序衔接和有机协调，不断推动城市到农村社会各阶层都能充分享受到城镇化发展的利益。同时，城镇化发展要与乡村振兴有机契合。乡村振兴战略作为十九大提出的七大战略之一，也必然是接下来相当长时期乡村建设和发展的根本指引。要通过对土地产权制度的改革、对利益共享的

改革、对人才集聚的政策制定等,协调推进城镇与农村的发展,把那些在城镇建设和发展过程中有益于农村的建设经验,不断吸收进农业农村中,推动农业农村不断繁荣发展,使农业农村成为人们向往的地方。滇桂黔石漠化区在推进小城镇建设过程中,要与本地区的资源禀赋优势紧密结合,着力推动城镇化和乡村振兴的相互促进,体现最大程度的包容性。

(二)坚持新发展理念,推进包容性城镇化

许经勇认为,新型城镇化的重要内涵就是充分体现"以人为本",即通过新型城镇化实现对农民的全方位转移,包含了身份的转移、意识的转移与工作方式的转移等。[①]宋娟则提出了从包容性生产、包容性分配、包容性交换和包容性消费四个方面进行城镇化的包容性增长具体路径选择。[②]王莉荣借用包容性增长思想研究发现,广西的城镇化公共服务和基础设施建设投入严重不足。[③]周阳敏提出,包容性城镇化就是城镇化坚持以包容性增长为目标,采用包容性的手段,制订包容性的制度框架,实施包容性的配套措施等,以实现城市与环境之间、城市与社会之间、城市与城市之间、城市与乡村之间及城市内部各板块之间相互协调与可持续发展。[④]滇桂黔石漠化区在推进包容性的城镇化过程中,要充分贯彻"创新、协调、绿色、发展、共享"五大发展理念。一个地区的城镇化是否具有包容性,最终要看普通人民群众特别是农民在城镇化过程中享受到了多少实惠,以及在多大程度上能够享受到工业化和城镇化带来的红利。比如,能不能平等地享受到教育、医疗等公共服务。

滇桂黔石漠化区在推进城镇化发展过程中,要严格遵循开放包容、互利共赢和务实高效的原则,不断以共同增长来增进民生福祉,推动工人、农民、城市各方对城镇化的建设热情,共同推动城镇化的建设和发展。在

---

① 许经勇.解读新型城镇化的内涵[J].北方经济,2014(05):4-6.
② 宋娟.由城镇化实现包容性增长的路径选择[J].农业经济,2013(10):12-14.
③ 王莉荣.广西城镇化进程中推进包容性增长的路径选择[J].广西社会科学,2013(12):32-35.
④ 周阳敏.包容性城镇化、回归式产业转移与区域空间结构优化——以河南省固始县为例[J].城市发展研究,2013,20(11):20-26+74.

具体推动的过程中，我们要大力推动城市基础设施建设，充分利用"互联网+"发展智慧城市，发挥智能技术在城市管理方面的积极作用，严格遵循"创新、协调、绿色、开放、共享"的五大发展理念，大力推动绿色城市建设，并充分利用城镇规划、设计等创新城市发展，让城市成为人们向往的地方。同时，要避免在推动过程中小城镇发展的粗放、圈地等行为，着力推动城市群的发展，以城市群的发展来带动农民进城，促进城市与城市之间的协调、配合以及要素共享和互补。加强对中心城镇的培育和以中心城市为中心的城镇化、城市群的培育，建立均衡、高效和城乡共荣的城镇化发展模式。同时，加强社会治理，倡导政府与社会的平等合作关系和培育公民的自主性与社会的自治性，走出一条合作共治、高效民主、由动员参与到自主参与的合作社会治理之路。逐步剥离户籍所蕴含的隐形福利和各种权利，逐步实现公民身份的平等。在涉及土地制度改革方面，逐步向农村土地与城市用地的权属统一、城乡用地同等开发的方向努力，探索实施广大进城农户带着资产进城的各种方式和途径，突破要么进城去地、要么留地不进城的限制，充分保障农民的自主选择权和利益拥有及获得权。公共服务和社会保障分批次分阶段逐步实现全覆盖。在城市的设置调整方面，突破以往过度强调名称的改变而带来的盲目城镇化，提倡"以大带小"的城市发展模式，避免资源的浪费和机构设置的臃肿。

　　提升城镇化包容性发展力度，也就是说政府在制定政策过程中，要更多地让群众参与进去，吸取群众中关于发展的好点子，结合政府自身的政策需求，推动更为人性化的城镇发展。比如说在由于农村土地转换用途而形成的巨大收益分配方面，就要改变过去那种大部分增值收益被政府和开发商占有的情况，真正把以人民为中心落到实处。政府采取包容性发展策略和制定包容性发展制度，集中精力提供优质均衡公共服务，推动农民可以在城镇享受和城市居民一样的服务。切实破解为城镇发展做出巨大贡献却又无法享受城镇发展红利的发展悖论，进一步推动实现人民群众对美好生活的向往的奋斗目标，推动城镇化发展的包容性和可持续性，并以此吸引更多人进入城镇，推动城镇的进一步发展，切实实现城镇发展与人民利益共享之间的互动和协调。

（三）制定和完善土地增值的利益共享机制

我国改革开放以来的城镇化进程中，大量的农村集体土地转变为国有土地，地方政府逐步形成了"征地－城市扩张－基础设施建设－土地增值－再征地"的发展模式。在这个过程中大部分土地增值收益被政府用来推动下一步发展，农民从土地增值中的获益不多。滇桂黔石漠化区在建设小城镇过程中要避免这种发展模式，使土地的增值收益在政府、开发商、农户之间形成一种合理的分配机制。

滇桂黔石漠化区作为少数民族聚集区，在坚持我国农村基本经济制度的前提下，在有些领域可以先试先行，比如可以尝试推进农地经营权资本化试点。随着经济社会发展，资产作为收益载体日益显示出独有的优势和作用，也就是说通过资本市场将要素市场与资产性收益有机结合起来，民众可以利用自己所拥有的资产进行投资和买卖，进而取得转移居住的资金或者进行其他投资获得收益。与此同时，不断地推进土地与农业现代化的结合。"三权分置"实现了农地所有权、承包权和经营权的分离，使那些真正有意愿有能力在农村做出一番事业的人有了机会，农地资源可以得到更有效的配置。与此同时，农地经营权放活一定要因地制宜地与农业适度规模经营相结合，与发展现代农业和提升农业价值链相结合，与城市的需求接轨。在这个过程中，可以充分借鉴温州的"三分三改"的农村集体产权改革、成都的统筹城乡制度改革和苏州的土地制度改革等先行先试经验。

温州的改革起始于2010年，以"政经分开、资地分开和户产分开"和"股改、地改和户改"为主要内容，也就是行政组织与集体经济组织分开，在土地集体所有制框架下，集体土地与除集体土地之外的非资产要素分开，农民所享有的各种权益与户口分开。同时对集体资产进行分置改革，农民以自身资产入股，获得一定股份并取得收益，将集体土地进行农用地、宅基地等细分，以居住地作为入户基本条件，消除户籍隐含福利所带来的发展成果享受差距，成功推动破除城乡二元结构，加快城乡一体化建设进程。"三分三改"的实践是新时代农村改革的一个创新，它成功理顺了村社关系，尤其是关于集体资产产权与集体资产管理之间的关系，开创了动员治理变为参与治理的局面。同时，明晰了集体资产产权，为推动接下来的市场化改革奠定了基础，进一步打破城乡二元体制结构，实现了新时代下的城乡融合发展。这种改革有别于广东南海早期的集体资产股份制改革，也有别于北京市推动的资产量化改革、上海市推行的集体资产和土地改革。它有机融合了政治、经济、文化等各方面要素，实现了各方面的有机协调与配合，并以此实现整体效率。

成都土地产权制度改革起始于2003年，通过"确权－产改""挂钩－置换"等循序渐进的措施实现了承包地、宅基地的流转和农户的基本收益。苏州的土地产权制度改革成为"苏南模式"的核心，主要通过推进以"引导工业、农业、人口向工业园区、农业规模集中区、农户新型社区集中"为主要内容的"三个集中"，实施以"将集体资产所有权、分配权置换成社区股份合作社股权，将土地承包权、经营权置换成土地股份合作社股权或以预征地方式置换基本社会保障，将宅基地使用权及住房所有权参照拆迁或预拆迁办法置换城镇住房，或进行货币化置换，或置换第二、三产业用房，或置换股份合作社股权"的"三个置换"，深化以"土地股份合作社、社区股份合作社、专业合作社"为主要内容的"三大合作"，完善"三大保障"、强化公共财政支农、推进农业保险和担保、统筹城乡就业、建立生态补偿机制、创新社会建设管理体制机制等系列政策意见，以制度创新推动城乡发展。苏州模式打破了城乡二元结构，实现了农业规模经营和农民变市民及农民带着资产进城，最大程度上实现了农民与市民共享资源增值收益，为中国农地产权制度改革提供了经验。在农村土地使用制度创新方面，剥离附加在户籍上的种种制约和经济利益，让广大农民换股进城、换保进城、换房进城，通过减少农民数量、整合资源等形式，为工业化、城镇化发展提供空间，为农民增收创造了新的途径。

四、利用新一代信息技术改造传统农业

"改造和提升农业产业链,是创新我国农业发展方式、实现农业现代化的重要途径"[①],是实现农业跨越式发展的重要方式。"在'互联网+'战略的引领下,互联网与信息技术的应用在中国农业产业链变革中发挥着越来越重要的作用"[②],其"依托现代信息技术,通过对农业生产环境的智能感知和数据分析,实现了农业生产的精准化管理和可视化诊断"[③],进而促进生产方式发生变革。随着经济社会发展以及互联网技术的普及,物联、互通、智慧成为农业发展的必然趋势,也成为现代农业发展的根本要求,更是实现乡村振兴的重要保障。在这个过程中,"互联网+"为农业产业链创新提供了发展空间和动力机制,通过理念、制度和技术重构物质流、资金流和信息流,推动农业产业链向共生、互利、共赢模式转变[④],通过"农业信息传播的快捷性与销售模式的创新性、农业资源的优化配置与城乡间的统筹发展、金融服务水平提升与'双创'"[⑤]等形式,助力了我国现代农业的发展。

朱秋博等基于农业部农村固定观察点 2004-2016 年的农户数据和农村信息化补充调查,通过实证分析,证实"信息化发展对农户农业全要素生

---

① 成德宁,汪浩,黄杨."互联网+农业"背景下我国农业产业链的改造与升级[J].农村经济,2017(5):52-57.

② 唐润,关雪妍,于荣."互联网+农业"产业链协同平台建设[J].中国科技论坛,2018(9):121-127.

③ 胡亚兰,张荣.我国智慧农业的运营模式、问题与战略对策[J].经济体制改革,2017(4):70-76.

④ 施威,曹成铭."互联网+农业产业链"创新机制与路径研究[J].理论探讨,2017(6):110-114.

⑤ 倪喆."互联网+"时代农业发展新常态研究[J].农村经济,2017(9):14-18.

产率具有促进作用，这种作用主要来源于农业技术效率的提高"[1]，信息化推动农业生产率提升及信息化能够推动农业生产率提升，其具体的政策含义就是要大力普及及宣传推广互联网，切实以"互联网+"实现农业生产率的提升。进一步说，互联网技术为滇桂黔石漠化地区实现追赶提供了技术机会窗口，该地区可以运用互联网技术"加快促进产业向高端化、信息化、集群化、融合化、生态化、国际化方向发展，进一步拓展延伸产业链、提升价值链、完善供应链，加快构建产业新体系，全面提高产业核心竞争力"[2]，实现农业跨越式发展。2017年中央农村工作会议推进"互联网+农业"提出专门要求和部署，加快建设现代农业产业、生产和经营体系的构建，推动中国特色社会主义乡村振兴战略实施，推动农业供给侧结构性改革以至于使农业创新力、竞争力和全要素生产率得到不断提高[3]。从经济学视角来看，"互联网+"时代下为农业"借助大数据、物联网、云平台等信息科技对各类资源进行优化配置"[4]，为推动农业转型升级提供了机会、条件和保障。针对"互联网+农业"能不能成为推动农业转型升级的关键力量，"淘宝村的兴起则展示了互联网信息技术改造农村社会的巨大潜力"[5]，为我们提供良好的示范和引领。而以新一代科学技术实现农业跨越式发展——即实现互联网与农业发展的有机融合是一项大工程，涉及公共部门、互联网发展及农业自身的特点，需多方合作、共同发力，才能够真正实现"互联网+"背景下的农业跨越式发展。

（一）加强新一代信息技术培训，树立互联网意识

意识是行动的先导，对于利用互联网推动农业跨越式发展，其中涉及的相关主体首先需要的就是要拥有互联网意识。通过对全国多个新型农业

---

[1] 朱秋博，白军飞，彭超，等.信息化提升了农业生产率吗？[J].中国农村经济，2019（4）：22-40.

[2] 费洪平.当前我国产业转型升级的方向及路径[J].宏观经济研究，2017（2）：3-8+38.

[3] 新华社.中央农村工作会议在北京举行 习近平作重要讲话[EB/OL].(2017-12-30)[2023-08-02].

[4] 张伟."互联网+"视域下我国农业供给侧结构性改革问题研究[J].甘肃社会科学，2018（3）：116-122.

[5] 高彦彦.互联网信息技术如何促进农村社会经济发展？[J].现代经济探讨，2018（4）：94-100.

经营主体调查，阮荣平等发现，"目前新型农业经营主体已具备较好的信息基础设施条件，但是其信息获取意识不强，信息获取渠道比较单一，并由此导致新型农业经营主体信息需求与政府部门信息服务供给有些脱节，在信息获取过程中存在获取困难、准确性差、不够及时、不能满足生产经营需要等问题，信息进村入户工程等政策措施的实施效果难以尽如人意"[1]，这就充分体现了如果没有相关主体意识的增强，单纯的建强配优基础设施，对于推动农业发展尤其是"互联网+农业"发展只会事倍功半。

胡伦和陆迁通过793份农户调查数据，考察互联网信息技术使用对农户收入影响的异质性及作用机制。研究发现，互联网信息技术使用会降低农户信息搜寻成本、形成较强价格效应，拓展市场参与范围、提升人力资本，进而达到增收效果[2]。这体现了经营主体互联网意识的增强对推动增收的巨大作用，表明加快树立与培育在农业发展过程中相关经营主体的互联网意识，对农业技术化、智慧化发展来说十分重要。而培育互联网意识首先就是要立足实际，以突破空间与时间限制来推进问题解决。其次，公共部门中的涉农单位与机构要加强互联网意识的学习培训，大力组织互联网知识培训，积极宣传与传授互联网知识，培育各单位，以及公务人员形成互联网思维、互联网意识，并以互联网思维和互联网意识的提高来推动互联网技术与农业产业发展的融合。同时，公共部门要改善互联网技术的硬件设施条件，在有条件的情况下建立网络办公系统，让公务人员在日常工作中逐渐熟悉互联网办公技术。在这个过程中，同样也要强化对农民的培训。

"互联网+农业"融合发展需要具有互联网技术、农业技能、农业互联网经营的复合型高素质人才。对于人才培养，目前主要采用吸引外来人才或者本地培养两种方式。基于此，首先要通过优惠的人才引进政策吸引大学毕业生，包括工资、福利、配套基础设施、落户政策等。其次，大力培育本地人才。重点培养符合"互联网+农业"发展要求的新农人。"新

---

[1] 阮荣平."互联网+"背景下的新型农业经营主体信息化发展状况及对策建议——基于全国1394个新型农业经营主体调查数据[J].管理世界，2017（7）：50-64.
[2] 胡伦，陆迁.贫困地区农户互联网信息技术使用的增收效应[J].改革，2019（2）：74-86.

农人指的是有文化、懂技术、具有营销技能的农民,是随着智慧农业的发展而产生的新型农民"①。新农人的培养要遵循循序渐进原则,因为我国的农民基数大,对待互联网等新兴事物的接受能力不强。因此,传统农民向新农人的转变需要时间,不可能一蹴而就。必须建立合理的培养机制,逐渐加强人们的互联网意识,以逐步提高现代化农业的发展水平。提升互联网技术思维以及在实际操作层面的深度和广度,有赖于在实践过程中形成收益预期。为了进一步推动互联网技术在广大农村地区、农业领域的广泛应用,必须切实以互联网技术推动农业技术革命,实现农业增产增收,只有这样,互联网思维才更为长久和稳固。

(二)加快新一代信息技术在农业全产业链中的融合应用

随着经济社会发展及互联网的逐步普及,"互联网通过技术渗透与传统产业逐步融合,催生了一系列新业态"②,也由此加快新一代信息技术在农业全产业链中的融合应用,推动农业发展,助力农民增收。为了进一步推动信息技术在农业全产业链中的融合应用,需要首先着力构建起"互联网+农业"发展模式,实现互联网技术从农业种植到加工销售的全覆盖。

要想实现农产品流通、农民收入的增加和市场竞争力的提高,基于网络的农产品营销管理能否搭上信息化的快车是关键③。具体而言,就是"依托互联网开放性、共享性、去中心化的本质特征,利用大数据、移动互联网、物联网等电子信息技术,精准、高效地完成营销"④,从而实现销售渠道在互联网支持下的提档升级。提档升级的实现依赖于两个因素,"一方面,借助互联网实现对客户的精准寻找,并采取提前预定等方式,保障产品销路;另一方面,通过互联网参加各类交易会、展销会和推介会,切实提高产品

---

① 龙江,靳永辉.我国智慧农业发展态势、问题与战略对策[J].经济体制改革,2018(3):74-78.

② 郭美荣,李瑾,冯献.基于"互联网+"的城乡一体化发展模式研究[J].中国软科学,2017(9):10-17.

③ 王微微.特色农产品互联网营销模式研究——以四川省为例[J].农村经济,2018(10):58-63.

④ 李爱萍.山西省"互联网+农产品"营销模式研究[J].经济问题,2018(4):70-76.

知名度"[①]，利用互联网技术有效地实现产业链延伸、价值链提升和利益链的完善。农民可以通过保底分红、股份合作、利润返还等形式分享全产业链收益。"在'互联网+'背景下，'智慧农业+主导企业'与'农村电商+农户计划'作为两种有效促进农业产业化升级的产业链模式，为推动农业与一二三产业融合、增加农民收入提供了动力和方向"[②]。

此外，要大力发展农产品加工业，鼓励企业兼并重组，淘汰落后产能，支持主产区农产品就地加工制造。针对农产品产后分级、包装、营销等农产品销售中的突出问题，需要建立现代化农产品冷链仓储物流体系，打造农产品销售公共服务平台、邮政及各类企业服务网点，使农产品产销衔接机制稳定，鼓励支持互联网下新型农业产业模式的市场主体加快建设大范围的基础设施，推动农村电子商务的发展。加快实施电子商务进农村综合示范，推动农村现代化流通。加快建设休闲观光园区、森林人家、康养基地、乡村民宿、特色小镇，突出设施完备和功能多样的特点，以推动休闲农业和乡村旅游精品工程的实施。采取便利市场准入和加强事中事后监管的措施，促进利用闲置农房发展民宿、养老、特种行业，推动乡村发展共享经济、创意农业、特色文化产业。另外，可以采取政府引导的形式，将农村基础设施建设与特色产业有机融合，实现产业融合发展与人居环境改善、农民增收的互促互进。

"如何在可持续发展理念指导下，选择科学的、适用的发展模式，提升社会、经济和生态效益，是现代化农业发展的热点问题"[③]，当然也是推进一二三产业融合需要考虑的问题，而"互联网+生态农业"则提供了一条可持续发展的生态之路，对于推动农业转型升级有着积极作用。另外，根据解春艳等的研究发现，"互联网发展水平是影响农业面源污染的重要

---

① 罗昕，周业付."互联网+"背景下农业产业化创新体系研究[J].科学进步与对策，2017（24）：71-77.
② 魏晓蓓，王淼."互联网+"背景下全产业链模式助推农业产业升级[J].山东社会科学，2018（10）：167-172.
③ 杜松华，陈扬森，柯晓波，等."互联网+生态农业"可持续发展——关东绿谷模式研究[J].管理评论，2017（6）：264-272.

因素，互联网发展水平的提高能显著减少农业面源污染，对改善农业环境效果明显"[1]。在这个过程中，互联网因为其在"信息感知、数据传输、智能处理和优化决策"[2]等方面的绝对优势，从而为推动现代农业服务业发展及转型升级，进而为推动一二三产业融合发展、实现滇桂黔石漠化区现代农业跨越式发展提供了动力以及条件保障。同时，大力发展作为"传统农业转型升级的重要载体与方向之一"[3]的休闲农业，不断以多业态多方面多角度融合，推动农民收入提升。

（三）切实提高"三农"综合信息服务水平

"'互联网+'环境下农业服务业的创新发展是基于各类信息技术，对传统农业服务业在服务观念、服务技术、服务流程、服务产品、服务方式、专业化程度、服务市场等方面进行的变革与创新，以更好地将信息、科技、资金、人才等要素引入农业行业"[4]，这就要求滇桂黔石漠化区各级政府充分发挥服务职能，推动农村综合信息服务，做好立规矩、打基础、做后盾、强投资、优服务等各项工作。

一是制定和完善相关政策。互联网技术与农业发展的融合发展仍处于探索阶段，相关法律法规还有待完善，立法机关要积极征求民意，做好有关法律法规的完善、补充与修改。在政策制订过程中，要加强政策制定牵头责任部门的统筹协调能力。农业发展涉及多个公共部门，当出现意见分歧时，要及时上报上级领导部门进行协调，提高政策出台的效率与质量。同时，要明确职能部门的职责。"'互联网+农业'涉及商务、农业、工信等公共部门，要严格按照部门职责分工，加快各部门的职能转型。比如：商务部门负责制订农产品物流、电商平台运营规范、诚信体系建设等方面

---

[1] 解春艳，丰景春，张可，等．"互联网+"战略的农业面源污染治理效应研究 [J]．软科学，2017（4）：5-8+14．

[2] 马晨，李瑾．"互联网+"时代我国现代化农业服务业的新内涵、新特征及动力机制研究 [J]．科技管理研究，2018（2）：196-202．

[3] 谢安世．我国休闲农业发展研究及"互联网+"转型研究 [J]．经济纵横，2017（6）：102-107．

[4] 李瑾，郭美荣．互联网环境下农业服务业的创新发展 [J]．华南农业大学学报（社会科学版），2018（2）：11-21．

的标准和政策；农业部门负责制订智慧农业、农产品质量、质量安全追溯等方面的标准和政策；工信部门负责制订农村网络基础设施建设、农产品加工等方面的标准和政策；扶贫部门负责贫困地区公益捐助平台、贫困地区特色农产品推介平台建设等方面的工作"[1]。如果涉及与多部门职能相关的政策制定，则多部门联合制定、出台政策，尽力避免部门间出台越界政策。

"互联网＋农业"融合发展的综合性政策制定由发展改革部门、农经和高技术机构共同负责，网信办则主要侧重"互联网＋农村经济"领域的信息安全政策的统筹协调制定。同时，利用互联网技术，大力推进农业领域金融支持，有助于"实现资金流、信息流和物流的统一，解决'业务成本高、抵押品不足、信息不对称'"[2]等农村互联网金融问题，为实现整个农业价值链的增值和推动现代农业发展奠定坚实基础。要切实维护好电商平台的竞争秩序。"互联网＋农业"的运作方式主要是将农产品通过互联网平台与客户进行交易，很容易导致电商交易出现市场不公平现象。因此，要规范电商平台各个主体的市场竞争行为，防止不公平竞争行为带来市场垄断现象的出现，积极构建形成多主体合理有序公平竞争的市场环境。积极引导有特色农产品的地方围绕地方特色、产品特色，构建特色产品电商平台，比如中药材、菌菇类等产品。

二是加强新一代信息技术在综合服务中的应用。随着科学技术的发展，我们已经进入大数据和人工智能时代。互联网平台要紧跟技术的变迁，不断改进与创新，适应时代的发展，促进农业生产、信息监测、市场管理、物流功能在平台聚集。首先，要加快关键技术的研发。政府要通过购买公共服务的形式将互联网平台的技术问题交由专业团队打造，解决互联网平台及硬件设备"不好用、不能用"的问题。其次，逐步开发植入检测农作物相关数据以及技术标准统一的物联网设备。以项目立项的形式，在条件成熟的地方，设立智慧农业推广项目，初期按照蔬菜、水果、地方特色作

---

[1] 蓝海涛，周振.我国"互联网＋农村经济"发展现状与政策建议[J].宏观经济管理，2018（7）：31-38+65.

[2] 王刚贞，江光辉."农业价值链＋互联网金融"的创新模式研究——以农富贷和京农贷为例[J].农村经济，2017（4）：49-55.

物等投资少成本小的农产品，由大型农牧企业牵头，发挥相关领域专家作用联合攻关，将相关作物种植、生长、采摘、销售、保存等全过程信息制成标准技术参数，为规模化、商业化、体系化生产提供坚实基础。政府也可以在这方面做出努力，对实现探索创新的企业和个人给予适当补助和奖励，有效推动加入互联网平台的智慧产业发展。

先进智能的互联网平台可以加速互联网技术在农业上的运用。首先，各级政府部门要筹备"互联网+农业"领导工作小组，为"互联网+农业"的发展奠定组织基础。其次，互联网平台的运行与维护需要充足的资金支持，因此政府要在财政预算中设立专项资金用于互联网平台建设，必要时可以通过向银行贷款、引入社会资本支持互联网平台的建设。同时，互联网平台的打造不仅为政府服务，也要向其他部门、公众、社会开放，避免信息孤岛、信息不对称情况的出现，提高信息数据的使用价值与服务价值。

三是利用信息技术建立农产品质量保障机制。"互联网+农业"在发展过程中可能会出现农产品质量问题，公共部门要通过必要的公共服务措施建立质量保障机制，把好农产品质量关。首先，向公众普及宣传农产品质量安全追溯理念。农产品质量安全追溯系统是保障农产品质量安全的重要依据，消费者应该了解、应用农产品质量安全追溯系统标识。对食品类的农产品质量安全追溯系统，可以分门别类、全面试验、稳步推广，从而实现从蔬菜到粮油，从小型经营主体到大型平台型公司的全覆盖，拥有食品安全追溯系统二维码才能入市。其次，提高"三品一标"农产品认证效率，打破"三品一标"农产品机构的垄断地位。对具有认证资格的公共部门需要加强监督，一旦发现有虚假认证资格等违反规定行为，即取消其认证资格。

要确保农业信息安全。首先，为实现智慧农业盈利水平的提升，需要利用如大数据、云计算、物联网、区块链等互联网技术，深入挖掘农业数据的潜在价值，促进其转化为具有价值的商业模式。例如，为增加智慧农业农产品销量，可以使用大数据技术将潜在消费者消费行为数据化，通过云计算分析技术，将适合的农产品推荐给消费者。其次，利用互联网技术，确保农业信息数据的安全与准确。例如，依据区块链技术的可追溯性、信息不可篡改性、去中介化特性，确保农产品来源可查，降低监管成本，保证食品安全，保护农民利益，降低农产品成本。"基于互联网的新型农产品市场，改变了相对分散的市场格局，市场信息得以更加充分流通、共享，流通环节有效减少，市场参与者之间形成了较为稳定的信息沟通渠道，生产者、中间商面临着较传统农业场景下更高的违法机会成本，消费者、市场监管机构以及社会力量参与质量安全控制的机会成本降低"[1]，从而使得农产品质量安全得到更有效的保障。

四是以信息技术促进公共服务质量提升。"农业农村现代化的关键在于科技进步和创新。为实现农村一二三产业融合发展，需要信息技术与消费各环节的技术融合和集成应用，包括生产、加工、流通、管理、服务，加速提升技术装备水平，继续完善农村互联网基础设施和物流体系"[2]。先进的信息网络、发达的公路网、完善的物流配送体系、高科技的智能冷链是"互联网+农业"融合发展的重要基础设施。邱海洋等学者通过对我国30各省市2003-2005年相关数据的实证分析认为，只有当互联网普及率达到33.14%以上，绿色农业创业才会显著促进乡村振兴。并且研究还发现，公共基础设施和农村固定资产投资能够促进乡村振兴[3]。为减少农民上网成本，公共部门需要在加大互联网基础设施的同时，在农村地区进一步提速降费。其次，为实现突破"互联网+农村"的道路瓶颈，中央和地方各级政府需要加大对农村道路基础设施的投入，相关金融优惠重点支持欠发达地区的农村道路修建。加快村邮站、快递超市、快递驿站、智能快件箱等邮政快递服务建设，例如，建立覆盖全国的物流体系，建设"县有中心、乡镇有门店、村社有点"的完备物流配送体系。[4]

为实现以项目支持等方式支持优势企业的创新行为，地方政府可以对

---

[1] 沈艳斌，胡浩，唐炫玥.农产品质量安全收益保障机制及"互联网+"的影响效应[J].湖南农业大学学报（社会科学版），2017（2）：17-23.

[2] 余欣荣.大力促进农村一二三产业融合发展[EB/OL]（[2018-04-15]）[2023-07-02]. http://www.qstheory.cn/dukan/qs/2018-04/15/c_1122669999.htm.

[3] 邱海洋，胡振虎.绿色农业创业与乡村振兴——基于互联网普及门槛效应的视角[J].西安财经学院学报，2019（3）：68-75.

[4] 吴瑞兵."互联网+现代农业"助推精准扶贫的模式研究——基于社区支持农业视角的分析[J].价格理论与实践，2018（6）：134-137.

冷库智能化改造提供奖励，同时积极组建冷链物流行业协会，建立冷库与冷库车的实时数据库，根据冷链供求信息，提升冷链设施运行效率，降低冷链物流成本。同时，将冷链车纳入农机补贴范围，以税收优惠或者资金补贴的方式降低购车成本，帮助农民规避风险。支持促进生鲜农产品线上交易，例如，通过税费优惠、财政补贴或以奖代补等方式，解决农业服务业企业在物流外包时的重复纳税问题。

五是提升农村互联网金融服务水平。乡村振兴战略的实施，必然需要一大批有志于发展农村产业的新型经营主体，而新型经营主体在推进具体项目的过程中，必然会需要更多的资金支持，"实施乡村振兴规划，必将产生巨大的金融需求"[①]，而"如何运用互联网思维、工具、技术来优化农村金融服务，并通过农村金融服务体系建设来推进可持续发展，是一个重要的问题"[②]。从现实情况来看，广大农村地区，尤其是滇桂黔石漠化地区，农村金融的若干障碍需要在实践中加以突破。一是农村居民相对存款量低，缺乏大数据的支持，银行部门无法准确为农户授信；二是农村对金融机构的了解和金融机构对农民农业的认识不足，这种信息极度不对称的情况下，出于安全考虑，农民不会主动去贷款，银行会更加审慎发放贷款；三是"三农"的金融支持政策在具体执行的过程中，考虑到风险等各种因素，有些涉农服务并不到位；四是农村抵押品缺少；五是由于思想不解放，视野不开阔等原因，部分农户对互联网金融服务不信任。

五、以"五个聚焦"推动农业高质量发展

"进入新时代，乡村内外部发展环境发生了很大改变，形成乡村振兴动能的因素除经济外，还叠加了文化、生态、福祉和社会治理等"[③]。滇桂

[①] 何广文，刘甜.基于乡村振兴视角的农村金融困境与创新选择[J].学术界，2018（10）：46-55.
[②] 程百川，金鑫.关于互联网金融完善农村金融服务的理论思考[J].当代经济管理，2017（9）：41-43.
[③] 张军.深化改革，释放乡村振兴内生动能[J].东岳论丛，2018（6）：133-139.

黔石漠化区大多都是农业县，如何在既有资源、条件、环境约束下，实现农业的生态化、高效化和特色化发展，是当地实施乡村振兴战略的重要突破口之一。

（一）聚焦多元发展，推动新型市场主体培育

在全国上下农业发展由"'集体所有、农户承包经营'的双层经营逐步向'集体所有、农户承包、多元经营'转变"[①]的发展大势下，滇桂黔石漠化区要始终高度重视和积极鼓励农民以转包、出租、转让、股份合作等方式流转土地承包经营权，发展多种形式的适度规模经营，切实按照农业生产力与资源环境承载力相匹配的原则，农业、牧业、林业、果业因地制宜，[②]着力培育新型农业经营主体，包括农业龙头企业、农民专业合作社、家庭农场等，探索形成公司＋基地＋农户、公司＋专业合作社＋基地＋农户等农业产业化发展新模式，与农户建成利益共享、风险共担的"共同体"，"抱团"致富，互动双赢。基于此，各地方可以结合实际以各县成立农村产权交易中心领导小组、各镇成立农村产权交易中心、各村成立农村产权交易服务站的形式，积极开展农村产权交易业务，同时积极发展壮大农民专业合作社。

为了进一步推动现代农业的快速发展，不断激发农村经济发展活力，要着力抓好以下几方面工作。一要做大农业龙头企业。强化主体带动，培育农产品加工领军企业。主要依靠以地方产业园、龙头企业为代表的加工企业，推动产业链延伸和逐步做大做强。要持续推进项目示范工程，集聚资源要素，推动农业龙头企业发展壮大。二要做优农民合作社等新型经营主体。充分发挥综合性合作社的作用，使农民在"三位一体"综合合作社里得以实现服务、生产、供销一体化，让农民能够按需贷款，减少银行信贷风险，有效解决过去专业合作社难以解决的生产资料难买、学习科学技术困难等问题，实现小生产同大市场的有序对接。随着新型经营主体的逐

[①] 韩长赋. 土地"三权分置"是中国农村改革的又一次重大创新[N]. 光明日报，2016-1-26（1）.
[②] 中华人民共和国农业部. 全国农业可持续发展规划（2015-2030）[N]. 农民日报，2015-05-28（1）.

步产生、发展和壮大，造就一支现代化农业新型职业队伍，既需要加大对新型经营主体如专业大户和家庭农场的扶持力度，也要完善政策体系，如财政、税收、金融、保险等[①]。为此，要进一步大力培育新型职业农民和家庭农场、种养大户等新型经营主体，推进土地入股、土地流转、土地托管、联耕联种等多种经营方式，提升农业适度规模经营水平，并"通过规模经营，使得有能力的普通农户可以成为农场主，农民也能成为企业家，通过扶持新型经营主体带动农民就地上岗，实现农民增收、农村发展"[②]，针对那些"不愿意流转土地，同时种地积极性又不高或者没有能力种地的农民"[③]，创新实行土地托管，真正解决外出务工农民增加、老龄化，以及新主体不断出现的新形势下的各种农业经营、运转和发展问题。三要做好金融配套服务。鼓励金融机构与新型农业经营主体建立合作关系，将信贷资源优先配置到农村一二三产业融合发展的领域，推广产业链金融模式。为了切实解决农村融资难的问题，需要引导银行金融机构对农村承包经营权、林权、小型水利工程产权、农民住房财产权等农村产权进行抵押贷款和融合担保业务。四是可以针对现实发展要求，逐步培育并探索开发使农民享受低成本、便利化和全方位的社会化服务，从市场准入、税费减免、资金支持和人才培养等方面着手，建设使农民社会服务主体多元化、形式多样化、服务多领域[④]的经营性服务组织，着力推动农业农村农民的多元化发展，切实解决"三农"发展问题。

（二）聚焦提质增效，推动农业企业做大做强

滇桂黔石漠化区的农产品产业要更加聚焦提质增效，以质量赢得客户，力争做大做强。通过第五章的分析，我们已经对滇桂黔石漠化区丰富的农产品资源优势有了一个全景式的了解，发挥好这些资源禀赋优势，构筑农

[①] 孔祥智.新型农业经营主体的地位和顶层设计[J].改革，2014（5）：32-34.
[②] 楼栋，孔祥智.新型农业经营主体的多维发展形势和现实观照[J].改革，2013（2）：65-77.
[③] 孔祥智.为农、务农、姓农——从山东实践看供销社改革的出发点和归宿点[J].中国合作经济，2015（9）：4-7.
[④] 农业部编写组.农业农村有关重大问题研究[M].北京：中国农业出版社，2013.

业特色产业的竞争力,是滇桂黔石漠化区农民收入持续增加的根本保障,也是实现全面建成小康乡村的物质基础。具体而言就是要立足滇桂黔石漠化区实际,彰显特色,扬长避短,构建具有本地资源优势的产业结构,把"人无我有、人有我优"特色产业的比较优势充分发挥出来,形成独具特色的农业产业集群,把特色产业优势转化为农业高质量发展的成果。

一要加快推进特色农业示范区建设。示范区建设可以展现全面深化农村改革和现代化农业成果,并结合自身特色与农业产业优势,合理布局,逐步打造形成一系列规模连片、辐射区广的特色农业示范区,奠定农业繁荣发展的基础,逐步向生产主体集约化,设施化程度提高、技术水平高、生产周期短的专业化规模化农户转变。[1] 下一步,滇桂黔石漠化区可以继续按照既有规划,结合地方实际以及优势资源打造核心示范区,将每个核心区打造成规模化、集约化、体系化发展,上档次、上规模的生态示范园。

二要加强特色农业集聚区基础设施建设。随着经济社会的发展和进步,国家惠农支农益农政策效应逐步凸显,农业基础设施建设取得了突出成绩,但是由于农村面积大、范围广、内容多,仍然存在部分地区"渠系老化,饮水不足、排水不畅、农田用水困难"[2] 等问题,这就尤其需要加强对农业基础设施的投入力度。首先是道路方面,研究出台示范区、生产基地等特色农业生产集聚区的扶持政策,支持建设通往各个示范区、生产基地的道路,提升示范区、生产基地通达公路等级,提高通达率,满足生产需要和开发利用要求。其次是水利方面,科学布局灌溉工程,加强沟渠的引水能力,实施农业节水工程,大中型灌排骨干工程节水改造与建设需要加大力度,完善田间节水设施,建设现代化灌区。

三要加快推进农产品品牌建设。针对农产品品牌长期以来处于低、小、散的局面以及品牌少、知名度不高、总体竞争力不强的问题,重点提升一批原产地保护品牌,开发一批特色资源品牌,创建国家级和区级"名牌农

---

[1] 农业部农村经济研究中心. 中国农村政策执行报告:2009-2013[M]. 北京:中国农业出版社,2014.

[2] 廖西元,李凤博,徐春春,等. 粮食安全的国家战略[J]. 农业经济问题,2011(4):9-14.

产品""名牌产品""驰名商标""著名商标"等。做好滇桂黔石漠化区品牌保护和源头追溯，开展畜禽业认证，进一步做大做强地方品牌。抓好"一村一品"创建工作，发挥"一村一品"示范村带动辐射作用，打造一批具有地方特色的示范村镇。此外利用滇桂黔石漠化区特殊的土壤水源优势，做好富硒品牌文章，大力推进富硒农产品的综合开发，建设富硒全域农业产业基地，促进农业提质增效。

（三）聚焦绿色高效生态农业，推动可持续发展

随着人们生活水平的日益提高，对"吃得好"提出了更高的要求。人们对农产品绿色、环保、健康等品质的追求，为进一步发展绿色农业、高效农业和生态农业提供了难得的机遇。滇桂黔石漠化区在这一领域具有先天优势，大有可为。近年来，各地方绿色种植技术创新层出不穷，比如农药化肥少施技术、林下养殖、高架网床、绿色防控与统防统治融合等绿色发展模式得到大力推行，农资市场监管和合理用药得到有效加强，实现了农药化肥使用逐步减少的目标，有效提升了人民群众"舌尖上的安全"。

为了实现产出高效、产品安全、资源节约、环境友好的农业现代化，需要牢固树立新发展理念，以农业供给侧结构性改革为主线、绿色发展为导向，主要从以下几方面着手，建设现代绿色农业产业。一是狠抓专业化统防统治与绿色防控融合示范基地建设。在各地方建立果树、水稻、蔬菜等示范区，通过典型引路，重点推行生物防治措施，优先选用生物农药或高效低毒、低残留农药，实行主推技术集中连片整体推进。二是狠抓畜禽养殖标准化示范场的管理和"生态养殖"工作。通过对生猪规模养殖场粪污无害化等设施改造和微生物技术的应用，改造完善一批畜禽标准化养殖示范场，逐步实现生态和高效养殖。三是狠抓绿色防控技术体系的集成创新。加大农业防治、生物防治、物理防治、生态控制、生物农药等绿色防控产品的示范应用力度，不断丰富适用于不同作物、不同病虫、不同区域的绿色防控适用产品。全面推广绿色植保动态技术模式，减少化学农药用量。四是狠抓农产品质量安全问题。推进监管能力和制度机制建设，必须对源头治理和执法监管两方面严格要求，注重"三品一标"的认证。为了

实现农业提质增效和可持续发展，为保证消费者的消费安全，确保农产品例行监测合格率稳定在96%以上。

（四）聚焦三产融合，推动产业链延伸

加快建设农产品加工业转型升级、冷链物流和市场建设等农产品流通设施，增加农业各产业融合主体，发展休闲农业和乡村旅游，延长农业产业链条，推动农民利益联结机制的完善与三产融合[①]。党的十八大以来，大力推进三产融合、推动农业产业化发展取得了很大的成绩，农村新产业新业态中的农村电商、休闲农业和乡村旅游等迅猛发展，为农业增效、农村繁荣、农民增收注入了新动能。

滇桂黔石漠化区解决农产品产业链不长、附加值不高等问题，不断延长产业链，加快促进农民的增收，主要可以从以下几方面着手：一是集聚优势农业产业，整合农业资源要素。逐步建设以地方特色农牧产品为依托的产业基地，使得产业基地发展为农业科技含量高、特色突出、效益明显的产业融合发展基地。二是发展农产品加工业，促进农业提质增效。为了实现农业提质增效，应该围绕地方优势特色产业，将农产品加工作为产业发展重点，整合和改造一批现有的零散小弱企业。重点发展农产品初加工、精深加工及综合利用加工，尽可能把原料"红利"留在产地。加快规划建设一批农产品加工重点园区，力争实现地方农产品加工率的迅速提升。三是培育农业新产业新业态，拓展农业功能。要充分发挥滇桂黔石漠化区旅游资源禀赋突出优势，结合全国全域旅游示范区创建工作，全力做好农旅融合文章，把现代农业产业园区打造成乡村旅游景区，把新农村建设成乡村旅游景点，把特色农业产品开发成旅游商品，大力推进都市生态农业、乡村休闲观光农业、文化创意农业、营养健康农业、养生养老农业等农业新形态的发展，加速现代特色农业核心示范区建设和开展景区创A工作深入融合，将休闲农业与旅游节庆活动有机融合，不断丰富游客体验，拓展农业功能。

---

① 李国祥.农村一二三产业融合发展是破解"三农"难题的有效途径[J].中国合作经济,2016（1）：32-36.

（五）聚焦发展后劲，推动农业科技创新

伴随着经济社会的持续发展，"城乡居民农产品消费需求正从'吃饱'向'吃好、吃得安全、吃得营养健康'快速转变，多元化、个性化的需求显著增多"[1]。农业发展亟须由传统农业向科技农业转变，需要依靠科技手段来提高农产品的技术含量，这是我国农业现代化的必然要求和发展趋势。滇桂黔石漠化区要牢牢抓住这一农业转型发展的机会窗口，努力实现跨越式发展。

近几年全国上下对农业科技创新工作都十分重视，滇桂黔石漠化区更要加速新品种选育和农业新技术推广。为此，有必要制定和实施各类"科技兴农"计划，各级政府要把农业科技创新当成重要工作，以农业科技专项扶植和重点科技项目实施为支撑，带动农业高质量发展，促进农民就业增收。通过大力推动各地方优势特色产业链关键技术突破与集成示范，加快产业化进程，不断提升综合效益。另外，要逐步建立起独具特色的农、林、牧、渔、生态农业，以及农工商综合经营的高产、优质、高效、无公害现代农业技术体系。

尽管滇桂黔石漠化区在农业科技创新方面取得了一些成绩，但总体上看仍属传统农业，科技含量、技术水平仍嫌不足，技术人员紧缺等问题仍然存在。为突破这一瓶颈，一要加快农业科技创新体系建设，以市场为导向，以农业科研所、中小企业为主体，以农业科技创新平台及人才团队为支撑，建设县镇两级联动的农业科技创新体系，提高农业科技创新水平。推进基层农业推广体系改革，探索建立公益性农技推广与经营性技术服务共同发展的新机制。确保农村发展与全面建成小康社会以及建成富强民主文明和谐美丽的社会主义现代化国家同步，实现农业科技进步贡献率的稳步提升，为推动农业现代化提供强有力的科技支撑，以农业科技体系建设支撑"不断提高供给结构的适应性与灵活性，促进全要素生产率的提高"[2]。

---

[1] 韩长赋.着力推进农业供给侧结构性改革[J].求是，2016（9）：3–7.
[2] 胡鞍钢，周绍杰，任皓.供给侧结构性改革——适应和引领中国经济新常态[J].清华大学学报（哲学社会科学版），2016（2）：17–22.

二要加快农业科技园区建设步伐。通过实行"政府主导、企业运作、产业带动、农民受益"的经营机制，聚集城乡创新要素，构建优势特色农业产业链，突破体制机制障碍，推动农业科技园区的建设。力争利用地方优势创建几个省级乃至国家级农业科技园，建设一批农业技术交易市场。三要不断充实壮大农业专业技术人才队伍。拓宽专业技术人才的准入渠道，不断提高其待遇，通过建立完善的用人、选人机制，激发技术人才开拓进取和干事创业的热情。四要扎实推动科技特派员为农村创新创业提供服务制度。鼓励支持科技特派员深入一线创新创业，支持科技人员到农村基层开展技术服务，落实服务与对接，签订选派三方协议书，通过科技要素引导带动其他生产要素向农村流动，带动农民依靠科技共同致富。

参考文献

[1] Weinberg A S. Sustainable economic development in rural America[J]. The Annals of the American Academy of Political and Social Science, 2000, 570（1）: 173–185.

[2] Gannon A. Rural tourism as a factor in rural community economic development for economies in transition[J]. Journal of sustainable tourism, 1994, 2（1–2）: 51–60.

[3] Verbole A. Actors, discourses and interfaces of rural tourism development at the local community level in Slovenia: Social and political dimensions of the rural tourism development process[J]. Journal of sustainable tourism, 2000, 8（6）: 479–490.

[4] Jalali A A, Okhovvat M R, Okhovvat M. A new applicable model of Iran rural e-commerce development[J]. Procedia Computer Science, 2011, 3: 1157–1163.

[5] Amable B.Institutional complementarities in the dynamic comparative analysis of capitalism[J].Journal of Institutional Economics, 2016, 12(1): 79–103.

[6] Amable B.Institutional Complementarity and Diversity of Social Systems of Innovation and Production[J].Review of International Political Economy, 2000, 7（4）: 645–687.

[7] Amable B.Institutional Complementarity and Diversity of Social Systems of Innovation and Production[J].Review of International Political

Economy, 2000, 7（4）: 645-687.

[8] Amable B.The Diversity of Modern Capitalism[M].Oxford: Oxford University Press, 2003.

[9] Aoki M.Historical Sources of Institutional Trajectories in Economic Development: China, Japan and Korea compared[J].Socio-Economic Review, 2013, 11（2）: 233-263.

[10] Aoki M.The Contingent Governance of Teams: Analysis of institutional Complementarity[J].International Economic Review, 1994, 35（3）: 657-676.

[11] Argyris C . The Individual and Organization: Some Problems of Mutual Adjustment[J]. Administrative Science Quarterly, 1957, 2（1）: 1-24.

[12] Arrow K J. The economic implications of learning by doing[J]. The review of economic studies, 1962, 29（3）: 155-173.

[13] Arthur W B.Increasing Returns and Path Dependence in the Economy[J]. Economy University of Michigan, 1994 (37): 157-162.

[14] Arthur W B.Competing Technologies, Increasing Returns, and Lock-In by Historical Events[J].The Economic Journal, 1989, 99（394）: 116-131.

[15] Aschauer D A.Is Public Expenditure Productive?[J].Journal of Monetary Economics, 1989（23）, 177-200.

[16] Auty R M. Resource Abundance and Economic Development[M].Oxford: Oxford University Press, 2001.

[17] Bagchi A.Colonialism and Indian economy[M]. Oxford:Oxford University Press, 2010.

[18] Bereket K.Land Reform, Distribution Of Land And Institutions In Rural Ethiopia: Analysis of Inequality with Dirty Data[J].Journal of African economics, 2008, 17(4): 550-577.

[19] Boyer R. New growth regimes, but still institutional diversity[J]. Socio-Economic Review, 2004, 2（1）: 1-32.

[20] Bruno M, Gerald B.Economic Transition, Institutional Changes and the Health System: Some Lessons from Rural China[J].Journal of Economic Policy Reform, 2007(13): 209–231.

[21] Coase R H .The Nature of the Firm[J].Economica, 1937, 4(16):386–405.

[22] Coase, R. H .The Problem of Social Cost[J].Journal of Law & Economics, 2013, 3:1–44.

[23] Cooke P.Regional innovation systems: Competitive regulation in the new Europe[J].Geoforum, 1992, 23（3）: 365–382.

[24] Cowan R.Nuclear Power Reactors: A Study in Technological Lock-in[J]. The Journal of Economic History, 1990, 50（3）: 541–567.

[25] Acemoglu D, James A, Robinson. Why Nations Fail: The Origins of Power, Prosperity and Poverty[M]. New York: Crown Publishers, 2012.

[26] Acemoglu D, Johnson S, Robinson J A. The colonial origins of comparative development: An empirical investigation[J]. American economic review, 2001, 91（5）: 1369–1401.

[27] Tversky K A. Prospect Theory: An Analysis of Decision under Risk[J]. Econometrica, 1979, 47（2）: 263–291.

[28] David P A.Clio and the economics of QWERTY[J].American Economic Review, 1985, 75（2）: 332–337.

[29] David P A.Why Are Institutions The 'Carriers Of History' ? : Path Dependence And The Evolution Of Conventions, Organizations And Institutions[J].Structural Change and Economic Dynamics, 1994, 5（2）: 205–220.

[30] North D C. Economic performance through time[J]. The American economic review, 1994, 84（3）: 359–368.

[31] North D C.Institutions, Institutional Change and Economic Performance [M].Cambridge: Cambridge University Press, 1990.

[32] North D C. Understanding the Process of Economic Change[M]. Princeton: Princeton University Press, 2005.

［33］Eid U H.Nature-Based Tourism and Revitalization of Rural Communities in Japan: An Ethnographic Case Study of Oyama Town[J].Journal of Social Science Studies, 2017, 4(1): 140-59.

［34］Gigerenzer G, Goldstein D G. Reasoning the fast and frugal way: models of bounded rationality[J]. Psychological review, 1996, 103（4）: 650.

［35］Gamini H.Rural Credit Markets And Institutional Reform In Developing Countries: Potential And Problems[J].Savings and Development, 1994, 18(2): 169-191.

［36］Garud R, Karnoe P. Path dependence and creation[M]. New York: Psychology Press, 2001.

［37］Garud, Karnoe.Path Dependence or Path Creation? [J].Journal of Management Studies, 2010, 47（4）: 234-251.

［38］Gerald B.Building institutions for an effective health system: Lessons from China's experience with rural health reform[J].Social Science & Medicine, 2011(72): 1302-1309.

［39］Ghiorgis W W.Renewable Energy For Rural Development In Ethiopia: The Case For New Energy policies and institutional reform[J].Energy Policy, 2002(30): 1095-1105.

［40］Hodgson G M. Darwinism in economics: from analogy to ontology[J]. Journal of evolutionary economics, 2002, 12: 259-281.

［41］Maki U, Gustaffson B, Knudsen C. Rationality Institutions and Economic Methodology[M]. London: Routledge Press, 1993.

［42］Smith V L. Hosts and guests: The anthropology of tourism[M]. Philadelphia: University of Pennsylvania Press, 1989.

［43］Grossman G M, Krueger A B. Environmental impacts of a North American free trade agreement[J/OL]. National Bureau of Economic Research, 1991[2023-08-02].

［44］Chang H J. Institutions and economic development: theory, policy and history[J]. Journal of institutional economics, 2011, 7（4）: 473-498.

[45] Harbison F H. Human resources as the wealth of nations[J]. Proceedings of the American Philosophical Society, 1971, 115（6）: 426-431.

[46] Hart O D.Incomplete Contracts and the Theory of the Firm[J].Journal of Law, Economics and Organization, 1988, 4（1）: 119-139.

[47] Hart O, Moore J.Contracts as Reference Points[J].Quarterly Journal of Economics, 2008, 123（1）: 1-48.

[48] Hart O, Moore J.Property rights and the nature of the firm[J].Journal of Political Economy, 1990, 98（6）: 1119-1158.

[49] Hayek F A.Notes on the Evolution of Systems of Rules of Conduct.In: Studies in philosophy, Politics and Economics[M].Chicago: University of Chicago Press, 1967.

[50] Henderson J V. Urban development: Theory, fact, and illusion[M]. New York: Oxford University Press, 1988.

[51] Hoover E M, Fisher J L. Research in regional economic growth[M/OL]// Problems in the study of economic growth. Massachusetts: National Bureau of Economic Research, 1949[2023-08-02].

[52] Todaro M P. A model of labor migration and urban unemployment in less developed countries[J]. The American economic review, 1969, 59（1）: 138-148.

[53] Lewis W A. Economic Development With Unlimited Supplies Of Labour[J]. Manchester School, 1954（22）: 139-191.

[54] Li W L, Li Y. Special characteristics of China's interprovincial migration[J]. Geographical Analysis, 1995, 27（2）: 137-151.

[55] Liebowitz S J, Margolis S E. Path dependence, lock-in, and history[J]. The Journal of Law, Economics, and Organization, 1995, 11（1）: 205-226.

[56] Liebowitz S J, Margolis S E. Winners, Losers and Microsoft: Competition and antitrust in high technology[M]. Oakland: the Independent Institute,1999.

[57] Lsard W. Location and Space-economy[M].Cambridge: MIT Press, 1968.

[58] Lundvall B.National Systems of Innovation:Towards A Theory ofInnovation and Interactive Learning[M].London:Pinter Publishers,1992.

[59] Mahoney J.Path Dependence in Historical Sociology[J].Theory and Society, 2000, 29（4）: 507-548.

[60] Martin R .Rethinking Regional Path Dependence: Beyond Lock-in to Evolution[J].Papers in Evolutionary Economic Geography（PEEG）, 2009, 86（1）:1-27.

[61] Maskin E, Tirole J.Unforeseen Contingencies and Incomplete Contracts[J]. Review of Economic Studies, 1999, 66（1）: 83-114.

[62] Meyer U.Integrating path dependency and path creation in a general understanding of path constitution[J].Science, Technology and Innovation Studies, 2007（3）: 23-44.

[63] Mumford L.Technics and civilization[M]. New York: Harcourt Brace and Company, 1963.

[64] Corden W M, Neary J P. Booming Sector and Deindustrialization in Small Open Economies[J]. The Economic Journal, 1982, 92（368）: 825-848.

[65] Davis L, North D. Institutional change and American economic growth[M]. Cambridge: Cambridge University Press, 2011.

[66] North D C. Location Theory and Regional Economic Growth[J]. Journal of Political Economy, 1955, 63（3）: 243-258.

[67] North D C. Understanding the Process of Economic Change[M]//Miller M. Worlds of Capitalism: Institutions, governance and economic change in the era of globalization. New York: Routledge, 2005.

[68] North D C, Thomas R P. The rise of the western world: A new economic history[M]. Cambridge: Cambridge University Press, 1973.

[69] Kolawole O D, Ajila K. Driving local community transformation through participatory rural entrepreneurship development[J]. World Journal of Entrepreneurship, Management and Sustainable Development, 2015, 11

（2）: 131–139.

［70］Page S E.Path Dependence[J].Quarterly Journal of Political Science, 2006（9）: 87–115.

［71］Pham X. Five principles of path creation[J]. Oeconomicus, 2006, 8（1）: 5–17.

［72］Puffert D J. Path Dependence, Network Form, and Technological Change[M]//Guinnane T. History Matters: Essays on Economic Growth, Technology, and Demographic Change. Stanford: Stanford University Press, 2004.

［73］科斯,等.财产权利与制度变迁:产权学派与新制度学派译文集[G].刘守英,等,译.上海:格致出版社,上海人民出版社,2014.

［74］R.科斯，A.阿尔钦，D.诺斯.财产权利与制度变迁:产权学派与新制度学派译文集[M].上海：上海三联书店、上海人民出版社，1994.

［75］Redding S.Dynamic comparative advantage and the welfare effects of trade[J].Oxford Economic Papers, 1999, 51（1）: 15–39.

［76］Nelson R R.National Systems of Inovation: A Comparative Study[M]. Oxford: Oxford University Press, 1993.

［77］Ruth M, John M. Sustainable Rural Tourism：Lessons for Rural Development[J]. European Society for Rural Sociology, 2011, 51(2): 175–194.

［78］Sachs J D , Warner M. Natural Resources and Economic Development: The curse of natural resources[J].European Economic Review, 2001, 45: 827–838.

［79］Sachs J,胡永泰，杨小凯.经济改革和宪政转轨[J].经济学（季刊），2003, 2（4）: 961–988.

［80］Veblen T.Why is Economics not an Evolutionary Science?[J].Quarterly Journal of Economics, 1898（13）: 371–397.

［81］Tim U.Tourist development in Estonia, Images, sustainability, and integrated rural development[J].Tourism Management, 1996, 17(4): 265–276.

[82] Todaro M P.A model of labor migration and urban unemployment in less developed countries[J]. American Economic Review, 1969, 59（1）: 138-148.

[83] Witt U. Bioecomics as Economics from Darwinian Perspective[J].Journal of Bioeconomics, 1999（1）: 19-34.

[84] Vincentia R V.Local Wisdom for Sustainable Development of Rural Tourism, Case on Kalibiru and Lopati Village, Province of Daerah Istimewa Yogyakarta[J].Procedia Social and Behavioral Sciences, 2016（26）: 97-108.

[85] 阿比吉特·班纳吉.贫穷的本质：如何逃离贫穷陷阱[M].北京：中信出版社，2013.

[86] 埃里克·S.赖纳特.富国为什么富 穷国为什么穷[M].杨虎涛，译.北京：中国人民大学出版社，2010.

[87] 埃里克·S.赖纳特，贾根良.穷国的国富论：演化发展经济学论文集：上[C].贾根良，译.北京：高等教育出版社，2007.

[88] 艾伯特·赫希曼.经济发展战略[M].北京：经济科学出版社，1992.

[89] 安德鲁·肖特，陆铭.社会制度的经济理论[M].陈钊，译.上海：上海财经大学出版社,2003.

[90] 巴泽尔.产权的经济分析[M].上海：上海三联书店、上海人民出版社，1997.

[91] 班纳吉.贫穷的本质：如何逃离贫穷陷阱[M].北京：中信出版社，2013.

[92] 包宗顺.城乡发展一体化进程中的苏南样本[M].南京：南京大学出版社，2014.

[93] 保罗·萨缪尔森.萨缪尔森辞典[M].北京：京华出版社，2001.

[94] 北青网.滇桂黔石漠化区多地出现暴雨洪涝灾害致35万人受灾[EB/OL].（2019-05-29）[2023-08-02].

[95] 贝蒂尔·俄林.地区间贸易和国际贸易[M].北京：首都经济贸易大学出版社，2001.

［96］蔡保忠，曾福生．农业基础设施的粮食增产效应评估——基于农业基础设施的类型比较视角 [J]．农村经济，2018（12）：24-30．

［97］蔡运龙．中国西南岩溶石山贫困地区的生态重建 [J]．地球科学进展，1996，11（6）：602-606．

［98］蔡运龙．自然资源学原理 [M]．北京：科学出版社，2000．

［99］曾福生，蔡保忠．农村基础设施建设是实现乡村振兴战略的基础 [J]．农村经济问题，2018（7）：88-95．

［100］曾世宏，杨鹏，徐应超．互联网普及与产业结构服务化——兼论乡村振兴战略中的农村服务业发展 [J]．产经评论，2019，10(1)：36-55．

［101］常伟．社会网络的农地流转租金效应 [J]．统计与信息论坛，2017，32（2）：122-128．

［102］陈飞，翟伟娟．农户行为视角下农地流转诱因及其福利效应研究 [J]．经济研究，2015（10）：163-177．

［103］陈劲，尹西明，赵闯，等．乡村创新系统的兴起 [J]．科学与管理，2018，38（1）：1-8．

［104］陈丽莎．论新型城镇化战略对实现乡村振兴战略的带动作用 [J]．云南社会科学，2018（6）：97-102．

［105］陈利根，李宁，龙开胜．产权不完全界定研究：一个公共域的分析框架 [J]．云南财经大学学报，2013（4）：12-20．

［106］陈美球．乡村振兴背景下农村产业用地政策选择——基于"乡村振兴与农村产业用地政策创新研讨会"的思考 [J]．中国土地科学，2018(7)：90-96．

［107］陈秋华，纪金雄．乡村旅游规划理论与实践 [M]．北京：中国旅游出版社，2014：64-65．

［108］陈文胜．乡村振兴的资本、土地与制度逻辑 [J]．华中师范大学学报（人文社会科学版），2019（1）：8-11．

［109］陈小君．土地经营权的性质及其法制实现路径 [J]．政治与法律，2018（8）：2-12．

［110］陈学云，程长明．乡村振兴战略的三产融合路径：逻辑必然与实证判

定[J].农业经济问题,2018(11):91-100.

[111]陈雁,张海丰.后进地区技术追赶的机会窗口、发展路径与创新体系——基于第六次技术革命浪潮的审视[J].贵州社会科学,2018(6):59-64.

[112]陈振,郭杰,欧名豪.农户农地转出意愿与转出行为的差异分析[J].资源科学,2018,40(10):2039-2047.

[113]陈梓楠.基于农村产业结构优化的乡村旅游发展模式选择[J].农业经济,2018(9):58-59.

[114]成德宁,汪浩,黄杨."互联网+农业"背景下我国农业产业链的改造与升级[J].农村经济,2017(5):52-57.

[115]程百川,金鑫.关于互联网金融完善农村金融服务的理论思考[J].当代经济管理,2017(9):41-43.

[116]程必定.区域的外部性内部化和内部性外部化——缩小我国区域经济发展差距的一种思路[J].经济研究,1995(7):63-68.

[117]程明洋,李琳娜,刘彦随,等.黄淮海平原县域城镇化对乡村人—地—业的影响[J].经济地理,2019,39(5):181-190.

[118]崔宝敏.组织缺失、不完全市场与农地合约[J].经济与管理研究,2009(9):57-63.

[119]大卫·韦弗.生态旅游[M].天津:南开大学出版社,2004.

[120]戴宾,秦薇.区域主导产业选择的社会标准及其应用[J].社会科学研究,2001(03):37-40.

[121]道格拉斯·C.North,罗伯特·托马斯著,厉以平,等.西方世界的兴起[M].北京:华夏出版社,1999.

[122]道格拉斯·C.North,约翰·约瑟夫·瓦利斯,巴里·R.温格斯特,等.暴力与社会秩序:诠释有文字记载的人类历史的一个概念性框架[M].上海:上海三联书店,2013.

[123]道格拉斯·C.North.经济史上的结构和变革[M].北京:商务印书馆,2005.

[124]道格拉斯·C.North.制度、制度变迁与经济绩效[M].刘守英,译.上海:

上海三联书店，1990.

[125] 道格拉斯.C.North. 理解经济变迁的过程 [M]. 钟正生，译. 北京：中国人民大学出版社，2008.

[126] 邓久根，贾根良. 英国因何丧失了第二次工业革命的领先地位 [J]. 经济社会体制比较，2015（4）：32-41.

[127] 邓晓兰，鄢伟波. 农村基础设施对农业全要素生产率的影响研究 [J]. 财贸研究，2018（4）：36-45.

[128] 广西壮族自治区发展改革委员会. 滇桂黔石漠化区区域发展和脱贫攻坚广西实施规划（2016-2020）[EB/OL].2018.

[129] 丁玲. 地权的确立与流转：农地确权对农户土地流转影响的实证研究 [M]. 武汉：武汉大学出版社，2017.

[130] 丁涛. 新李斯特经济学国家致富新原则与农业全球价值链——美国农业发展战略的启示 [J]. 当代经济研究，2015（12）：30-36.

[131] 董玄，周立，刘婧玥. 金融支农政策的选择性制定与选择性执行——兼论上有政策、下有对策 [J]. 农业经济问题，2016（10）：18-30.

[132] 董志强. 行为和演化范式经济学：来自桑塔费学派的经济思想 [M]. 上海：格致出版社，2019.

[133] 杜能. 孤立国统农业和国民经济发展的关系 [M]. 北京：商务印书馆，1986.

[134] 杜松华，陈扬森，柯晓波，等."互联网＋生态农业"可持续发展：关东绿谷模式研究 [J]. 管理评论，2017（6）：264-272.

[135] 范如国，韩民春. 基于复杂性理论的和谐社会制度系统构建研究 [J]. 经济体制改革，2008（6）：32-36.

[136] 方方，何仁伟，李立娜. 京津冀地区乡村振兴地域模式研究——基于乡村非农就业与农民增收的空间效应 [J]. 地理研究，2019，38（3）：699-712.

[137] 方婷婷，吴次芳，周翼虎. 农村土地"三权分置"的法律制度构造 [J]. 农村经济，2017（10）：30-36.

[138] 费洪平. 当前我国产业转型升级的方向及路径 [J]. 宏观经济研究，

2017（2）：3-8+38.

[139] 冯华超,钟涨宝. 新一轮农地确权促进了农地转出吗？[J]. 经济评论, 2019（2）：48-59.

[140] 冯玲玲,邱道持,赵亚萍,等. 农地流转中二维主体的博弈研究——以重庆市璧山县为例 [J]. 农村经济, 2008（11）：18-21.

[141] 冯兴元,刘业进. North 的贡献与思想遗产 [J]. 学术界, 2016（2）：24-37.

[142] 弗里德里希·恩格斯. 劳动在从猿到人转变过程中的作用 [M]. 上海：华东人民出版社, 1953.

[143] 付江涛,纪月清,胡浩. 产权保护与农户土地流转合约选择——兼评新一轮承包地确权颁证对农地流转的影响 [J]. 江海学刊, 2016（3）：74-80.

[144] 付江涛,纪月清,胡浩. 新一轮承包地确权登记颁证是否促进了农户的土地流转——来自江苏省3县（市、区）的经验证据 [J]. 南京农业大学学报（社会科学版）, 2016（1）：105-113.

[145] 傅允生. 资源禀赋与专业化产业区生成 [J]. 经济学家, 2005（1）：84-90.

[146] 高帆. 乡村振兴战略中的产业兴旺：提出逻辑与政策选择 [J]. 南京社会科学, 2019（2）：9-18.

[147] 高飞. 土地承包权与土地经营权分设的法律反思及立法回应——兼评《农村土地承包法修正案（草案）》[J]. 法商研究, 2018, 35(3):3-14.

[148] 高圣平. 论农村土地权利结构的重构——以《农村土地承包法》的修改为中心 [J]. 法学, 2018(2)：12-24.

[149] 高彦彦. 互联网信息技术如何促进农村社会经济发展？[J]. 现代经济探讨, 2018（4）：94-100.

[150] 耿言虎. 村庄内生型发展与乡村产业振兴实践——以云南省芒田村茶产业发展为例 [J]. 学习与探索, 2019（1）：24-30.

[151] 辜胜阻,李睿. 以互联网创业引领新型城镇化 [J]. 中国软科学, 2016(1)：6-16.

[152] 顾自安. 制度演化的逻辑——基于认知进化与主体间性的考察 [M]. 北京：科学出版社，2011.

[153] 新华网. 关于当前农业和农村经济发展的若干政策措施.[EB/OL].（2021-07-28）[2023-07-02].

[154] 贵州省发展改革委员会. 滇桂黔石漠化片区（贵州省）区域发展与扶贫攻坚"十三五"实施规划 [EB/OL].（2016-12-16）[2023-07-02].

[155] 桂华. 土地制度、合约选择与农业经营效率——全国6垦区18个农场经营方式的调查与启示 [J]. 政治经济学评论，2017（4）：63-88.

[156] 郭凌，周荣华. 社区增权：实现乡村旅游社区参与的路径思考 [J]. 农业经济，2012（8）：45.

[157] 郭美荣，李瑾，冯献. 基于"互联网+"的城乡一体化发展模式研究 [J]. 中国软科学，2017（9）：10-17.

[158] 郭晓鸣，王蔷. 农村集体经济股权分配制度变迁及绩效评价 [J]. 华南农业大学学报，2019，18（1）：1-8.

[159] 郭晓鸣，张耀文，马少春. 农村集体经济联营制：创新集体经济发展路径的新探索——基于四川省彭州市的试验分析 [J]. 农村经济，2019（4）：1-9.

[160] 国家发展改革委. 滇桂黔石漠化片区区域发展与扶贫攻坚规划（2011-2020年）[EB/OL].（2022-07-12）[2023-07-01].

[161] 国家统计局.2016年国家县域统计年鉴 [M]. 北京：中国统计出版社，2018.

[162] 韩长赋. 土地"三权分置"是中国农村改革的又一次重大创新 [N]. 光明日报，2016-1-26（1）.

[163] 韩长赋. 着力推进农业供给侧结构性改革 [J]. 求是，2016（9）：3-7.

[164] 韩长赋. 中国农村土地制度改革 [J]. 农业经济问题，2019（1）：4-16.

[165] 何·皮特. 谁是中国土地的拥有者？——制度变迁、产权和社会冲突 [M]. 林韵然，译. 北京：社会科学文献出版社，2008.

[166] 何成军，李晓琴，曾诚. 乡村振兴战略下美丽乡村建设与乡村旅游耦合发展机制研究 [J]. 四川师范大学学报，2019，46(2)：101-109.

[167] 何广文, 刘甜. 基于乡村振兴视角的农村金融困境与创新选择 [J]. 学术界, 2018（10）：46-55.

[168] 何欣, 蒋涛, 郭良燕, 等. 中国农地流转市场的发展与农户流转农地行为研究——基于2013—2015年29省的农户调查数据 [J]. 管理世界, 2016（6）：79-89.

[169] 河池市人民政府. 河池市旅游业发展"十三五"规划 [EB/OL].2017, 12.

[170] 贺俊. 产业政策批判之再批判与"设计得当"的产业政策 [J]. 学习与探索, 2017（1）：89-96+175.

[171] 贺雪峰. 谁的乡村建设——乡村振兴战略的实施前提 [J]. 探索与争鸣, 2017(12)：71-76.

[172] 新浪财经. 诺奖得主赫克曼演讲：中国的人力资本投资（实录二)[EB/OL].（2003-12-04）[2023-07-01].

[173] 赫希曼. 经济发展战略 [M]. 北京：经济科学出版社, 1992.

[174] 洪名勇. 中国农地产权制度变迁：一个马克思的分析模型 [J]. 经济学家, 2012（7）：71-77.

[175] 洪炜杰, 胡新艳. 非正式、短期化农地流转契约与自我执行：基于关联博弈强度的分析 [J]. 农业技术经济, 2018（11）：4-19.

[176] 洪银兴. 新时代社会主义现代化的新视角：新型工业化、信息化、城镇化、农业现代化的同步发展 [J]. 南京大学学报（哲学·人文科学·社会科学）, 2018, 55（2）：5-11+157.

[177] 胡鞍钢, 周绍杰, 任皓. 供给侧结构性改革：适应和引领中国经济新常态 [J]. 清华大学学报（哲学社会科学版）, 2016（2）：17-22.

[178] 胡大立, 金晨远. 制造业企业低端锁定程度与创新偏好选择 [J]. 江西社会科学, 2019, 39（2）：96-103.

[179] 胡大立, 刘丹平. 中国代工企业全球价值链"低端锁定"成因及其突破策略 [J]. 科技进步与对策, 2014, 31（23）：77-81.

[180] 胡伦, 陆迁. 贫困地区农户互联网信息技术使用的增收效应 [J]. 改革, 2019（2）：74-86.

[181] 胡新艳, 洪炜杰. 劳动力转移与农地流转：孰因孰果？[J]. 华中农业

大学学报（社会科学版），2019（1）：137-145.

[182] 胡新艳，罗必良. 新一轮农地确权与促进流转：粤赣证据 [J]. 改革，2016（4）：85-94.

[183] 胡新艳，罗明忠，张彤. 权能拓展、交易赋权与适度管制：中国农村宅基地制度的回顾与展望 [J]. 农业经济问题，2019（2）：73-81.

[184] 胡亚兰，张荣. 我国智慧农业的运营模式、问题与战略对策 [J]. 经济体制改革，2017（4）：70-76.

[185] 华尔特·惠特曼·罗斯托. 经济增长的阶段 [M]. 北京：商务印书馆，1962.

[186] 黄砺，谭荣. 中国农地产权是有意的制度模糊吗？[J]. 中国农村观察，2014（6）：2-13+36+94.

[187] 贾根良，秦升. 中国"高技术不高"悖论的成因与政策建议 [J]. 当代经济研究，2009（5）：44-49.

[188] 贾根良. "一带一路"和"亚投行"的"阿喀琉斯之踵"及其破解：基于新李斯特理论视角 [J]. 当代经济研究，2016（2）：40-48+2+97.

[189] 贾根良. 产业政策研究专题 [J]. 南方经济，2018（1）：1-4.

[190] 贾根良. 从价值链高端入手实现技术追超 [N]. 科技日报，2013-05-27（001）.

[191] 贾根良. 赶超应从价值链高端开始 [J]. 发明与创新（综合科技），2013（7）：18-19.

[192] 贾根良. 高质量发展阶段需要怎样的产业政策 [J]. 中国战略新兴产业，2018（25）：96.

[193] 贾根良. 政治经济学的美国学派与大国崛起的经济学逻辑 [J]. 政治经济学评论，2010，1（3）：101-113.

[194] 贾根良. 只有价值链高端才有技术追赶的机会窗口 [N]. 中国经济导报，2014-03-29（B01）.

[195] 贾根良. 中国应该走一条什么样的技术追赶道路 [J]. 求是，2014（6）：25-28.

[196] 贾晋，李雪峰，申云. 乡村振兴战略的指标体系构建与实证分析 [J].

参 考 文 献

财经科学，2018（11）：70-82.

[197] 杰弗里·M. 霍奇逊. 制度经济学的演化：美国制度主义中的能动性、结构和达尔文主义 [M]. 杨虎涛，译. 北京：北京大学出版社，2012.

[198] 解春艳，丰景春，张可，等. "互联网+"战略的农业面源污染治理效应研究 [J]. 软科学，2017（4）：5-8+14.

[199] 决胜全面建成小康社会 夺取新时代中国特色社会主义伟大胜利：在中国共产党第十九次全国代表大会上的报告 [N]. 人民日报，2017-10-28（1）.

[200] 卡尔·马克思，弗里德里希·恩格斯. 马克思恩格斯选集：第一卷 [M]. 北京：人民出版社，1995.

[201] 卡萝塔·佩雷斯. 技术革命与金融资本：泡沫与黄金时代的动力学 [M]. 田方萌，译. 北京：中国人民大学出版社，2007.

[202] 柯佑鹏. 农村土地流转问题研究：以滇桂黔石漠化区香蕉产业为例 [M]. 北京：经济科学出版社，2016.

[203] 科斯，阿尔钦，North，等. 财产权利与制度变迁——产权学派与新制度学派译文集 [M]. 上海：上海三联书店、上海人民出版社，2005.

[204] 科斯，North，威廉姆森，等. 制度、契约与组织：从新制度经济学角度的透视 [M]. 北京：经济科学出版社，2005.

[205] 孔祥智. 农业农村发展新阶段的特征及发展趋势 [J]. 农村工作通讯，2012（2）：46-48.

[206] 孔祥智. 为农、务农、姓农：从山东实践看供销社改革的出发点和归宿点 [J]. 中国合作经济，2015（9）：4-7.

[207] 孔祥智. 新型农业经营主体的地位和顶层设计 [J]. 改革，2014（5）：32-34.

[208] 李爱萍. 山西省"互联网+农产品"营销模式研究 [J]. 经济问题，2018（4）：70-76.

[209] 李春光. 互联网时代的社会扶贫创新思考 [J]. 当代经济，2015（13）：4-5.

[210] 李根. 经济赶超的熊彼特分析——知识、路径创新和中等收入陷阱

[M].于飞,陈劲,译.北京:清华大学出版社,2016.

[211]李国祥.农村一二三产业融合发展是破解"三农"难题的有效途径[J].中国合作经济,2016(1):32-36.

[212]李国祥.实现乡村产业兴旺必须正确认识和处理的若干重大关系[J].中州学刊,2018(1):32-38.

[213]李建民.人力资本通论[M].上海:上海三联书店,1999.

[214]李瑾,郭美荣.互联网环境下农业服务业的创新发展[J].华南农业大学学报(社会科学版),2018(2):11-21.

[215]李进涛,杨园园,蒋宁.京津冀都市区乡村振兴模式及其途径研究——以天津市静海区为例[J].地理研究,2019,38(3):496-508.

[216]李宁,陈利根,孙佑海.转型期农地产权变迁的绩效与多样性研究:来自模糊产权下租值耗散的思考[J].江西财经大学学报,2014(6):77-90.

[217]李太平,聂文静,李庆.基于农产品价格变动的土地流转双方收入分配研究[J].中国人口资源与环境,2015,25(8):26-33.

[218]李迎生,张朝雄.农村社会政策的改革与创新[J].教学与研究,2008(1):18-23.

[219]李玉恒,阎佳玉,宋传垚.乡村振兴与可持续发展——国际典型案例剖析及其启示[J].地理研究,2019,38(3):595-604.

[220]李玉新,吕群超.乡村旅游产业政策演进与优化路径——基于国家层面政策文本分析[J].现代经济探讨,2018(10):118-124.

[221]李竹青.民族地区的生态环境与经济发展[J].贵州民族研究,1996(1):30-39.

[222]廖西元,李凤博,徐春春,等.粮食安全的国家战略[J].农业经济问题,2011(4):9-14.

[223]林后春.农业基础设施的供给与需求[J].中国社会科学,1995(4):54-64.

[224]林毅夫.新结构经济学:反思经济发展与政策的理论框架[M].北京:北京大学出版社,2014.

[225] 刘东燕.滇桂黔石漠化片区精准扶贫面临的主要难点及对策研究[J].学术论坛,2016(11):117-120.

[226] 刘凤芹,谢适汀.农地制度与合约选择[J].中国农村观察,2004(3):50-57.

[227] 刘海洋.乡村产业振兴路径:优化升级与三产融合[J].经济纵横,2018(11):111-116.

[228] 刘伦武.农业基础设施发展与农村经济增长的动态关系[J].财经科学2006(10):91-98.

[229] 刘锐.农村产业结构与乡村振兴路径研究[J].社会科学战线,2019(2):189-198.

[230] 刘瑞峰,梁飞,王文超,等.农村土地流转差序格局形成及政策调整方向——基于合约特征和属性的联合考察[J].农业技术经济,2018(4):27-43.

[231] 刘守英,王一鸽.从乡土中国到城乡中国——中国转型的乡村变迁视角[J].管理世界,2018,34(10):128-146+232.

[232] 刘守英,熊雪锋.我国乡村振兴战略的实施与制度供给[J].政治经济学评论,2018(4):80-96.

[233] 刘颖,南志标.农地流转对农地与劳动力资源利用效率的影响——基于甘肃省农户调查数据的实证研究[J].自然资源学报,2019,34(5):957-974.

[234] 刘振伟.乡村振兴中的农村土地制度改革[J].农业经济问题,2018(9):4-9.

[235] 刘志阳,李斌,陈和午.社会创业与乡村振兴[J].学术月刊,2018,50(11):77-88.

[236] 龙江,靳永辉.我国智慧农业发展态势、问题与战略对策[J].经济体制改革,2018(3):74-78.

[237] 楼栋,孔祥智.新型农业经营主体的多维发展形势和现实观照[J].改革,2013(2):65-77.

[238] 卢向虎,秦富.中国实施乡村振兴战略的政策体系研究[J].现代经济

探讨, 2019 (4): 96-103.

[239] 卢向虎. 民俗文化旅游发展模式探析 [J]. 农业经济, 2019 (4): 52-53.

[240] 卢小丽, 成宇行, 王立伟. 国内外乡村旅游研究热点——近20年文献回顾 [J]. 资源科学, 2014, 36(1): 200-205.

[241] 陆剑, 易高翔. 论我国农村集体经济组织法人的制度构造——基于五部地方性法规和规章的实证研究 [J]. 农村经济, 2018 (2): 16-21.

[242] 陆林, 任以胜, 朱道才, 等. 乡村旅游引导乡村振兴的研究框架与展望 [J]. 地理研究, 2019, 38(1): 102-118.

[243] 路风. 论产品开发平台 [J]. 管理世界, 2018 (8): 106-129+192.

[244] 罗必良, 邹宝玲, 何一鸣. 农地租约期限的"逆向选择"——基于9省份农户问卷的实证分析 [J]. 农业技术经济, 2017 (1): 4-17.

[245] 罗必良. 从产权界定到产权实施——中国农地经营制度变革的过去与未来 [J]. 农业经济问题, 2019 (1): 17-31.

[246] 罗必良. 公共领域、模糊产权与政府的产权模糊化倾向 [J]. 改革, 2005 (7): 105-113.

[247] 罗必良. 合约短期化与空合约假说——基于农地租约的经验证据 [J]. 财经问题研究, 2017 (1): 10-21.

[248] 罗必良. 科斯定理: 反思与拓展——兼论中国农地流转制度改革与选择 [J]. 经济研究, 2017, 52(11): 178-193.

[249] 罗必良. 农村土地流转须有严格而规范的制度匹配 [J]. 农村工作通讯, 2008 (21): 25-26.

[250] 罗必良. 农地产权模糊化: 一个概念性框架及其解释 [J]. 学术研究, 2011 (12): 48-56+160.

[251] 罗格纳·纳克斯. 不发达国家的资本形成问题 [M]. 谨斋, 译. 北京: 商务印书馆, 1966.

[252] 罗杰·珀曼, 马越, 詹姆斯·麦吉利等. 自然资源与环境经济学: 第二版 [M]. 侯元兆, 译. 北京: 中国经济出版社, 2002.

[253] 罗斯托. 经济成长的阶段 [M]. 国际关系研究所编译室, 译. 北京: 商

务印书馆，1962.

[254] 罗斯炫，何可，张俊飚.修路能否促进农业增长？——基于农技跨区作业视角的分析[J].中国农村经济，2018（6）：67-83.

[255] 罗昕，周业付."互联网+"背景下农业产业化创新体系研究[J].科学进步与对策，2017，34（24）：71-77.

[256] 魏晓蓓，王淼."互联网+"背景下全产业链模式助推农业产业升级[J].山东社会科学，2018（10）：167-172.

[257] 罗震东，何鹤鸣.新自下而上进程——电子商务作用下的乡村城镇化[J].城市规划，2017，41(3)：31-40.

[258] 马晨，李瑾."互联网+"时代我国现代化农业服务业的新内涵、新特征及动力机制研究[J].科技管理研究，2018（2）：196-202.

[259] 马俊驹，丁晓强.农村集体土地所有权的分解与保留——论农地"三权分置"的法律构造[J].法律科学，2017，35(3)：141-150.

[260] 马克·格兰诺维特.社会与经济：信任、权力与制度[M].王水雄，罗家德，译.北京：中信出版社，2019.

[261] 马克思，恩格斯.马克思恩格斯选集：第一卷[M].北京：人民出版社，1995.

[262] 马述忠，潘伟康.全球农业价值链治理：组织学习与战略性嵌入——基于默会知识观的理论综述[J].国际经贸探索，2015，31（9）：56-65.

[263] 马晓河，崔红志.建立土地流转制度，促进区域农业生产规模化经营[J].管理世界，2002(11)：63-77.

[264] 迈克尔·波特.竞争优势[M].陈丽芳，译.北京：华夏出版社，1997.

[265] 冒佩华，徐骥.农地制度、土地经营权流转与农民收入增长[J].管理世界，2015（5）：63-74.

[266] 孟捷.历史唯物论与马克思主义经济学[M].北京：社会科学文献出版社，2016.

[267] 纳克斯.不发达国家的资本形成问题[M].北京：商务印书馆，1966.

[268] 倪喆."互联网+"时代农业发展新常态研究[J].农村经济，2017（9）：

14-18.

[269] 仉琪. 土地与农民福利：制度变迁的视角 [M]. 北京：社会科学文献出版社，2016.

[270] 农业部编写组. 农业农村有关重大问题研究 [M]. 北京：中国农业出版社，2013.

[271] 农业部农村经济研究中心. 中国农村政策执行报告：2009-2013[M]. 北京：中国农业出版社，2014.

[272] 农业农村部党组. 在全面深化改革中推动乡村振兴 [J]. 求是，2018（20）：42-45.

[273] 佩鲁. 略论增长极概念 [J]. 经济学译丛，1988（9）：23-30.

[274] 彭长生，王全忠，钟钰. 农地流转率差异的演变及驱动因素研究——基于劳动力流动的视角 [J]. 农业技术经济，2019(3)：49-62.

[275] 蒲实，袁威. 政府信任对农地流转意愿影响及其机制研究——以乡村振兴为背景 [J]. 北京行政学院学报，2018（4）：28-36.

[276] 钱龙，洪名勇. 农地产权是"有意的制度模糊"吗——兼论土地确权的路径选择 [J]. 经济学家，2015（8）：24-29.

[277] 钱忠好，冀县卿. 中国农地流转现状及其政策改进——基于江苏、滇桂黔石漠化区、湖北、黑龙江四省(区)调查数据的分析 [J]. 管理世界，2016（2）：71-81.

[278] 黔西南州人民政府. 黔西南州民族民间品产业"十三五"发展规划（2016—2020年）[EB/OL]. 2016，09.

[279] 乔陆印，刘彦随. 新时期乡村振兴战略与农村宅基地制度改革 [J]. 地理研究，2019，38（3）：655-666.

[280] 乔伟峰，戈大专，高金龙，等. 江苏省乡村地域功能与振兴路径选择研究 [J]. 地理研究，2019，38(3)：522-534.

[281] 秦俊丽. 乡村振兴战略下休闲农业发展路径研究——以山西为例 [J]. 经济问题，2019（2）：76-84.

[282] 青木昌彦. 比较制度分析 [M]. 周黎安，译. 上海：远东出版社，2016.

[283] 邱海洋，胡振虎. 绿色农业创业与乡村振兴——基于互联网普及门槛

效应的视角 [J]. 西安财经学院学报，2019（3）：68-75.

[284] 屈茂辉. 农村集体经济组织法人制度研究 [J]. 政法论坛，2018，36(2)：28-40.

[285] 阮荣平. "互联网+"背景下的新型农业经营主体信息化发展状况及对策建议——基于全国1394个新型农业经营主体调查数据 [J]. 管理世界，2017（7）：50-64.

[286] 尚杰. 资源禀赋与绿色食品产业发展 [M]. 哈尔滨：东北林业大学出版社，2005.

[287] 尚旭东，朱守银. 农地流转补贴政策效应分析——基于挤出效应、政府创租和目标偏离视角 [J]. 中国农村观察，2017（6）：43-56.

[288] 沈伯平，陈怡. 政府转型、制度创新与制度性交易成本 [J]. 经济问题探索，2019（3）：173-180.

[289] 沈雅琴. 长期土地承租合约与农业产业化 [J]. 财经问题研究，2006(1)：91-95.

[290] 沈艳斌，胡浩，唐炫玥. 农产品质量安全收益保障机制及"互联网+"的影响效应 [J]. 湖南农业大学学报（社会科学版），2017（2）：17-23.

[291] 施威，曹成铭. "互联网+农业产业链"创新机制与路径研究 [J]. 理论探讨，2017（6）：110-114.

[292] 施祖麟，黄治华. "资源诅咒"与资源型地区可持续发展 [J]. 中国人口·资源与环境，2009（5）：33-36.

[293] 舒尔茨. 改造传统农业 [M]. 北京：商务印书馆，2006.

[294] 舒尔茨. 人力资本投资——教育和研究的作用 [M]. 北京：商务印书馆，1990.

[295] 宋远洪. "十五"时期农业和农村回顾与评价 [M]. 北京：中国农业出版社，2007.

[296] 苏岚岚，何学松，孔荣. 金融知识对农民农地流转行为的影响——基于农地确权颁证调节效应的分析 [J]. 中国农村经济，2018(8)：17-31.

[297] 孙小龙，郜亮亮，郭沛. 村级产权干预对农户农地转出行为的影响——

基于鲁豫湘川四省的调查[J].农业经济问题,2018(4):82-90.

[298] 孙兆霞.脱嵌的产业扶贫——以贵州为案例[J].中共福建省委党校学报,2015(3):21.

[299] 唐润,关雪妍,于荣."互联网+农业"产业链协同平台建设[J].中国科技论坛,2018(9):121-127.

[300] 唐忠.改革开放以来我国农村基本经营制度的变迁[J].中国人民大学学报,2018,32(3):26-35.

[301] 陶钟太朗,沈冬军.论农村集体经济组织特别法人[J].中国土地科学,2018,32(5):7-13.

[302] 瓦伦·L·史密斯.东道主与游客:旅游人类学研究[M].张晓萍,译.昆明:云南大学出版社,2001.

[303] 万道侠,胡彬.产业集聚、金融发展与企业的"创新惰性"[J].产业经济研究,2018(01):28-38.

[304] 汪发元,叶云.乡村振兴战略背景下的农村经营体制改革[J].学习与实践,2018(12):38-43.

[305] 王辰.主导产业的选择理论及其实际运用[J].经济学动态,1994(11):39-42.

[306] 王定祥,刘娟.乡村振兴中现代农业基础上合适投资机制与模式[J].农村经济,2019(3):80-87.

[307] 王刚贞,江光辉."农业价值链+互联网金融"的创新模式研究——以农富贷和京农贷为例[J].农村经济,2017(4):49-55.

[308] 王海娟,胡守庚.土地制度改革与乡村振兴的关联机制研究[J].思想战线,2019(2):114-120.

[309] 王金红.告别"有意的制度模糊"——中国农地产权制度的核心问题与改革目标[J].华南师范大学学报(社会科学版),2011(2):5-13+159.

[310] 王来喜.资源转换论:西部民族地区资源优势转换的经济学分析[M].北京:中国经济出版社,2006.

[311] 王微微.特色农产品互联网营销模式研究——以四川省为例[J].农村经济,2018(10):58-63.

参 考 文 献

[312] 王伟, 程长明. 乡村振兴战略的三产融合路径: 逻辑必然与实证判定 [J]. 农业经济问题, 2018(11): 91-100.

[313] 王伟. 乡村振兴视角下农村精准扶贫的产业路径创新 [J]. 重庆社会科学, 2019（1）: 27-34.

[314] 王雪琪, 曹铁毅, 邹伟. 地方政府干预农地流转对生产效率的影响——基于水稻种植户的分析 [J]. 中国人口·资源与环境, 2018, 28（9）: 133-141.

[315] 王岩, 石晓平, 杨俊孝. 农地流转合约方式选择影响因素的实证分析——基于新疆玛纳斯县的调研 [J]. 干旱区资源与环境, 2015（11）: 19-24.

[316] 王岩. 差序治理与农地流转合约方式选择——理论框架及基于赣、辽两省调研数据的实证检验 [J]. 西部论坛, 2017（1）: 30-38.

[317] 王有强, 司毅铭, 张道军. 流域水资源保护与可持续利用 [M]. 郑州: 黄河水利出版社, 2005.

[318] 王远坤, 蒋昕, 王春琳. 乡村旅游前沿理论与实践探索 [M]. 武汉: 华中师范大学出版社, 2014.

[319] 韦茂才. 滇桂黔石漠化片区扶贫模式创新研究 [M]. 南宁: 广西人民出版社, 2014.

[320] 韦茂才, 莫杰. 智战石漠化: 滇桂黔石漠化片区扶贫探索 [M]. 南宁: 广西人民出版社, 2014.

[321] 韦森. 斯密动力与布罗代尔钟罩——研究西方世界近代兴起和晚清帝国相对停滞之历史原因的一个可能的新视角 [J]. 社会科学战线, 2006（1）: 72-85.

[322] 魏后凯. 比较优势、竞争优势与区域发展战略 [J]. 福建论坛（人文社会科学版）, 2004（9）: 10-13.

[323] 魏后凯. 精心下好乡村振兴这盘大棋 [EB/OL].（2018-07-16）[2023-07-01].

[324] 魏后凯. 区域经济发展新格局 [M]. 昆明: 云南人民出版社, 1995.

[325] 魏后凯. 现代区域经济学 [M]. 北京: 经济管理出版社, 2016.

[326] 魏晓蓓,王淼."互联网+"背景下全产业链模式助推农业产业升级[J]. 山东社会科学,2018(10):167-172.

[327] 温铁军,朱守银.中国农村基本经营制度试验研究[J].中国农村经济, 1996(1):26-32.

[328] 文凌云.民俗文化旅游发展模式探析[J].农业经济,2019(4):52-53.

[329] 文山州生物三七局.乘势而上打造千亿元大产业——文山州三七产业发展综述[EB/OL].

[330] 吴瑞兵."互联网+现代农业"助推精准扶贫的模式研究——基于社区支持农业视角的分析[J].经济理论与实践,2018(6):134-137.

[331] 吴越,韩仁哲."三权分置"中农地资本化流转的双层权利置换模式构建——以贵州省盘州市农地"三权分置"改革试点调研为例[J]. 农村经济,2018(6):1-5.

[332] 西蒙·库兹涅茨.各国的经济增长[M].北京:商务印书馆,2011.

[333] 习近平.决胜全面建成小康社会 夺取新时代中国特色社会主义伟大胜利[N].人民日报,2017-10-28(001).

[334] 习近平.习近平扶贫论述摘编[M].北京:中央文献出版社,2018.

[335] 夏柱智.虚拟确权:农地流转制度创新[J].南京农业大学学报(社会科学版),2014(6):89-96.

[336] 谢安世.我国休闲农业发展研究及"互联网+"转型研究[J].经济纵横, 2017(6):102-107.

[337] 徐建国,张勋.农业生产率进步、劳动力转移与工农业联动发展[J]. 管理世界,2016(7):76-87.

[338] 徐珍源,孔祥智.转出土地流转期限影响因素实证分析——基于转出农户收益与风险视角[J].农业技术经济,2010(7):30-40.

[339] 闫海涛.关于农村家庭联产承包责任制确立的过程[J].鞍山师范学院学报,2001(4):5-9.

[340] 杨传开,朱建江.乡村振兴战略下的中小城市和小城镇发展困境与路径研究[J].城市发展研究,2018,25(11):1-7.

[341] 杨公齐.农地使用权转让价格与农村社会转型[J].经济社会体制比较,

2013（2）：55-64.

[342] 杨国涛，李静，黑亚青.中国农村收入不平等问题研究[M].北京：经济科学出版社，2014.

[343] 杨虎涛，杨威.另类教规：如何另类？能否另类？——演化发展经济学的全球化理论及其可行性[J].经济社会体制比较，2008（05）：54-59.

[344] 杨虎涛.循环累积：社会结构、经济活动和政治秩序[J].学习与探索，2017（2）：106-114+176+2.

[345] 杨虎涛.演化经济学讲义——方法论与思想史[M].北京：科学出版社，2011.

[346] 杨军.基础设施对经济增长作用的理论演进[J].经济评论，2000（6）：7-10.

[347] 杨新荣，唐靖廷，杨勇军，等.乡村振兴战略的推进路径研究——以广东省为例[J].农业经济问题，2018（06）：108-116.

[348] 杨学文，丁士松.新型城镇化与"两栖社会"建设研究[M].武汉：湖北人民出版社，2014.

[349] 杨有旺，施中传.湖北省全面建设小康社会人口发展战略研究[M].武汉：武汉大学出版社，2007.

[350] 姚洋.土地、制度和农业发展[M].北京：北京大学出版社，2004.

[351] 叶剑平，蒋妍，丰雷.中国农村土地流转市场的调查研究——基于2005年17省调查的分析和建议[J].中国农村观察，2006（4）：48-55.

[352] 叶兴庆，周旭英.农村集体产权结构开放性的历史演变与未来走向[J].中国农业资源与区划，2019，40（4）：1-8.

[353] 叶兴庆.扩大农村集体产权结构开放性必须迈过三道坎[J].中国农村观察，2019（3）：2-11.

[354] 叶兴庆.有序扩大农村宅基地产权结构开放性[J].农业经济问题，2019（4）：4-10.

[355] 余欣荣.大力促进农村一二三产业融合发展[EB/OL].（2018-04-15）

[2023-07-02].

[356] 余欣荣.我国现代农业发展形势和任务[J].行政管理改革,2013(12): 10-15.

[357] 袁航,段鹏飞,刘景景.关于农业效率对农户农地流转行为影响争议的一个解答——基于农户模型(AHM)与CFPS数据的分析[J].农业技术经济,2018(10):4-16.

[358] 约瑟夫·熊彼特.经济发展理论[M].何畏,等译.北京:商务印书馆,1990.

[359] 翟研宁.农村土地承包经营权流转价格问题研究[J].农业经济问题,2013,34(11):82-86.

[360] 张桂颖,吕东辉.乡村社会嵌入与农户农地流转行为——基于吉林省936户农户调查数据的实证分析[J].农业技术经济,2017(8):57-66.

[361] 张海丰,耿智.制度、产业协同创新与后发地区经济高质量发展[N].中国社会科学报,2019-12-27(012).

[362] 张海丰.技术变迁与制度变迁中的路径依赖理论及其超越[J].开发研究,2015(4):71-74.

[363] 张海丰.农地产权制度变迁、工业化与城市化协同演化机制研究[J].社会科学战线,2020(5):68-74.

[364] 张海丰.新制度经济学的理论缺陷及其演化转向的启发式路径[J].学习与实践,2016(9):5-15.

[365] 张海丰.新中国农地制度变迁:一个路径依赖分析范式[J].农村经济,2008(1):95-98.

[366] 张红宇.乡村振兴与制度创新[J].农村经济,2018(3):1-4.

[367] 张红宇.中国农村改革的未来方向[J].农业经济问题,2020(2):107-114.

[368] 张红宇.中国现代农业经营体系的制度特征与发展取向[J].中国农村经济,2018(1):23-33.

[369] 张洪昌,舒伯阳.社区能力、制度嵌入与乡村旅游发展模式[J].甘肃

社会科学，2019(1)：186-192.

[370] 张继涛. 乡村旅游社区的社会变迁 [D]. 武汉：华中师范大学，2009.

[371] 张建，诸培新，南光耀. 不同类型农地流转对农户农业生产长期投资影响研究——以江苏省四县为例 [J]. 南京农业大学学报，2019（3）：96-104.

[372] 张劲松. 农房流转：推进乡村振兴的新业态 [J]. 社会科学战线，2019（2）：181-188.

[373] 张军. 深化改革，释放乡村振兴内生动能 [J]. 东岳论丛，2018（6）：133-139.

[374] 张兰兰. 农村集体经济组织形式的立法选择——从《民法总则》第99条展开 [J]. 中国农村观察，2019（3）：12-24.

[375] 张桃林. 加快"十三五"农业科技创新提升农业科技创新效率 [N]. 农民日报，2015-11-24（2）.

[376] 张伟. "互联网+"视域下我国农业供给侧结构性改革问题研究 [J]. 甘肃社会科学，2018（3）：116-122.

[377] 张溪，黄少安. 交易费用视角下的农地流转模式与契约选择 [J]. 东岳论丛，2017（7）：118-126.

[378] 张夏准. 富国陷阱——发达国家为何踢开梯子？ [M]. 肖炼，等译. [M]. 北京：社会科学文献出版社，2009.

[379] 张夏准. 富国的伪善 [M]. 严荣，译. 北京：社会科学文献出版社，2009.

[380] 张晓山. 推动乡村产业振兴的供给侧结构性改革研究 [J]. 财经问题研究，2019（1）：114-121.

[381] 张旭鹏，卢新海，韩璟. 农地"三权分置"改革的制度背景、政策解读、理论争鸣与体系构建：一个文献评述 [J]. 中国土地科学，2017，31(8)：88-96.

[382] 张勋，万广华. 中国的农村基础设施促进了包容性增长吗？ [J]. 经济研究，2016（10）：82-96.

[383] 张亦驰，代瑞熙. 农村基础设施对农业经济增长的影响——基于全国

省级面板数据的实证分析[J].农业技术经济,2018(3):90-99.

[384] 张忠法.我国农业发展中的资金问题[J].中国社会科学,1991(1):33-48.

[385] 赵龙.为乡村振兴战略做好土地制度政策支撑[J].行政管理改革,2018(4):11-14.

[386] 赵霞,韩一军,姜楠.农村三产融合:内涵界定、现实意义及驱动因素分析[J].农业经济问题,2017,38(4):49-57.

[387] 中共中央国务院关于建立健全城乡融合发展体制机制和政策体系的意见[N].人民日报,2019-5-6(1).

[388] 中共中央国务院关于实施乡村振兴战略的意见[N].人民日报,2018-02-05(001).

[389] 中华人民共和国农业部.全国农业可持续发展规划(2015-2030)[N].农民日报,2015-05-28(1).

[390] 钟文晶,罗必良.契约期限是怎样确定的?——基于资产专用性维度的实证分析[J].中国农村观察,2014(4):42-51.

[391] 钟涨宝,汪萍.农地流转过程中的农户行为分析——湖北、浙江等地的农户问卷调查[J].中国农村观察,2003(6):55-64.

[392] 朱建军,杨兴龙.新一轮农地确权对农地流转数量与质量的影响研究——基于中国农村家庭追踪调查数据[J].农业技术经济,2019(3):63-74.

[393] 朱晶,晋乐.农业基础设施、粮食生产成本与国际竞争力——基于全要素生产率的实证检验[J].农业技术经济,2017(10):14-24.

[394] 朱琳,黎磊,刘素,等.大城市郊区村域土地利用功能演变及其对乡村振兴的启示——以成都市江家堰村为例[J].地理研究,2019,38(3):535-549.

[395] 朱秋博,白军飞,彭超,等.信息化提升了农业生产率吗?[J].中国农村经济,2019(4):22-40.

[396] 庄晋财,卢文秀,李丹.前景理论视角下兼业农户的土地流转行为决策研究[J].华中农业大学学报,2018(2):136-144.

[397]邹宝玲，罗必良，钟文晶.农地流转的契约期限选择——威廉姆森分析范式及其实证[J].农业经济问题，2016（2）：25-32.

[398]邹宝玲，罗必良.农地流转的差序格局及其决定——基于农地转出契约特征的考察[J].财经问题研究，2016（11）：97-105.

[399]邹宝玲，钟文晶，张沁岚.风险规避与农地租约期限选择——基于广东省农户问卷的实证分析[J].南方经济，2016（10）：12-22.

[400]邹晓涓，汪睿.对"东亚奇迹"的再思考——主导产业演进视角的历史剖析[J].广东商学院学报，2007（1）：13-16.

[401]左冰.旅游流动、资本积累与不平衡地理发展——基础设施建设对旅游发展影响研究[M].北京：经济科学出版社，2010.

后　记

本书得到国家社科基金项目:"滇桂黔石漠化区农村土地流转调查和农民增收对策研究(15XMZ018)"的资助,全书由张海丰教授组织撰写,由其确定写作大纲后,分别由张海丰教授所带研究生刘英松(第一章、参考文献)、司叶林(第二章、第三章)、陈佳明(第四章、第六章)、张晓钥(第五章)、夏天(第七章、参考文献)协助执笔完成初稿,再经多次集体讨论、反复打磨与交叉阅读修改后,最终由张海丰总纂定稿。本书的具体章节内容与撰写任务具体安排如下:

第一章,导论。本章由张海丰和研究生刘英松共同完成。本章总字数共计10880字。

第二章,制度与演化经济学基础理论概述。本章由张海丰和研究生司叶林共同完成。本章总字数共计16192字。

第三章,农地流转制度创新与乡村振兴:促进农民增收的一个理论框架。本章由张海丰和研究生司叶林共同完成。本章总字数共计17664字。

第四章,以农地流转制度创新为促进滇桂黔石漠化区乡村振兴的制度杠杆。本章由张海丰和研究生陈佳明共同完成。本章总字数共计21824字。

第五章,滇桂黔石漠化区乡村振兴的禀赋基础。本章由张海丰和研究生张晓钥共同完成。本章总字数共计22528字。

第六章,滇桂黔石漠化区乡村振兴的长效机制:产业协同的视角。本章由张海丰和研究生陈佳明共同完成。本章总字数共计19712字。

第七章,滇桂黔石漠化区实施乡村振兴战略的重点突破口。本章由张海丰和研究生夏天共同完成。本章总字数共计22528字。

参考文献汇总，本部分由张海丰和研究生夏天、刘英松共同整理，英文参考文献由刘英松负责汇总，中文参考文献由夏天负责汇总。本章总字数共计 22516 字。

此外，本书撰写也得到了广西师范大学经济管理学院出版基金的资助，在此一并表示感谢。